现代职业教育体系建设系列教材

编委会名单（排名不分先后）

主　任　李海东
副主任　杜怡萍　邓文辉
委　员　漆　军　卓良福　郭海龙　邱志华
　　　　余明辉　许凤萍　王　龙　丁立刚
　　　　王树勋　林良颖　郭盛晖　黄　珩
　　　　王明刚　黄及新　孟军齐　徐　馥
　　　　张　凯　张立波　林　晓　张　莉
　　　　魏　敏

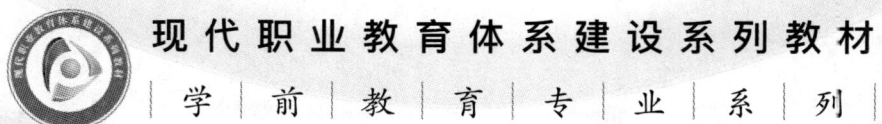

现代职业教育体系建设系列教材

学前教育专业系列

幼儿园语言教育活动指导

主　编：魏　敏　陈　峰
参编人员（按姓氏笔画排序）：
　　　　王　陈　冉武红　李春霞
　　　　何艳红　陈　洁　陈　峰
　　　　林琼敏　梁小梅　蔡　雯
　　　　魏　敏

广东高等教育出版社
Guangdong Higher Education Press

·广州·

内 容 提 要

本教材系广东高等教育出版社组织编写的"现代职业教育体系建设系列教材"中高职衔接学前教育专业系列教材之一,主要适用于中职学前教育专业的学生,也可供五年一贯制专科学生学习使用。

该教材内容丰富,主要选取了"幼儿语言教育的基本理论""幼儿园语言教育的目标、内容与实施""幼儿园语言教育中的谈话活动"等7个单元共16个项目、37项任务进行编写,选取了幼儿园语言教育典型的活动内容与任务,结合大量案例操作体验、点评分析,帮助学生了解儿童语言学习的特点与规律,掌握幼儿园不同类型语言教育活动的内容选择、活动设计与指导策略,能较好地选择、修改、设计适合幼儿的语言教育活动,科学地组织幼儿的语言学习活动。

图书在版编目(CIP)数据

幼儿园语言教育活动指导/魏敏,陈峰主编. —广州:广东高等教育出版社,2017.9
现代职业教育体系建设系列教材. 学前教育专业系列
ISBN 978-7-5361-5897-9

Ⅰ.①幼… Ⅱ.①魏… ②陈… Ⅲ.①语言教学-学前教育-教学参考资料 Ⅳ.①G613.2

中国版本图书馆 CIP 数据核字(2017)第 098924 号

出版发行	广东高等教育出版社
	地址:广州市天河区林和西横路
	邮政编码:510500 电话:(020)87551597 87551077
	http://www.gdgjs.com.cn
印 刷	广东省教育厅教育印刷厂
开 本	787 毫米×1 092 毫米 1/16
印 张	16
字 数	390 千
版 次	2017 年 9 月第 1 版 2017 年 9 月第 1 次印刷
定 价	36.00 元

出 版 说 明

　　自2014年全国职业教育工作会议召开以来，职业教育改革发展进入了新的发展阶段。各地围绕推进职业教育领域综合改革，大力发展现代职业教育。在新一轮的改革创新浪潮中，广东省将科学建立现代职业教育系列标准，推动现代职业教育课程教材改革作为深化职业教育改革的重要内容。《广东省人民政府关于创建现代职业教育综合改革试点省的意见》中明确要求："建立中职—专科高职—应用本科衔接互通的标准框架体系及专业课程教学标准，开发相关的示范课程及教学资源库，研制现代职业教育体系规划教材。"《广东省现代职业教育体系建设规划（2015—2020年）》也明确提出："到2020年，在50个专业试点中高职衔接专业标准和课程标准，开发500门中高职衔接的示范课程及资源库，编写1 000本现代职业教育体系规划教材。"

　　为贯彻落实省政府加快发展广东现代职业教育的工作部署，2013年以来，广东省教育厅陆续启动了74个专业教学标准和课程标准研制项目，取得了一批重要的研究成果，包括现代职业教育标准体系建设系列丛书，一批专业的教学标准以及1 100多门专业核心课程标准。广东省教育厅十分重视标准研制成果的推广和应用，连续两年下发通知（粤教职函〔2015〕77号、粤教职函〔2016〕58号），明确各地、各中等职业学校要特别围绕已经完成的专业教学标准和课程标准开发教材。广东省教育研究院聚焦标准成果的转化，组织参与标准研制的专家学者和一线教学经验丰富的专业教师，研发出目前呈现在读者面前的系列教材。

　　本系列教材以专业教学标准和课程标准为依据，呈现出三大特点：一是系统性。专业教学标准和课程标准的研制始终坚持"能力核心、系统培养"的指导思想，通过岗位分层实现职业能力分级，基于职业能力分级实现中职、高职、本科的教育分层。教材的研发与标准研制一脉相承，体现教育属性和职业属性的有机结合，既能满足专业教学及升学的需要，也能满足就业的需求。二是创新性。标准研制成果明确地将职业能力点有机地融入课程之中，建立了以职业能力为核心、中高职分级培养的课程体系。教材通过行动导向、项目引领、任务驱动等模块化教学，增强了"做中学、做中教"的教学双向互动，让职业能力培养有效地体现在教学过程当中。三是实用性。教材内容

的研发基于工作过程及职业情境，对准由行业企业专家提出的真实用人要求和职业活动，让学生切实掌握就业岗位工作内容，达到职业能力及职业道德要求，实现学有所指、学有所用的目的。

系列教材的研发得到了广东省教育厅高中职处、高教处等领导的关心和指导，也得到省内有关职业院校、行业企业的大力支持和积极参与，在出版期间尤其得到了广东高等教育出版社的大力支持，在此特别致以衷心的感谢！

系列教材的出版是我们为了实施和推广专业教学标准和课程标准所做的一项探索性工作，由于水平有限，难免存在不尽如人意之处和谬漏，恳请广大专家、读者和一线教师提出宝贵意见，帮助我们把这项工作做得更好。

现代职业教育体系建设系列教材编委会
2016 年 7 月

前　言

　　幼儿园语言教育活动是幼儿园课程的一个重要组成部分，了解幼儿语言学习的特点与规律，树立正确的语言教育观念，掌握幼儿园不同类型语言教育活动的内容选择、活动设计与指导策略，是学前教育专业学生必须掌握的一项专业教育技能。

　　本教材分为七个单元。单元一、单元二重点阐述幼儿语言教育的基本理论和幼儿园语言教育的目标、内容与实施。单元三至单元七分别对幼儿园语言教育中的谈话活动、讲述活动、听说游戏、文学活动、早期阅读活动这5种类型的语言活动进行阐述，结合案例，以任务为驱动，主要分为两大项目。项目一主要阐述完成任务必需的基本理论知识，包括活动的含义、类型与教育目标。项目二和部分单元的项目三则结合具体案例，阐明活动内容的选择、活动的基本结构与指导要点。

　　本教材以《幼儿园教育指导纲要（试行）》和《3—6岁儿童学习与发展指南》为指引，以3~6岁儿童语言学习的特点与规律为依据进行编写，具有一定的前瞻性和科学性及以下几个特点。

　　1. 可操作性强

　　每个单元在学习目标、学习重点与学习建议的指引下，通过案例抛出问题，将需要解决的问题以完成任务的方式呈现，并将任务进行分解细化，通过大量案例的操作，先体验后理解，将理论与实践有机结合，帮助学生更好地理解幼儿园语言教育活动的特点、目标、设计与组织等相关知识。大量的操作案例为学生从模仿教学到自己选择、修改、设计适合于幼儿的教学活动提供了参考范式。

　　2. 指向性强

　　以任务驱动为导向，完成任务的过程就是解决问题的过程。每个项目学习后都设有"学习反馈"，学生在完成学习反馈任务时，学会看书、提炼、概括，提升对学习任务的认识。每个单元后都附有"思考与练习"，帮助学生学

习、思考与实践，通过完成任务解决相关问题。

3. 可读性强

本教材的编写人员均为一线教师，特别关注学前教育专业学生的学习特点与需求，以浅显的语言、生动的案例进行表述，通过案例分析、概括与学习相关的理论知识，浅显易懂。

4. 灵活性强

单元三至单元七依据幼儿园语言教育活动的不同类型独立成单元，学生学习时可以根据兴趣从任何一个单元学起，也可以将各单元的学习任务分散到各个学习小组，再集中分享，共同学习。

本教材由魏敏、陈峰主编，单元一由冉武红、何艳红、陈峰编写，单元二由魏敏编写，单元三由陈洁编写，单元四由李春霞编写，单元五由陈峰编写，单元六由蔡雯、梁小梅、王陈编写，单元七由林琼敏编写。全书由魏敏、陈峰统稿。

本教材在编写过程中参考引用了许多相关研究成果，尤其是参考了周兢等老师的观点，引用了大量案例，同时还得到广州市幼儿师范学校附属幼儿园的大力支持，在此一并表示诚挚的感谢。

为提高教材质量，欢迎读者和专家提出宝贵意见和建议。

编　者
2017 年春

目 录

单元一 幼儿语言教育的基本理论

项目一 幼儿语言获得理论 ·················· 2
    任务一 了解三大语言获得理论 ·················· 3
    任务二 掌握三大语言获得理论的教育启示 ·················· 11

项目二 幼儿语言教育的基本观念 ·················· 15
    任务一 理解整合的语言教育观 ·················· 16
    任务二 理解活动的语言教育观 ·················· 22
    任务三 理解完整的语言教育观 ·················· 25

项目三 学前儿童语言发展的特点和规律 ·················· 29
    任务一 了解语言发生的准备阶段(0~1岁) ·················· 30
    任务二 理解语言的形成阶段(1~3岁) ·················· 33
    任务三 掌握语言的发展阶段(3~6岁) ·················· 36

单元二 幼儿园语言教育的目标、内容与实施

项目一 幼儿园语言教育的目标 ·················· 49
    任务一 了解幼儿园语言教育目标制定的依据 ·················· 51
    任务二 理解幼儿园语言教育目标的结构 ·················· 51
    任务三 掌握幼儿园语言教育目标的内容与分析 ·················· 53

项目二 幼儿园语言教育的内容与实施 ·················· 63
    任务一 了解幼儿园语言教育的途径与价值 ·················· 64
    任务二 理解专门的语言教育 ·················· 65
    任务三 理解渗透的语言教育 ·················· 74

单元三 幼儿园语言教育中的谈话活动

项目一 谈话活动的基本理论 ·················· 79
    任务一 理解谈话活动的含义 ·················· 80
    任务二 明确谈话活动的目标 ·················· 83

项目二　谈话活动的设计与组织	88
任务一　掌握谈话活动的选材要点	89
任务二　掌握谈话活动设计与组织的基本结构及指导要点	91

单元四　幼儿园语言教育中的讲述活动

项目一　讲述活动的基本理论 …………………………………………… 102
　任务一　理解讲述活动的含义 …………………………………………… 103
　任务二　明确讲述活动的目标 …………………………………………… 113
项目二　讲述活动的设计与组织 ………………………………………… 118
　任务一　掌握讲述活动的选材要点 ……………………………………… 120
　任务二　掌握讲述活动设计与组织的基本结构及指导要点 …………… 126

单元五　幼儿园语言教育中的听说游戏

项目一　听说游戏的基本理论 …………………………………………… 137
　任务一　理解听说游戏的含义 …………………………………………… 138
　任务二　明确听说游戏的语言目标及游戏类型 ………………………… 144
项目二　听说游戏的设计与组织 ………………………………………… 153
　任务一　掌握听说游戏设计与组织的基本结构及指导要点 …………… 155
　任务二　掌握听说游戏活动的设计策略 ………………………………… 158

单元六　幼儿园语言教育中的文学活动

项目一　文学活动的基本理论 …………………………………………… 165
　任务一　了解幼儿文学活动的特点 ……………………………………… 166
　任务二　明确幼儿文学活动的目标 ……………………………………… 169
　任务三　掌握幼儿文学活动设计的基本结构 …………………………… 173
项目二　幼儿诗歌、散文学习活动的设计与组织 ……………………… 178
　任务一　掌握诗歌、散文学习活动的选材要点 ………………………… 179
　任务二　掌握诗歌、散文学习活动设计与组织的基本结构及指导要点 … 184
项目三　幼儿故事学习活动的设计与组织 ……………………………… 206
　任务一　掌握故事学习活动的选材要点 ………………………………… 207
　任务二　掌握故事学习活动设计与组织的基本结构及指导要点 ……… 210

单元七　幼儿园语言教育中的早期阅读活动

项目一　早期阅读活动的基本理论 ··· 219
　　任务一　理解早期阅读活动的含义 ·· 220
　　任务二　明确早期阅读活动的目标、内容及形式 ································ 221
项目二　早期阅读活动的设计与组织 ··· 233
　　任务一　掌握早期阅读活动设计与组织的基本结构 ···························· 234
　　任务二　掌握早期阅读活动设计与组织的指导要点 ···························· 240

参考文献 ·· 244

单元一
幼儿语言教育的基本理论

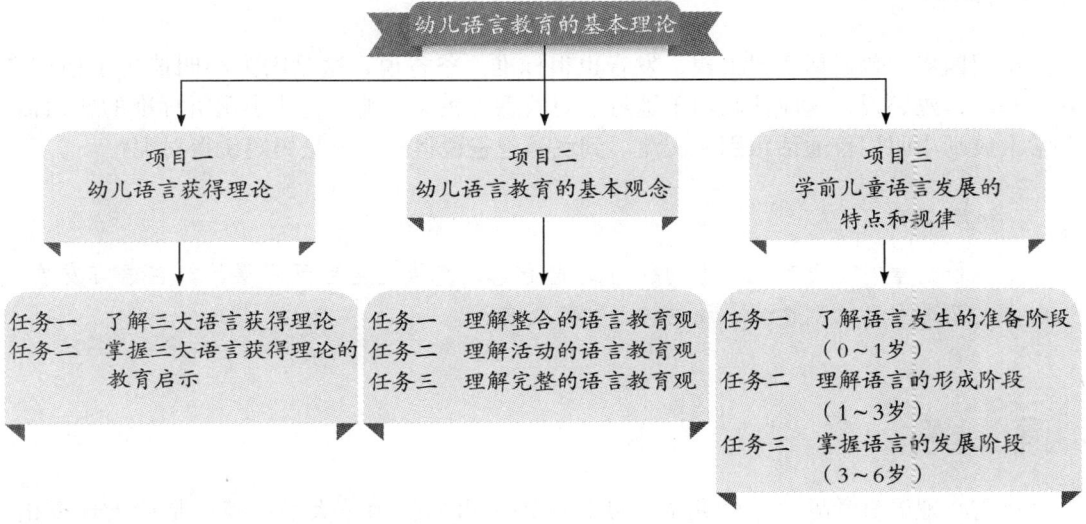

图1-1 单元一思维导图

学习目标

了解幼儿语言获得的三大理论派别：后天环境论、先天决定论、环境与主体相互作用论。

了解幼儿语言教育的基本观念，幼儿不同阶段语言发展的特点和规律，相应的语言教育要点。

能初步将理论、观念和教育实际相结合进行理解。

能尝试根据相关的语言教育理论和观念进行简单的主题方案设计。

学习重点

整合的语言教育观、活动的语言教育观、完整的语言教育观。

学习建议

借助案例分析，理解语言教育的相关理论、观念，并尝试结合幼儿语言发展的年龄特点做简单运用。

项目一 幼儿语言获得理论

导入案例

小明四岁，普通话学得很快，发音也很标准。爸爸说，这是因为小明遗传了他们良好的基因；妈妈说，这应该归功于她对小明的悉心教导，她一直让小明听标准的普通话，并常常鼓励小明用普通话跟别人交流。到底是爸爸说得对，还是妈妈说得对呢？

初步探究

学前儿童对母语听说能力的获得到底是先天遗传还是后天习得的？在语言发展中，儿童是主动的创造者，还是被动的接受者？

导 读

目前心理语言学界关于幼儿语言获得的理论可概括为三大类：其一是后天环境论，强调环境和学习对语言获得的决定性影响；其二是先天决定论，强调先天禀赋的作用；其三是环境与主体相互作用论，认为认知结构是语言发展的基础，语言结构随着认知结构的发展而发展，个体的认知结构既不是环境强加的，也不是人脑先天具有的，而是来源于主体和客体之间的相互作用。

任务分解

我们可以将论题分解为以下三个方面。

（1）什么是语言生成中的后天因素？它在语言的生成中起什么作用？它是如何起作用的？

（2）什么是语言生成中的先天因素？它在语言的生成中起什么作用？它是如何起作用的？

（3）先天因素和后天因素是如何相互作用，使人类个体语言产生的？

对这三方面问题的回答，将使我们对幼儿语言的获得有一个较为清晰的认识。

任务一 了解三大语言获得理论

一、后天环境论

关键观点：后天环境论强调后天的环境与学习对孩子语言的获得起着决定性的影响。行为主义语言获得理论认为，言语行为是对外界刺激的习惯性反应体系，是通过强化、塑造、模仿形成的；强调学习的重要性，认为语言发展的进程很大程度上取决于训练而非成熟；注重激起言语行为的刺激和语言运用的后果，认为环境因素决定言语的形成和发展。

后天环境论包括模仿说、强化说和中介说。

（一）模仿说

模仿是早期儿童习得语言时所运用的最基本的手段。成人向儿童示范了一定的语言项目后，儿童对成人示范的语言项目做全部或部分的重复，这就是模仿。模仿说认为语言是一种习惯，儿童的语言是通过对成人语言的模仿获得的。

模仿说可以分为机械模仿说和选择性模仿说。

1. 机械模仿说［奥尔波特（F. H. Allport）、班杜拉（Albert Bandula）］

机械模仿说吸收了华生行为主义心理学的观点，强调模仿的作用，认为语言是一种习惯，儿童学习语言是对成人语言的临摹，是成人语言的简单翻版。在儿童语言习得初期，特别是在儿童语言初现期，儿童的语言主要来自对其父母语言的实际模仿，他们进行的是水平较低的模仿活动，从内容上看多为词语模仿，从重复的量来看多为照抄式模仿。

证明这一理论的实验依据是：当父母准确地告诉儿童物体的名称时，他们就为儿童提供了成熟语言使用的榜样。随着年龄增长，儿童不断重复大人的语言，在词语、短句及语法上越来越接近成人。美国儿童说英语，中国儿童说汉语，都是通过听别人说话来收集有关本族语言的信息。

但也有相关实验挑战这一理论：要求儿童模仿一些比较复杂的句子，或与其语言水平相差较远的语法时，其语言的获得存在困难，儿童无法跳出自己原来的语法框架进行模仿。例如，幼儿会根据自己原有的语法框架创造出如"goed"或"runned"的单词，这些词语在成人的语言中不会出现，所以儿童的语言可能不是通过模仿习得的。

理论分析

机械模仿说对20世纪20—50年代儿童语言研究有着深远而持久的影响。它的优点在于注意到儿童语言与成人语言的关系：随着年龄增长，儿童的语言越来越接近成人。而不足之处在于该理论无法解释"儿童为什么可以说出他们从未听到的一些话语"，说明该理论存在不合理之处。此理论混淆了儿童语言发展的过程与结果，同时，此理论也忽视了儿童掌握语言过程中的主动性与创造性。

2. 选择性模仿说 [怀特赫斯特（G. J. Whitehurst）]

选择性模仿是有选择性地模仿成人语言所示范的句法结构模式或特定的结构成分等。

选择性模仿是对传统模仿说的改造，此理论认为，儿童的语言不是对成人的机械模仿，而是有选择性的。具体表现在以下四方面。

（1）儿童的语言选择是有选择性的，而不是一一对应的，模仿的语言在功能或结构上相似但内容不一定相同。

（2）儿童对成人语言的模仿不一定是即时发生的。

（3）儿童的语言选择性模仿是在自然情境下发生的，而不是在强化或训练的情况下发生的。

（4）儿童往往选择模仿语言的结构，在新的环境中用以表达新的内容，或组成新的结构。

这样的语言模仿既有模仿习得的基础，又有儿童自身的创造。

以下介绍与这一理论相对应的实验例子——"结构模仿—成分替换"学习活动。成人和儿童在进行"提问式示范—选择性模仿回答"教学活动时，经常可以看到这种学习活动。所谓"提问式示范"是指成人向儿童提问时，用问句示范了一个含有疑问成分的句法结构。这样，儿童在回答时就不能照抄式模仿，而必须替换掉其中的疑问成分。"选择性模仿回答"是指儿童在回答成人的示范性提问句时，模仿成人问句的句法结构模式，而替换掉问句中的疑问成分。由于涉及疑问成分的理解和替换，所以这种模仿活动的水平显然高于照抄式模仿。下面是成人与1.5岁儿童进行"提问式示范—选择性模仿回答"活动的例子：

爸爸讲完了《大灰狼的故事》，问被试："大灰狼被谁打死了？"
被试："被爸爸打死了。"

妈妈指着被试手里的橘子问被试："橘橘给谁吃？"
被试："给爸爸吃，给妈妈吃，给宝宝吃。"

"结构模仿—成分替换"这种学习进行多次，儿童就习得了最基本的句法结构模式。[①]

[①] 周国光. 儿童语言习得理论的若干问题 [J]. 世界汉语教学，1999（3）：77-83.

> **理论分析**

儿童通过模仿，可以习得最基本的语言知识。在心理水平、语言能力进一步发展的基础上和通过模仿获得的最基本的语言知识基点上，儿童开始运用替换、扩展、联结、句法同化等更为有效的习得手段去掌握更多的语言知识。

也有理论认为，模仿是后天因素中重要的表现，儿童在不同的年龄阶段会表现出不同的水平。在儿童语言发展的初期表现为即时的、完全的模仿，也就是机械模仿说提出的观点；儿童在两岁以后则发展为延迟模仿，随之起主要作用的是选择性模仿。儿童逐步尝试在新情境中表现新内容，从而产生创造性的元素，有利于使儿童语言在后天的环境中得到进一步的发展。

（二）强化说

强化理论是行为主义最有影响的解释儿童语言发展的理论。其主要代表人物是美国行为主义心理学家斯金纳（Burrhus Fredrich Skinner）。

该理论认为，儿童语言的习得是"刺激—反应—强化"的过程，儿童是通过不断强化获得语言的，强化（奖励）和模仿是儿童掌握语音、语义、语法和实用规则的主要机制。他把语言习得看成是一种行为，与其他行为一样，言语是能够看得到、感受得到的，学习的基本规则能解释语言的出现和发展。儿童在接触语言的过程中，对环境或成人的话语做出反应，产生自主的或无意的发音。对于儿童正确的或符合成人期待的发音动作，成人（尤其是父母和家人）将对其予以强化，如微笑、拥抱、惊讶、口头的赞许或物质上的满足，而对于儿童其他随意的发音则不予理睬。因此，儿童正确的语言反应被强化，这些反应则逐渐形成儿童的语言习惯，斯金纳把这称为"行为的塑造"。

有研究发现，一名父母聋哑的正常儿童因身体不好，不能外出，只能整天待在家里通过看电视学习正常人的语言，但这个儿童最终还是没有学会口语，而只能使用从父母那里学来的手势语。在这一事例中，不能说这个儿童没有处在人类社会环境中，也不能说他没有语言环境（至少电视就是语言环境），他也能不断听到成人的语言，甚至也可能去模仿成人的语言，但由于他的语言没有得到强化，因而就不具有正常的人类语言。这一例子似乎意味着儿童所有获得的语言可能是强化的结果。

在儿童语言习得过程中，父母和其他抚养人逐步要求儿童的语言能更符合母语的音韵和造句结构，他们才会给予奖励。例如在幼儿期，如果儿童想要他的瓶子，"baba"这样的发音可能不会像以前一样受到强化，只有更清晰的发音才可能受到成人的奖励，从而使儿童的语言在强化中逐步符合成人的标准。

> **理论分析**

强化说在20世纪40年代和50年代初非常盛行，是行为主义学派最有影响的语言获得理论。他们提出的观点具有合理之处：在儿童的语言形成中，如果仅仅是模仿或创造而不予以强化，是不能巩固成为儿童最终拥有的语言的。因此，强化在儿童的语言发展

中，无疑具有相当重要的作用。

但是，如果只用强化来解释所有的语言获得的现象，是片面的。强化只是影响儿童语言发展的一种因素，而不是唯一的决定性因素。强化理论有其合理的成分，但它忽视了儿童自身在语言发展过程中的积极主动性。因此，不能解释语言获得的全部事实。

（三）中介说

中介说理论认为，刺激和反应之间具有传递性。在儿童语言获得上，一个词或一句话都可以作为刺激物，可以诱发出条件反应。在外显的刺激和反应中间，有一系列因联想而引起的隐含的刺激和反应所构成的中介体系。

在母语与第二语言的研究中，学者提出，中介语是一个语言系统，它既具有母语的特征，又包含目的语的特征，处于中间状态的语言系统随着学习者的发展逐渐向目的语的正确形式靠拢。中介语可以被看成是母语和目的语之间的一个连续体，在某一特定阶段，学习者的中介语可以用连续体上的某一点来表示，中介语作为一个语言系统，同样也是由一系列规则组成的，也就是说它有语音、词汇、语法的规则系统，这些系统不断发展，越来越接近目的语的语言系统。因此，可以认为中介语是一个反映学习心理过程的、不断变化的、独立的语言系统。

理论分析

迄今为止，国内外还没有人描写出任何一种中介语的语言系统，中介语理论只是一种假说，但如果没有某种假说，就不可能去证实这种假说，因此，语言学界很多人提倡进行中介语的研究。对中介语的研究目前还不完整，不同的研究者对中介语的一些特点和现象持有异议，例如母语的迁移作用、石化现象等，中介语理论的出现，标志着人们对第二语言学习中的错误由过去的对比分析发展到了错误分析阶段。

总的来说，后天环境论强调客观存在是儿童语言产生的必要条件，是儿童语言赖以形成的前提，离开了后天因素，先天因素的潜在能力就无法表现和显露，儿童的语言就不能产生。这方面的实证性证据很多也很充分，如多例狼孩的事例就是很有力的证据。人类社会环境的确为人类个体语言的产生提供了赖以存在的基础，然而，后天环境论过分强调后天训练或环境的作用，忽略了先天遗传的作用，忽略了儿童语言习得的主观能动性。

二、先天决定论

先天决定论的学者认为儿童能够快速地学习语言，先天因素（天赋能力）起了非常重要的作用，先天因素（天赋能力）表现为靠遗传就能够展现出与语言密切相关的因素，它为语言的发展提供了可能性或潜能，语言的习得是一种本能的、自然的过程。此种理论以乔姆斯基（Chomsky）为代表。

乔姆斯基认为，语言是人与生俱来的本能，语言能力并不是一般认知能力的一部分，而是独立于其他认知结构的大脑子系统。因此，人脑的初始状态不是一块白板，而是具有一套专门处理语言的机制，或称为一个语言习得的内部装置（Language Acquisition Device，简称 LAD）。[①]

乔姆斯基把语言习得看成是以规则为基础的复杂系统，在某种程度上语言能力独立于语言运用，语言获得在很大程度上就是推演或发现母语的语言规则、掌握语言结构知识的过程，而这种语言习得的内部装置能够帮助儿童区别母语与其他语种的语法规则，儿童通过这一装置可以抽取出语言的普遍规则，尽快地选择词和句子，而不用管这些词是以哪种语言听到、表达和理解的。在抽取语言的普遍规则后，儿童应用这些规则形成自己新奇和创造性的表达。语言结构有表层与深层之分，不同的语言尽管在表层结构上不尽相同，但在深层水平上却具有许多重要的相似特征，这种普遍性就体现在儿童与生俱来的语言获得装置中。儿童具备了这个与生俱来的语言获得装置，则天生被赋予了普遍语法（Universal Grammar，简称 UG），它作为人类语言结构的普遍原则已经规定了语言获得的基本方向，那么，儿童只需要获得母语所必备的语言知识（如语音、词汇、词组等），就可以逐步形成目标语（即建立参数）。

先天决定论把儿童的语言能力看作是一个合理而又自成体系的内在结构，认为儿童语言发展在各个阶段都自成一定的体系，他们根据听到的话语对已有的语言体系做出种种假设，并按照假设来运用语言体系，根据外界的反应来检测其假设正确与否。经过不断检验和改正，儿童排除错误的语言体系假设，建立起正确的、逐渐接近成人的语言系统。

以下是关于这一理论的相关研究与论据。

论据一：通过演绎推理进行实验。例如，儿童对某些错误句子具有判断能力，但是这种判断力并非有人教给他们，因此，可以推断这种能力是与生俱来的。请看下面的例句。

（1）Who do you think that knows Mary?（你认为谁认识玛丽？）
（2）Who do you think knows Mary?（你认为谁认识玛丽？）
（3）Who do you think that Mary knows?（你认为玛丽认识谁？）
（4）Who do you think Mary knows?（你认为玛丽认识谁？）

其中例句（1）是不合乎英语语法的，凡是能够理解后面三个句子并能用英语交流的小孩都能判断例句（1）是错误的，尽管他们并没有学过这样的知识。

论据二：儿童获得语言时输入与输出是不对称的。先天决定论认为：儿童在获得语言的过程中语言输入是贫乏不足并残缺不全的，但是在短短几年中他们却能够以令人惊异的速度完成语言的获得，儿童在 4~5 岁就可以非常熟练地处理比较复杂的句子结构，如：

（5）He said that John would leave before noon.（他说约翰会在中午前离开。）
（6）有的地方比北京、伊春、哈尔滨还远呢，例如澳门、香港、纽约等。

---

① 张云秋，符晶. 儿童母语获得的机制和动因［J］. 学术交流，2007（10）：126-130.

儿童处理这类复杂句式的能力不能从语言输入上得到证明，那么一定有先天的语言知识引导语言获得的进程，它们是不需要通过经验而起作用的。

儿童在出生后短短几年的时间里学习语法规则，很快掌握如何形成复数、过去时态和其他语法形式，对于他们从来没有听过的单词，他们甚至能应用规则交流。在一项研究中通过给儿童呈现几个无意义单词证明了这一点——尽管他们从来没有听过这些单词，仍能准确地指出其复数形式。

此外，先天决定论还提出，先天因素决定语言能力成熟的生物时间表，并且也决定了儿童的语音、词义、句子和语言运用的技能是按照语言系统的成熟顺序形成的。在先天因素中首先表现为语言发生的生理特性，这种生理因素为语言的获得提供可能性。先天因素的另一表现就是语言获得中的关键期，关键期是机体的潜在能力发展最适宜、最迅速的年龄阶段，一旦错过这个时期，第一语言的获得就很困难或根本不可能。

先天决定论始终认为语言的习得是一种本能的、自然的过程，认为人类天生就具有获得语言的装置，后天只需少量语言输入设定该语言所特有的参数，不必刻意教就能轻易地习得甚至熟练掌握语言。他们也承认经验和环境所起的诱因和促进作用，但认为儿童习得语言的根本原因还是天赋的内部语言装置。

理论分析

先天决定论的语言习得论的主要贡献有以下两点。

（1）先天决定论区别了外化语言和内化语言以及语言能力和语言运用并强调内化语言和语言能力的重要性，这使得它的研究着重于结构而非意义。

坚持外化语言者收集各种语言实例并描述其特性。外化语言不仅包括强调语言物理特性的理论，同时视语言为一种社会现象。对外化语言的研究常会考虑以下因素：上下文、说话时间及周围环境、说者和听者之间的关系等。简而言之，外化语言注重基于外部因素的语言，而内化语言则对说话人的语言知识及这种知识的来源感兴趣。坚持内化语言者认为语言是人类的内部机能，不受外部因素影响。乔姆斯基坚持认为内化语言是语言的本质，而系统功能语法则强调外部因素的作用。语言能力和语言运用在某种程度上与内化语言和外化语言相对应。语言能力是说话人或听话人的全部语言知识，语言运用是在具体环境中对语言能力的实际运用。由此可见，强调内化语言和语言能力必将导致注重语言的共性，而只有对语言结构的研究才能更好地阐述语言的共性。

（2）乔姆斯基提出的"先天决定论"和"语言习得机制"（语言获得装置）暗示我们必须从结构的角度来研究语言。

乔姆斯基认为语言是天生的，语言习得机制是最初学习语言的唯一手段。他这样认为是由于以下几点原因：第一，儿童学习语言快，而且不费力。想象一下，拥有逻辑思考能力和相当高理解力的成人学一门外语有多难，儿童学习语言的快速和轻松就不言而喻。第二，儿童学习母语的环境千差万别，但他们的习得阶段都大致相同，都经历了一些关键期：前语言阶段、单词句阶段、双词句阶段、多词连句期、递归期。第三，儿童仅通过有限的语言接触便可掌握一种语言的全部语法。他不仅能听懂并说出已经听过的句子，也包括他从未听过的。此理论只能通过所有语言的共同模式得以解释，语言的共同模式必然考虑结构而将意义排除在外，因为语言的模式是相对稳定的，而语言的意义则可在相对短的时间内发生变化。比如说，英文单词"mouse"以前特指老鼠，随着计算机的问世，它又多了一层含义：鼠标。通过以上例子，我们可以清楚地看出词义变化相对快速而语言的根本结构则保持不变，而这种根本结构，就是乔姆斯基提出的语言习得的内部装置或普遍语法。

虽然先天决定论的语言习得论把语言习得研究从行为主义理论的桎梏中解放出来，但由于它低估了环境对语言习得的作用，把语言所赖以生存的社会文化因素，以及记忆、知觉、思维和情感等心理因素排斥在外，就难免走向极端。语言具有社会性，如果脱离了社会，也就无须语言这样一种手段，也就是说即使有这样一种遗传机制，如果脱离了环境、社会，其作用也无法表现出来。

三、相互作用论

在后天环境论与先天决定论由于各走极端而无法获得令人满意的结果的同时，一种新的理论产生了，这种观点认为儿童的语言发展是天生的能力与客观的经验相互作用的结果，因此被称为相互作用论。

相互作用论主要包括认知理论以及社会相互作用模型。

以让·皮亚杰（Jean Piaget）为代表的认知理论主要来源于皮亚杰的认知发展理论，并深受现代认知心理学的影响，认为语言产生于个体遗传结构与环境输入的相互作用中，强调认知发展与语言发展的互动影响。该理论认为，儿童大脑里有一种先天性的语言习得机制，在某个发展阶段，儿童的语言表现是由存在于他大脑中的一套语言机制所控制的，语言能力的获得要以一定的生理成熟和认知发展为基础，并在非语言的认知基础上能动地建构起来，语言的习得是一种认知结构的动态建构过程。儿童的认知潜能在质和量上都和成人有很大不同，儿童思维方式会影响儿童语言获得的处理方式。

儿童语言能力是大脑一般认知能力之一，不能独立于认知能力而存在，也不仅仅是对成人语言的模仿。他认为有两种不同的组织功能，一种决定人类怎样与环境相互作用并向环境学习，这是天生的、遗传的、不会改变的，称为功能不变式；另一种组织功能是第一种组织功能与环境相互作用的结果，是人类学习的产物，称为认知结构或认知图式。也就是说，儿童天生的认知能力在环境的作用下，形成了认知结构，认知结构的形成和发展是主体和客体相互作用的结果；认知结构是语言发展的基础，语言结构随认知结构的发展而发展。儿童模仿成人的说话是以他本身的认知能力发展为立足点的，不是任何刺激都可以引起反应的。

皮亚杰的认知理论澄清了以下几个问题：一是人类有一种先天的认知机制，但它不是乔姆斯基所说的语言习得机制。皮亚杰认为它是人类的一般性的加工能力。它不仅适用于人类的语言活动，也适用于人类其他的认知活动。二是儿童并没有特殊的语言学习能力，儿童的语言学习能力只是一般人类认知能力的组成部分。语言是个体认知发展到一定阶段的产物，语言的发展以最初的认知发展为前提。三是儿童的语言发展能力不是

先天就有的,也不是后天学习得来的。它是儿童的认知能力与现实的语言环境和非语言环境相互作用的结果,即运用同化和顺应的能力,用他们熟悉的结构去创造新的用法,用他们熟悉的形式去理解不熟悉的话语。

为什么儿童可以通过贫乏的词汇达到交流和表达的目的?为什么儿童学习第二语言的速度大大高于成人的速度,效果也显著于成人?通过认知发展理论的阐述,可以得出解释:第一,语言能力并不是对于外界刺激的反应,也不是先天的,而是人类一般认知能力的组成部分,必须在认知能力的发展过程中或者在认知能力成熟后,通过后天学习才可能获得。儿童的语言遵循"此时此地"的原则,充分利用现场的生活场景达到交流的目的,而这种生活场景的依赖性也是儿童学习母语和成人学习第二语言的关键性区别。这就可以解释为什么儿童学习第二语言的速度与效果能好于成人。第二,语言习得必然与社会环境相作用,与思维相联系,在与环境交往的外部活动中逐步产生和发展。语言能力与认知能力的发展同时发生,因此用母语建立的知识体系越复杂,用另一种语言替换的难度也就越大。

另外,社会相互作用的语言获得理论也同意语言来源于个体遗传结构与环境输入的相互作用,但更强调交往背景和语言环境的影响,把儿童及其语言环境看作一个动态系统,认为儿童不是语言训练的被动受益者,而是一个有明确意图和目的、积极交往的语言加工者,语言获得的进程在某种意义上取决于儿童本身。这一观点假定语言发展受到社会、语言、生理、生物、认知等多种因素的影响,这些因素相互依赖、相互作用,语言的获得反过来也会影响认知和社会技能等能力的发展。

研究者观察发现,母亲与儿童交谈得越多,儿童掌握的词汇就越多。然而,不仅仅母亲与儿童交谈的多少会造成这种不同,他们如何交谈这一点也很重要。当妈妈用很多指令控制儿童的语言并且经常打断儿童时,其语言发展速度会缓慢下来。当妈妈通过提问和轮流发言的方式,或者成人做出反应,接着儿童的话说下去,那么儿童语言发展进步会更快。

理论分析

相互作用论提出基本的认知结构变化发生在儿童产生语言之前,很好地解释了为什么儿童最早出现的词总是给物体命名(说出物体的名称),而不是其他语义方面的,同时也解释了为什么儿童在18个月左右的时候词汇量会迅速增长。这一理论的积极意义在于不要片面、静止、被动、孤立地看待儿童的语言获得,理论较为全面地反映了儿童在语言获得过程中能动地建构语言的事实。

总的来说,上述提到的各种理论都有其合理的一面,其基础是影响语言结构的要素是多方面的。我们认为:争论哪一种理论正确与否意义不大,关键是要了解各种理论的真正内涵,看看它们在母语获得过程中各自作用到哪些层面,然后决定研究过程中的取舍。

任务二　掌握三大语言获得理论的教育启示

儿童的语言发展充满了复杂、波折，是一个积极、主动的过程。单个因素的影响是无法全面解释语言发展过程的，只有把各因素的核心部分进行归纳、概括，才能解释儿童语言的获得。对语言获得理论所呈现出的先天因素、后天因素和认知发展三种因素进行合理利用，能促进儿童语言的发展。

一、加强儿童语言的关键期教育

先天决定论把儿童的语言获得描绘成一个积极主动、充满创造性的过程，并且肯定儿童语言发展存在关键期，这使我们必须正视年龄在儿童语言获得中所占的重要地位。研究认为，人的大脑在两岁至十一二岁时，由于受大脑中语言习得机制的影响，能够轻松自然地习得语言。这时大脑的两个半球都参与了语言学习，所以理解和产生语言就容易些。青春期之后，大多数人的大脑发生了侧化，人脑已经发育成熟，神经系统不再有弹性，儿童的语言习得机制开始失去作用，语言学习也就越来越困难。在关键期内，由于生理因素的作用，通过接触自然的语言环境以及与语言环境的相互作用，儿童会自然学会语言，语言的习得最为容易，而错过了关键期，语言的习得能力就受到一定程度的限制，语言学习的效率会大大降低。[①]

儿童两岁时，便开始了人生的积极言语阶段，5岁就进入成人语言表达阶段，基本的语法已经完全掌握。所以在儿童的语言关键期施加教育影响，会起到事半功倍的效果，而一旦错过语言发展关键期，那么造成的损失是不可逆转的。教育工作者应在儿童语言获得关键期内对儿童的语言发展给予适宜的指导和帮助。

语言关键期的存在对儿童的第二语言教学也有着指导意义。研究人员以不同年龄移民到美国的中国人和韩国人为例进行测试，其中有些参与者早在3岁就开始学习英语，而有的则在17岁或者年龄更大时学习英语，结果发现学习英语的年龄越大，分数越低。

实践表明，充分利用关键期，不仅对儿童的第一语言的获得有重要作用，也能够使儿童学到地道的第二语言。

二、重视认知结构与语言发展并重

语言与认知，尤其是两者之间的关系是语言学与教育心理学极为关注的话题。在语言与认知的关系的阐述中存在很多争论，儿童是先掌握概念后学会用词来表达这些概念，还是先掌握语言机能再建立概念，或者语言与认知的关系是平行发展的？这一直是悬而

---

① 黄璟. 从语言获得理论谈儿童语言教育的启示［J］. 中国石油大学胜利学院学报，2010，24（1）：69-71.

未决的争论。让·皮亚杰曾在认知发展理论中指出语言是儿童成长的第二条发展线，而基本的语言发展必须建立在最基本的认知基础上，并随之发展。虽然他的观点受到质疑，但至少可以肯定的是语言与认知的关系不是绝对分离的，而是有内在联系的。

实践证明，儿童的语言发展与认知发展是相互促进、相互影响的。语言获得有助于儿童理解和深化生活中的表象，语言所产生的间接经验会刺激儿童的直接感受，并使得感受能够升华，丰富的感受又极大地提高了认知活动的兴趣、速度和质量。语言作为思维的工具，它以高度的概括力为人脑的活动带来新的原则和无穷的创造力。

三、创设宽松的氛围，把握生活化的学习情境

后天环境论者强调环境对儿童语言发展的重要影响，《3—6岁儿童学习与发展指南》（以下简称《指南》）指出：幼儿的语言学习需要相应的社会经验支持，应通过多种活动扩展幼儿的生活经验，丰富语言的内容，增强理解和表达能力。首先，为儿童的语言学习创设生活化的学习情景。学习情境只有和儿童的实际生活以及自然生活紧密联系起来，才能使语言教育充满生命力和活力，也才最接近儿童语言表达的本质需要。发展儿童语言的关键是让儿童从生活中通过使用语言来学习语言，让儿童在生活化的学习情境中愿意与成人交流，形成主动交往、愿意表达的情感态度。其次，为儿童的语言学习提供宽松的语言氛围。儿童语言发展过程中表现出较大差异性，成人在对儿童语言指导过程中要采取无批评、无压力的原则。不要为儿童提出硬性的语言发展要求，更不能无端斥责，造成儿童语言表达时的恐惧心理。最后，成人应有意识地带幼儿出入一些社交场合，提供关于事物和人际交往的丰富经验，为儿童的语言活动积累素材。当儿童身处陌生而又新奇的环境时，会产生强烈的语言表达需要，当这种需要与内在语言水平产生冲突时，学习语言的内部动机就成为儿童语言发展的动力。

四、重视语言教育方式方法的探索

从新生儿发出第一个声响，到牙牙学语乃至幼儿期的识字、学习，成人在陪练的过程中，应遵循后天环境论的语言观进行模仿、强化、训练，为幼儿语言学习提供各种指导和帮助。怎样才能为幼儿的模仿提供支持性的语言环境，成人如何对儿童的语言表现呈现出高度的敏感性，把握时机给予更有效的强化和训练，这成为促进儿童语言发展的重要因素。从这些问题出发能够为儿童语言教育方式方法探索提供有益的尝试。

第一，为幼儿营造语言学习的语境和互相分享协作的学习共同体。在这个共同体的构建中，成人允许幼儿通过各种方式探索如何使用语言，对他的各种需求及时给予反馈。在这个共同体中，只有相互交流的快乐，没有竞争和评价的压力。了解幼儿语言发展的真实水平，确立幼儿语言发展的现有水平和可能达到的水平，并在现有认知水平和新的语言知识之间构架桥梁，以求达到语言教育的有效性。

第二，让儿童进行各种符号学习，允许儿童多样性表达。具有符号特性的表达工具很多，语言只是其中一种。而儿童的表情、绘画、动作都是在特定的情形下与别人进行的沟通，描绘事物的手段和语言之间是相互转换的。恰当地利用这些符号会对儿童语言

的持续发展起到积极作用。

第三，在游戏和活动中促进儿童语言发展。幼儿是在玩中学的，语言的发展也需要活动的依托。活动一方面从功能的意义上讲是建立在兴趣上的行为；另一方面从执行的意义上讲是某种外在运动性质的操作，具体的活动意义是非常鲜明的，语言教育应渗透在儿童日常活动中，其中包括生活活动、学习活动、游戏活动。通过生活活动能够了解儿童语言发展的真实水平，并激发儿童强烈的语言需求。通过学习活动能有目的地对幼儿的听说读写能力进行训练，能够做到全面提高幼儿语言能力。而游戏活动是激发幼儿语言表达的主动性，丰富词汇和提高语言表达水平的最佳途径。

第四，在其他教育领域渗透语言教育内容。语言教育活动既是一个专门的活动领域，又是其他活动实施的重要载体，在艺术、社会、科学、健康领域的渗透成为丰富幼儿语言的主要方式和途径。在各种教育活动中提供语言活动素材，在探索事物间关系和联系中尝试运用不同的词语和表述方式来阐明对事物的联系，同时也为教师在教育活动中加入一些言语指导提供可能，在教育组织活动中为儿童的语言表达和语言交际提供条件。集体教学、小组教学、个别活动，这些组织形式以及对应的语言交流形式，使儿童体验到不同的交往情境与交往行为的关系。如在集体讲话时，声音要响亮；在小组表达自己的意见时，既要学会倾听，又要学会发言的有机转换；在个别交谈时，声音的大小要适度，这些都是语言获得中必须掌握的技能技巧。

导入案例分析

在小明的案例中，小明的爸爸认为小明的语言习得是因为遗传了他良好的基因。根据儿童语言习得理论，小明爸爸倾向的是先天决定论的观点，他认为小明的语言是靠遗传的，遗传为语言的发展提供了可能性或潜能，语言的习得是一种本能的和自然的过程。

小明的妈妈认为应该归功于她对小明的悉心教导，她一直让小明听标准的普通话，并常常鼓励小明用普通话跟别人交流。妈妈倾向于后天环境论的观点，后天环境论强调后天的环境与学习对儿童语言的获得起着决定性的影响，认为言语行为是通过强化、塑造、模仿形成的；强调学习的重要性，认为语言发展的进程很大程度上取决于训练。

爸爸与妈妈的观点各有合理之处，然而，两者也各有考虑不周的地方。爸爸过分强调先天遗传的作用，忽略了后天环境的作用。语言具有社会性，如果脱离了社会，也就无须语言这样一种手段，也就是说即使有这样一种遗传机制，如果脱离了环境、社会，其作用也无法表现出来。妈妈则过分强调环境的作用，忽略了儿童先天的语言天赋与主观能动性。实际上，影响儿童语言结构的要素是多方面的。儿童语言的发展可能是先天遗传的作用，也可能受到后天环境的影响，还可能是先天认知结构与环境相互作用的结果。

学习反馈

姓名：　　　　　班级：

儿童语言获得理论有哪几类？请概括其主要观点

任务内容	任务描述	你的收获

小组评价：

教师点评：

单元一 幼儿语言教育的基本理论

项目二　幼儿语言教育的基本观念

导入案例

　　中班综合性语言主题活动"虎虎生威"是在虎年来临之际由教师们原创的一个主题活动。在主题活动中，语言领域内容占了很大的分量，有传统的民间故事，如《狐假虎威》《武松打虎》《没有牙的老虎》等，也有很温馨的现代故事，如《小老鼠和大老虎》《方格老虎》《小老虎过生日》等。活动中教师利用动画的形式给幼儿展示了一个个直观、形象的画面，让幼儿更深切地感受和理解故事的内容以及所表达的情感，幼儿在语言活动中不仅讲述能力得到了提高，还掌握了很多成语，如"东张西望""虎头虎脑""虎视眈眈""虎口拔牙"等。另外，虽然本主题不以音乐为主，但是教师还是寻找并设计了一些比较有趣的音乐活动，如与绘本故事《虎姑婆》相结合的歌唱活动"虎姑婆"、诙谐幽默的音乐活动"三只老虎在吵架"等。这些歌曲朗朗上口，幼儿平时特别喜欢哼唱其中的旋律，而幼儿的绘画、手工作品更是让教师和家长们大开眼界，惊喜连连。画的乖乖虎、小帅虎、方格子老虎，泥工做成的霹雳虎，都是那么可爱，富有童趣；特别是剪贴画"虎虎生威"，孩子们剪出了老虎凶猛的眼睛、锋利的牙齿、大大的鼻子、额头上的"王"字、身上的花纹等。每位幼儿都是那么出色。整个活动，教师利用语言故事、老虎工艺品展等多种形式让幼儿充分了解中国的"虎"文化以及"虎"文化中的艺术色彩。

> **初步探究**
> 　　（1）你喜欢这样的语言活动形式吗？为什么？
> 　　（2）这是一次语言的主题活动。在活动中，幼儿的语言能力得到哪些发展？其他能力是否也有提高？具体表现在哪里？

导　　读

　　幼儿语言教育实施的过程，就是理解、贯彻和运用语言教育观念的过程。观念决定行为，不同的语言教育观制约着语言教育的效果，对幼儿语言教育起决定作用。本项目将通过相关案例，引领大家学习、理解目前对我国幼儿语言教育影响广泛的三大语言教育基本观念：整合的语言教育观、活动的语言教育观和完整的语言教育观。

幼儿园语言教育活动指导

任务分解

我们可以将论题分解为以下三个方面。

（1）什么是整合的语言教育观？为什么幼儿语言教育要强调整合？如何整合或可以在哪些方面进行整合？

（2）什么是活动的语言教育观？为什么幼儿语言教育要强调活动？如何开展语言教育活动？

（3）什么是完整的语言教育观？体现在哪几个方面？

以上三个问题，将帮助我们对幼儿语言教育的基本观念有一个较为清晰的认识。

任务一　理解整合的语言教育观

一、整合的语言教育观的含义

整合的语言教育观是指把幼儿语言学习看成一个整合的系统，充分意识到幼儿语言发展与认知、能力、情感等方面发展是统整一体的关系。在幼儿语言发展过程中，他们对每一个新词、每一种句式的习得，都是整个学习系统调整、吸收与发展（即同化和顺应）的结果。离开了幼儿发展的其他方面，语言学习是不可能成功的。与此同时，幼儿语言学习的每一点收获，都对他们其他方面的发展起到良好的促进作用，幼儿其他方面的发展同样也离不开语言的发展。基于这样的认识，在开展幼儿语言教育时，始终要把幼儿语言发展放在一个人整体发展的背景中考量，充分重视幼儿其他方面发展对语言发展的作用，同时强调语言发展对人整体发展的重要意义。

理解好整合的语言教育观，应思考并明白三个问题。

（一）什么叫整合

整合，也称综合，是指把不同类型、不同性质的事物组合在一起，成为一个有机的整体。

（二）为什么幼儿语言教育要强调整合

理由一：幼儿身心发展特点及学习特点决定了幼儿语言教育必须强调整合。幼儿认知水平较低，生活经验贫乏，他们对事物的理解是粗浅、表面的，并受限于自身的经验。对于他们而言，通过生活，在"做中学"是最有效的学习方式。

理由二：幼儿的学习活动来源于生活，往往具有综合性，涉及多方面的学习内容，

因此对幼儿而言，必须加强教育的整体性。尤其是幼儿语言的学习，要关注语言的运用，要让他们学习的语言是"活的语言"，就必须把语言看成是与其他方面相辅相成、互为支柱的、灵活而多样的语言。

基于以上的理由，整合的语言教育观反对把语言学习与其他方面知识学习和能力发展割裂开来，认为对幼儿进行纯语言教学的做法是不合适的，不能完成培养人的目标，也不能有效促进幼儿语言能力的真正提升。

（三）如何整合

我们先来看一个例子。

案例：

绘本《小威向前冲》是语言领域的学习内容，如何让它和健康领域、社会领域碰撞出火花，形成促进幼儿发展的整合体系呢？教师在设计这一绘本的阅读活动时，以绘本内容为基点，认真分析内容与其他领域的联系，在引导幼儿认真、细致观察，理解画面内容，完成早期阅读教育目标的同时，抓住其中两个契合点拓展领域内容：首先，把握绘本中"精子小威数学不好，但他是游泳高手"这点，引导幼儿思辨"你觉得小威是棒孩子吗？为什么？"进而引导他们迁移认识，思考、判断"你自己是棒小孩吗？为什么？"帮助幼儿通过对"小威"这一角色的认识，反思自己，学习客观、积极的自我评价方法（绘本内容和社会领域内容产生联系）；其次，把握绘本中"小威在游泳比赛中获得第一并得到最好的奖品——'美丽的小东西'，然后发生了奇妙变化"的节点，把健康领域中"生命诞生"的内容以视频短片的形式插入绘本阅读中，帮助幼儿了解、感知父母与孩子的生命延续关系，进而增强对绘本的理解……于是，一个以绘本为主线的整合活动产生了。

以上例子可以告诉我们，整合的核心就是建立联系。整合的过程，就是分析、寻找内容间的关联点并设法使它们建立联系的过程。

二、具体要求

整合的语言教育观在教育、教学实践中有以下三个方面的具体要求。

（一）整合语言教育目标

整合语言教育目标要求在制定目标时，应做到以下三点。

（1）从三个维度即情感态度、能力技能和认知的发展来考虑语言教育的目标。

（2）要关注在语言教育过程中，与这一语言学习内容相关的其他领域的发展是什么。

（3）要考虑哪些语言教育目标可以在其他领域的教育中得到实现。

从以上三点考虑目标的制定，目的是使语言教育目标成为"以促进儿童语言发展为主线，同时又兼顾儿童其他方面发展"的整合型目标体系。

案例：绘本故事《鼠宝宝做客》（小班）

活动目标：

1. 通过听听、看看，了解鼠宝宝到奶奶家做客的情节，并能用语言表达。
2. 感受故事中快乐、忧愁的情绪，体验奶奶爱宝宝、宝宝爱奶奶的情感。
3. 能根据故事内容进行表演，愿意和同伴合作，具有初步的交际能力。
4. 掌握人际交往中的基本礼貌用语。

绘本内容：

鼠宝宝去奶奶家做客，它敲敲门说："奶奶，请开门，我来了！"

"啊，宝宝来了，欢迎欢迎，快请进！"

鼠奶奶请鼠宝宝吃花生。"嗯，花生真香！"

鼠奶奶请鼠宝宝吃饼干。"嗯，饼干真香！"

"吃完花生和饼干，再喝一杯牛奶吧！"

"谢谢奶奶，我要回家了。再见！"

鼠宝宝走了，奶奶叹了一口气"唉"。

奶奶一个人好孤独啊。

"笃笃笃"，咦，鼠宝宝怎么又回来了？

"奶奶，我有水果糖，很甜的，给你吃！"

鼠奶奶眯眯笑，一把抱住了鼠宝宝。

案例分析

整合的语言教育目标，首先是情感、能力和认知目标的整合。情感态度目标指的是对人、对事、对物和现象的情感体验；技能、能力目标则是指幼儿通过语言教育学会了什么、能做什么；认知目标包括社会认知、自然认知和语言认知。

首先，此案例的活动目标，体现了情感、能力及认知目标的整合：掌握人际交往中的基本礼貌用语，这是语言认知目标；感受情绪、体验情感、愿意和同伴合作，这是情感和态度的目标；了解情节并用语言表达、根据内容进行表演、具有初步的交际能力，这是能力目标。

其次，案例中的目标还表现在以语言教育为主线，整合其他领域，相互促进、共同发展。目标的内容不仅体现语言领域的学习，还涉及社会领域的内容，如体验奶奶爱宝宝、宝宝爱奶奶的情感，掌握人际交往中的基本礼貌用语，有初步的交际能力等。领域间相互促进，共同发展。

（二）整合语言教育内容

内容的整合是幼儿语言教育整合主要的表现，也是最基本的整合。它指的是在设计和组织语言教育活动时，要将语言知识和认知知识、社会知识三者有机地结合起来。这就要求活动设计者以整合的目标作为指引，在选择、设计教育内容时，充分考虑这三种知识的有效结合，并要考虑这种结合对幼儿发展的意义。

语言教育内容的整合，一般有两个方面。

1. 语言领域内的整合

每一个领域的教育内容都是一个相对独立的体系，但同一个领域中，教育内容又可以进行一定的划分。语言领域中，既有口头语言内容（包括听和说的内容），又有书面语言的内容（关于读和写的内容）；还有诗歌、散文、故事不同的体裁等。这些有一定独立性的内容，教师在进行语言教育活动时，应努力使其尽可能地相互联系、有机结合。

案例：早期阅读活动《农场里的叫声》（中班）（活动构思片段）

活动目标：

1. 在模仿出不同动物叫声的基础上，认识象声词：叽、呷、咩、噜。

2. 能通过比较观察，归纳"叽、呷、咩、噜"四个汉字的相同之处，知道它们都有"口"字旁，是因为都是从嘴里发出的叫声，初步了解汉字构成规律。

3. 对汉字感兴趣。

活动过程：

1. 出示农场及小动物图片，提问："在农场里有哪些小动物？它们怎样叫的？"（要求幼儿能完整地回答问题）

2. 教师和幼儿一起阅读。

（1）逐一出示汉字字卡，并放在相应的小动物嘴边，让幼儿结合图片，想象并感知动物叫声的汉字。可采用集体练习和个别练习的方法，让幼儿学习这些象声词。

（2）出示汉字卡片"叽、呷、咩、噜"，引导幼儿感知汉字。

3. 引导幼儿仔细观察"叽、呷、咩、噜"四个汉字的基本结构；启发幼儿找一找这四个汉字有哪些相同的地方，为什么它们都有"口"字旁；再组织幼儿开展动物图片和汉字卡片的配对游戏。教师将小动物图片贴在黑板上，请幼儿找到表示动物们各自叫声的汉字朋友（字卡）并贴在下面。

……

5. 采用对话形式，帮助幼儿巩固对动物叫声的练习。如教师可以问："小鸡小鸡在哪里？"幼儿边做鸡嘴动作边回答："叽叽叽叽，在这里。"教师问："小牛小牛在哪里？"幼儿边做牛角动作边回答："哞哞哞哞，在这里……"

教师引导幼儿欣赏歌曲《在农场》，并朗读歌词，然后带领幼儿采用接唱的形式，仿编歌词。建议教师先引导幼儿以对话的形式仿编，如教师朗读前半句"猪儿在农场……"幼儿根据教师朗读的前半句，马上编出后半句的叫声"噜噜"。然后配上音乐伴奏，以演唱的形式进行歌词仿编。

{资料来源：周兢，余珍有. 幼儿园语言教育 [M]. 北京：人民教育出版社，2004.}

案例分析

从本案例的目标可知，这是为幼儿书面表达做准备的一次活动，属于语言领域前识字语言学习的范畴。但在整个活动中,教师非常强调在听说的基础上引导幼儿感知汉字的特点:引导幼儿模拟动物的叫声,再出示相应的汉字;采用对话形式,巩固幼儿对动物叫声的掌握程度;在观察比较的基础上请幼儿回答四个汉字都有"口"字旁的原因,然后才进行动物图片和字卡的配对。同时,教师还注意到了口语表达和文学表达的融合,引导幼儿学习用歌词的形式进行仿编。这些都能体现在语言教育领域中各种内容和元素的整合。

2. 不同领域间的整合

不同领域间的整合,简单而言,就是以语言学习的内容为主线,尽可能发展和挖掘貌似毫无关联的不同领域内容之间的联系,使各领域彼此相联系的内容产生合力,促使教育发挥更大的整体性功效。

案例:故事《毛毛虫》(中班)

一条绿色的毛毛虫,爬呀爬呀,他的肚子饿了,想找一些东西吃。

第1天,他看见1个红苹果,"啊呜,啊呜"大口吃掉了。

第2天,他发现2根黄香蕉,"啊呜,啊呜"大口吃掉了。

第3天,他找到3颗紫葡萄,"啊呜,啊呜"大口吃掉了。

第4天,他又发现了4块黑巧克力,"啊呜,啊呜"大口吃掉了。

第5天,他找到了5片绿树叶,又"啊呜,啊呜"大口吃掉了。

毛毛虫的肚子不再"咕噜咕噜"叫了,他快乐地趴在叶子上说:"我要结个蛹把自己包起来,好好睡一觉。"

过了几天,毛毛虫醒来了,发现自己长出了一对美丽的翅膀,他高兴极了,说:"我变成一只美丽的蝴蝶啦!"

以下是教师为此活动设计的教具(见图1-2)。

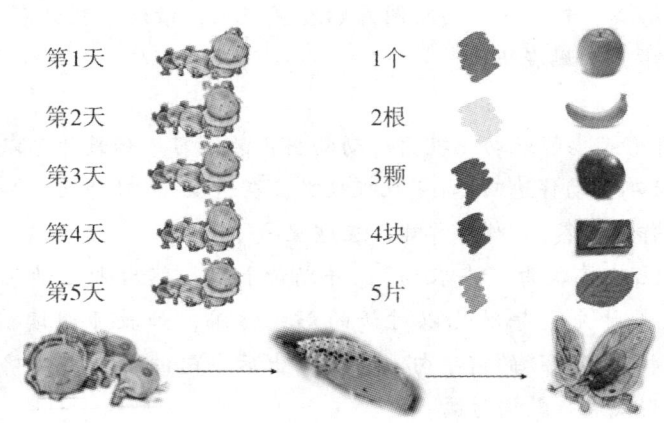

图1-2 故事《毛毛虫》教学活动

(资料来源:根据艾瑞·卡尔的绘本《好饿的毛毛虫》编写。)

案例分析

案例提供的故事内容以及教师根据教学需要制作的一幅图片，已经足以让我们窥探出在语言教育中如何根据语言学习内容，整合不同领域，使之成为有效的教育整体。故事中的毛毛虫，吃了5天，然后变成了蝴蝶，据此，教师可以另外组织一个"毛毛虫长大了"的科学活动，通过探索蝴蝶的生长发育过程，以此整合科学中自然领域的学习内容；毛毛虫5天分别吃了5样东西，它们有不同的名称、形状和颜色，这又为整合艺术领域中的美术提供了可能；毛毛虫5天吃的5样东西数量不同，又可联系至科学领域中数学的内容；毛毛虫吃的东西，我们也可以吃的是什么？要怎样吃？这样的联想可以把健康领域中关于食物、饮食的内容牵引出来……一条绿色毛毛虫的故事，因为内容及其内在的联系，把这么多不同的领域内容"捆绑"在一起，幼儿在经历这样的学习过程后，不但语言能力得到发展，其他经验也得到丰富。

（三）整合语言教育方式

目标和内容的整合，必然引领着教育方式的整合。

语言教育方式的整合是指组织语言教育活动时，以多种活动的组织形式来构建语言教育，调动各种与目标、内容相关又能促进幼儿发展的符号系统参与到语言教育中，使幼儿能全方位、真实、灵活而丰富地获得语言经验。

例如，一个小班语言教育活动的认知内容是引导幼儿学习几种常见小动物的叫声，认识象声词"叽、呷、汪、咩、喵"，同时练习发音"j、g、w、m"。教师进行语言教育活动设计时，有如下构想。

首先要丰富幼儿关于动物的经验，为他们语言的学习奠定认知基础，因此在语言活动前组织"我爱小动物"科学活动，通过观察了解这几种小动物的特点，尤其是叫声，培养幼儿对小动物的兴趣；其次进行文学作品的学习活动"唱歌比赛"，活动过程中引导幼儿借助教学课件理解故事内容，通过问答游戏，练习巩固象声词"叽、呷、汪、咩、喵"，利用指偶，引导幼儿学习复述故事中动物比赛唱歌的内容，达到再次练习巩固象声词的目的；再次可以在音乐活动中教师组织唱歌表演《我爱我的小动物》，引导幼儿借助歌唱形式灵活使用象声词，还可以进行美术活动，给动物头饰涂色；最后，利用美术活动中幼儿创作的作品，组织幼儿进行表演游戏"唱歌比赛"。

纵观例子的整个过程，教师从语言教育活动的认知内容出发，分析、思考与其他领域内容的关系，调动多种形式和手段，创设了一个整合的语言学习环境，帮助幼儿在不同语境中反复练习发音，巩固所学的象声词，让幼儿积极主动地通过各种符号手段（包括音乐、美术、动作、语言等）作用于环境，获得相应的语言经验。显而易见，在这样的一种语言教育环境中，幼儿不再单纯地学习语言知识，不再被动地接受教师传递的语言知识信息，相反，他们是在参与活动过程中，通过自己的操作来获得自身的语言经验。在这样的语言学习过程中，幼儿不单单是语言的使用者，还是积极而主动的语言加工创造者。

整合的语言教育观要求教师在进行语言教育时，应深入分析语言学习的内容，围绕

语言内容的关键信息点，将活动的目标、内容、方法及形式进行有效整合，充分重视每一个活动的综合教育价值，以及不同活动之间的渗透，在提高幼儿语言水平的同时重视幼儿全面发展的需求，并考虑幼儿个体间的差异。

任务二　理解活动的语言教育观

一、活动的语言教育观的含义

活动的语言教育观，强调以活动的形式来组织幼儿语言教育活动过程，通过操作帮助幼儿学习语言。

语言是一种交际工具，这是语言的本质之一。既然语言是一种工具，那么评价一个人是否掌握一门语言，语言发展水平如何，必然要关注其语言的运用能力。《幼儿园教育指导纲要（试行）》（以下简称《纲要》）和《指南》都强调"幼儿的语言能力是在运用的过程中发展起来的"。因此，在语言教育活动中要允许多种与幼儿发展有关的符号系统参与，使幼儿在丰富多样的环境刺激及强化下，产生运用语言与人、事、物交往的需要、愿望，在操作中动手、动脑、动嘴，成为积极的语言学习者和使用者。

二、具体要求

活动的语言教育观具体体现在：教师在教育过程中要更多地提供给幼儿充分操练语言的机会，鼓励幼儿以多种方式操练语言，发挥幼儿在操练语言过程中的主动性等几个方面。

（一）提供给幼儿充分操练语言的机会

皮亚杰儿童发展理论指出，幼儿的发展是靠他自己与外界环境相互作用而建构起来的。幼儿的语言发展也是通过幼儿个体与外界环境中各种语言和非语言材料交互作用才得以逐步获得的。幼儿的发展，需要外界环境中的人、事、物的各种信息，但这些信息不是由成人灌输、强迫幼儿接受的，它是在没有压力、非强迫的状态下，幼儿通过自身活动，积极与环境相互作用而主动获得的。幼儿语言教育便是引导幼儿积极地与语言、语言相关内容进行相互作用的过程。

（二）通过多种形式的操作，促进幼儿语言的发展

幼儿语言的发展有赖于认知的发展，认知的发展主要依靠幼儿自身的动作。幼儿正处于动作思维向具体形象思维发展的阶段，对客观事物的认识主要依赖于自身的各种操作活动，他们通过动手、动脑及手脑并用的操作，与环境发生交互作用。因此，幼儿在

亲身体验中能增强其语言操作的积极性，获得成功、愉快的体验。

（三）注意发挥活动中幼儿的主体作用和教师的主导作用

发挥幼儿的主体地位，强调教师在组织设计活动时，充分考虑内容和形式以适应幼儿发展水平和需要；关注幼儿在活动过程中始终有积极的动机、浓厚的兴趣和主动的参与精神，而不是消极被动的受教者；明确活动要为每个参与者提供适合他们发展特点与需要的环境条件。

教师的主导作用主要表现在以下三个方面。

（1）通过提供良好的语言教育环境，如语言学习材料、操作材料以及适宜的活动氛围，来引领整个语言教育活动的走向，引导幼儿与环境中的各种要素相互作用，最终实现语言教育的多元目标。

（2）教师在幼儿与环境的相互作用中起中介作用，即教师设计环境，并通过提示、提问、讲述或暗示、示范等方法，指导幼儿在环境中感知和理解，帮助幼儿找到获得知识的途径，从而引导幼儿完成学习任务。

（3）教师的主导作用还表现在对全体幼儿提出统一要求时，能根据自己对幼儿的了解，关注个体差异，有针对性地给予具体指导，使每位幼儿得到最大限度的发展。

案例：文学活动与区域的整合（节选）

一、文学活动在美工区的想象创造

随着幼儿生活经验的积累，他们的想象力、创造力都有了很大的提升，在文学活动"荡秋千"中，通过课件让幼儿掌握诗歌的内容，体验诗歌的优美诗句。在仿编诗歌的环节中，幼儿都纷纷表达自己的奇思妙想，很多幼儿在活动中还来不及说出更多的想法，因此我将诗歌延伸到美工区，与美工区整合，提供适合的材料，让幼儿在区域中操作，为幼儿大胆想象和创作提供了一个宽松的语言环境，让幼儿随心所欲地表达自己的想法，鼓励幼儿操作并仿编诗歌中的诗句。幼儿来到美工区里，摆弄着各种颜色的棉花，用棉花拼贴成各种各样的形状，有的像鞋子，有的像帽子，有的像书包，还有用五颜六色的棉花拼贴成彩虹的……我请幼儿用诗歌《荡秋千》里的诗句说说自己贴的是什么。晟皓拿着自己的作品说："摘朵黑云像什么，做个书包肩上背。"俊宏说："摘朵彩云做什么，做个彩虹挂天上。"我将幼儿们仿编的诗句写在他们的作品旁，让同伴互相欣赏。在操作中，利用活动充分激发了幼儿的想象力和创造力，为幼儿插上了想象的翅膀，他们在美工区操作、讨论、交流，根据诗歌的诗句进行仿编，充分表达了自己的想法。文学作品激活了幼儿们内心深处一种快乐的愿望，引发了幼儿想象的乐趣，不仅使个体的愿望得以满足，更使情感得到宣泄，思维得以拓展。

……

二、文学活动在语言区的拓展延伸

语言区为幼儿营造了一个语言的轻松氛围，激发幼儿开口说话的兴趣。在语言区中，教师运用文学作品的语言对幼儿进行适时的启发与引导，帮助幼儿完成语言表达。文学作品中常常有许多优美的语句，在学习这些作品后，幼儿会引用作品中优美的词汇和语

句,迁移能力不断增强。例如,文学活动《梦姐姐的花篮》的主体是一首散文诗,形象且易于幼儿理解的比拟手法表达了作者对大自然的热爱。散文中把梦刻画成优美的梦姐姐,通过撒花瓣把美的景物呈现在小动物和小朋友们有趣、奇妙的美梦中。在欣赏散文的过程中,我通过课件把幼儿带到优美的梦境中,幼儿把小动物的颜色和梦姐姐的花朵颜色联系起来,用语言表达出小动物的梦境,在最后的环节中,幼儿也想得到梦姐姐的花,想实现自己的美梦。因此,我在语言区提供了梦姐姐的各种颜色的花,幼儿在语言区中选择自己喜欢的花,开始时幼儿只是简单地说:"我做了一个粉红的梦,梦见粉红的蝴蝶结。""我做了一个白色的梦,梦见白色的冰淇淋。"我对幼儿进行引导,问:"你在哪里睡觉做的梦呀?粉红的梦里还有更多漂亮的东西吗?"幼儿的表达就更丰富了:"我在床上舒服地睡觉,梦姐姐给我撒了一朵粉红的花,我做了个粉红的梦,我梦见粉红的蝴蝶结、粉红的裙子、粉红的小书包。"幼儿在语言区里美美地做着梦,和同伴交流自己的梦境。文学活动在语言区的延伸和拓展为幼儿的想象及表达提供了足够的时间和空间,也为不同能力的幼儿搭建了展示的平台。

{资料来源:陈莎娜. 文学活动与区域的整合 [J]. 新课程(教研版),2012(8):22.}

案例分析

活动的语言教育观,我们可以理解为让幼儿在刺激丰富的语言环境中,借助灵活、多样的活动,通过实际操作、运用语言来实现语言的发展。上述案例中的教师非常清晰地了解幼儿的学习特点(视觉学习是重要方式),她借助美工区所提供的各种具有强烈视觉刺激的操作材料(各种颜色的棉花),鼓励幼儿随心所欲地表达对诗歌《荡秋千》的想象,引导幼儿利用棉花进行造型,造型后又依照诗歌的格式进行仿编……各色棉花是具体的操作材料,容易刺激幼儿的想象;塑造具体形象后,这一具体形象引发了幼儿的表达欲望,教师引导幼儿利用所学诗歌的格式进行仿编,使幼儿语言表达的质量更高,更能体验文学语言表达的成就感;表达上的成就感,自然会激发幼儿语言学习的兴趣和欲望。案例中"文学活动在语言区的拓展延伸",教师也是借助这样的方式,把幼儿引进积极"操作"语言的活动中。

这样的过程,环环相扣,教师提供各种操作材料以及适宜的活动氛围,并适时给予幼儿语言的指导,通过教师的主导作用来引领整个语言教育活动的走向。活动中的幼儿始终有积极的动机、浓厚的兴趣和主动的参与精神,通过动手、动脑和手脑并用操作教师提供的材料来与环境的交互作用,在亲身体验中积极操作语言进行表达,获得成功的愉快体验,使自己成为积极的语言学习者和使用者。

任务三 理解完整的语言教育观

一、完整的语言教育观的含义

完整的语言教育观,是以完整语言理论作为理论依据提出的,它强调在语言发展关键期(即3~6岁)内,有必要给幼儿提供完整语言学习的机会。完整语言指的是什么?首先,我们通过表1-1,分析、比较一下完整语言和非完整语言的区别。

表1-1 完整语言与非完整语言的区别

完整语言	非完整语言	完整语言	非完整语言
真实、自然	机械、生硬	有实用价值	无实用价值
完整	零碎、分割	有目的	无目的
有真实意义	无真实意义	听者能够接受	听者不能接受
有趣	干巴巴	听者积极参与	听者不参与
有关的话题	无关的话题	根据听者优选地讲	强加给听者
符合语境	脱离语境	—	—

[资料来源:欧阳新梅. 学前儿童语言教育 [M]. 南京:东南大学出版社,2014.]

通过与非完整语言的比较可见,完整语言是一个完整的系统,语义、语法和语用等因素同时存在并相互影响,语言必须和语境相互依存,依赖交流双方的经验背景。中央电视台曾做过一个关于"幸福"话题的随机访问,其中一个片段成为人们调侃的经典。主持人随机采访一位路人,问道:"请问,您幸福吗?"路人愣了一下,回答:"我不姓付(与'幸福'同音)!"这个例子说明,当交流的双方处在不同语境中,语言交流就会出现偏差。对语义的理解,离不开听者已有的经验。当爸爸说送她一辆"路虎"(汽车的品牌)时,4岁左右的小女孩说了下面一番话:"干吗送我这个!又不知道怎么喂,还有,把我咬了怎么办?"4岁的女童,在她的认知里,"路虎"想必是和老虎差不多的,当然就不可以接受这件危险的礼物了。

那么,完整的语言教育观又是什么?具体而言,完整的语言教育观要求教育中的语言形式是全面的,包含口语、书面语、母语和外语;语言能力是全面的,包括听、说、读、写等能力;语言教育活动类型是全面的,包括文学活动、听说游戏、谈话活动、讲述活动、早期阅读等;语言学习内容是全面的,涵盖幼儿语言教育的所有语言内容范畴,例如,各种类型的听说游戏、各种体裁的文学作品等;语言活动组织形式是全面的,包括专门的语言教育活动、日常的语言教育及随机的语言教育。

二、具体要求

可以从以下三个方面理解完整语言教育观的要求。

1. 语言教育目标应该是完整的

完整的语言教育目标应该包括培养幼儿语言中听、说、读、写四个方面的情感态度、认知和能力。对于幼儿来说,主要是培养他们的听、说能力和良好的听、说行为习惯,同时使他们获得早期的读、写技能,为他们进入小学后进行正规的读写训练做前期准备。在所有的目标中,培养幼儿的语言运用能力是语言教育的重点。

2. 语言教育内容应该是全面的

全面的语言教育内容是指在幼儿语言教育中,既要引导幼儿学习口头语言,也要引导幼儿感知书面语言;既要让幼儿理解和运用日常交往语言,也要引导幼儿学习文学语言。在选择和编排语言教育内容时,要"把语言教育视为一个整体,而非将教学切割成分离的技能成分"。例如,词的学习必须和句子联系在一起,把词单独抽取出来向幼儿解释,则会使他们无法真正理解词的意义,更谈不上正确运用;语法的学习也不是单纯地解释语法,它必须以句子的形式和具体的语言情境相结合,幼儿才能真正理解。

3. 语言教育活动应该是真实、形式多样的,过程应该是多元、丰富的

教育活动的真实性是指教师在组织活动时应着眼于创设真实的双向交流情境,使语言教育活动的过程成为教师与幼儿共同建设的、积极互动的过程。完整的语言教育观强调真实的语言情境,强调幼儿在真实的情境中、出于自身的需要而学习语言才是获得语言的捷径。教师务必了解幼儿交流的需要,然后才能给予有效的指导,并为幼儿提供适宜的语言范例。

教育活动形式的多样性是指语言教育应当有多种活动形式,过程多元而丰富则强调融合语言学习内容所包含的各种语言元素。比如阅读一本图书,首先可以引导幼儿从他们既有的概念和经验来推断所读到的内容,借助问答方式进行阅读信息的分享与交流;紧接着可以点读图书上的文字,引导幼儿借助读图的经验来接触文字,产生对文字的敏感和兴趣;然后可以围绕阅读的重点,开展相关的活动,例如引导幼儿进行戏剧表演,以肢体和表情展示图书内容及自己的理解,还可以通过美术、音乐等途径对阅读内容进行加工再创造,拓展经验。

总的来说,整合的、活动的、完整的语言教育观,三者密不可分,它们都源于美国心理语言学家肯·古德曼(K. S. Goodman)最早倡导的全语言教育的观念。全语言教育观念在中国幼儿语言教育中的具体运用,对幼儿语言教育有巨大的指导意义。

案例:综合活动"好听的声音"(小班)(活动构思)

活动目标:

1. 体验探索声音的乐趣,乐于表达自己的经验和感受。
2. 能辨别生活中不同的声音,并正确使用语言表达。
3. 在为乐曲伴奏中,感受声音的轻响,感知汉字:"大""小"。

活动过程：

1. 感知、分享生活中的声音。

听声音：（以宝宝早晨的生活为背景）笑声——鸡鸣——盥洗——汽车——问候（老师好）。引导幼儿发出对笑声、动物的叫声和水声进行的猜想，模仿马路上的各种汽车声，并学会区分男孩、女孩声音的细微差别。

2. 让小瓶子发出声音，为歌曲《大鼓和小鼓》伴奏。

（1）想办法让空瓶子发出声音：幼儿每人取一个小瓶子，探索用各种方法让瓶子发出声音，并与同伴分享自己的做法。

（2）用瓶子装黄豆让它发出声音。

（3）（放录音）引导幼儿跟着音乐摇瓶子，用儿歌"你的小瓶子，有声音吗？有有有！"有节奏地引导幼儿感受音乐。

（4）（出示大鼓和小鼓图片）引导幼儿用瓶子摇出大鼓和小鼓的声音，探索、感受瓶子发出声音大或小的原因：用力大小不同，发出的声音轻响不同；装的多少也影响瓶子发出的声响（豆子装太少声音小，但装满了也不会有声音，感受事物的相对性）。

3. 幼儿通过尝一尝，咬一咬，区别糖果的软硬不同，知道装硬糖果的瓶子摇起来会发出大鼓的声音，装软糖果的摇起来会发出小鼓的声音，感受物体的软硬也会影响声音的大小。

4. 边演唱歌曲《大鼓和小鼓》，边摇瓶子做伴奏。

5. 活动结束。

（出示装棉花糖的瓶子）提问：

棉花糖与软糖发出的声音，哪个更像大鼓、哪个像小鼓？（请幼儿到教室去试试看就知道了）

案例分析

教师设计的这次活动，成功地演绎了整合、活动、完整的语言教育观在具体的语言教育实践中的运用。本次活动提供了富含各种语言符号的语言环境；轻松自然并有利于幼儿参与的学习氛围；能激发幼儿探索的活动材料、活动时间和空间，同时将口语符号与文字符号、语言符号与非语言符号相联系；通过谈话促进口语发展；通过提问启发思维想象；创造机会，鼓励幼儿大胆实践和创新，扩展他们听、说、读、写的经验和体验。

导入案例分析

导入案例给我们展示的是以"虎"作为主题的整合活动。以"虎"作为主线，教师选择相关的语言学习内容，有故事，有绘本……语言学习内容呈现方式多样而丰富，大大提升了孩子们语言学习的趣味性和有效性；学习形式、手段和方法多样，既运用动画手段帮助孩子借助直观的形象理解语言学习内容，又通过音乐、美术等方式，帮助孩子巩固语言学习内容，并且使语言学习内容在适宜的主题氛围中得到主动的运用。

　　这次的主题活动，不但强调语言领域的学习，同时还围绕着"虎"的主题整合了音乐、美术甚至是没呈现出的科学等领域内容，使孩子的语言水平得到提升的同时，也丰富了孩子们的认知经验，提升了孩子们的艺术兴趣和素养。

学习反馈

姓名：　　　　　　班级：

请概括三种语言教育观的主要观点

任务内容	任务描述	你的收获

小组评价：

教师点评：

单元一 幼儿语言教育的基本理论

项目三 学前儿童[①]语言发展的特点和规律

导入案例

琪琪才四五个月大，妈妈抱着她在花园散步时每每见到各种花草树木，总会不厌其烦地指着它们对琪琪说："宝宝，看，这是花，红红的，很漂亮吧；这是小草，绿绿的，很可爱哟……"或者带她去水果市场买水果时，妈妈也会指着各种水果对琪琪说："嗯，这是苹果，又大又红的苹果；那是梨，香香甜甜的梨；还有香蕉，弯弯的，像不像月亮啊……"每当这个时候，爸爸总是在旁边笑话妈妈："琪琪根本听不懂，你说这些纯粹是浪费时间。"妈妈反驳说："哪里是浪费时间？你看，琪琪听得懂的，我说给她听、指给她看时，她都在笑呢。她很喜欢我和她说话的。我相信，这一定有用，说不定，她会比别的小朋友早说话呢！"妈妈相信她坚持这样做一定对琪琪的语言发展有帮助。

这真的有用吗？

初步探究
琪琪的爸爸妈妈谁说的有道理？为什么？谈谈你的看法。

导　读

学前儿童语言的发展，是一个连续的、有次序、有规律的过程，也是一个不断由量变到质变的过程。每一个阶段都有每一个阶段自身的特点和规律，上一个阶段是下一个阶段的准备，下一个阶段又是在上一个阶段基础上的提升和飞跃。究竟学前儿童的语言发展到底是一个怎样的过程，有着怎样的发展顺序和规律？了解清楚这一问题对语言教育来说尤为重要。因为了解学前儿童语言的发展过程及其特点是制定语言教育目标的依据，也是探讨学前儿童语言教育途径和方法的依据。

语言的发展既包括口头语言的发展，也包括书面语言的发展。受生理机制成熟和认知能力发展的制约，学前儿童语言的发展主要是口头语言的发展，书面语言的发展还处于萌芽状态和准备阶段，因此这里所讲的语言发展是有关学前儿童口头语言发展的特点及规律。

通常，学前儿童语言的发展可以划分为既有质的差异又相互关联且时有交叉的三个

[①] 注：这部分内容涉及 0～3 岁幼儿语言发展，为全书陈述更简洁，本项目统一称为"学前儿童"。

阶段：从出生到1岁左右，是语言发生的准备阶段，又称前语言阶段；1岁左右，当学前儿童说出第一批能被真正理解的词语时，标志着学前儿童开始进入正式的学说话阶段，此后至3岁左右是语言发生的阶段，又称语言形成期（1~3岁）；3岁以后，学前儿童语言进入了一个不断丰富、不断完善的飞速发展时期，到幼儿期末，学前儿童已经基本上掌握了本民族的口头语言。有人说幼儿期（3~6岁）是口头语言发展的关键期，所以这个时期被称为语言的发展期。在这一项目里，我们分别对学前儿童三个阶段语言发展的特点及规律进行讨论。

任务分解

我们可以将论题分解为以下三方面。
（1）学前儿童语言发生的准备阶段需要做哪些准备？如何准备？
（2）学前儿童语言形成阶段又可以分为哪几个阶段？各阶段有什么特点？
（3）学前儿童语言发展阶段表现在哪几个方面？各方面有什么特点？
对以上三个问题的探究，将帮助我们了解学前儿童语言发展的特点与规律。

任务一　了解语言发生的准备阶段（0~1岁）

一、听的准备

学前儿童对语言的刺激是非常敏感的，出生不到10天的学前儿童就能对语音和其他声音进行区分，并对人类的语音表现出非常明显的"偏爱"，尤其喜欢听妈妈说话的声音。一个月左右时，学前儿童能够对男人和女人的声音、熟悉的人和陌生人的声音做出明显的不同反应。几个月后，学前儿童还开始具有了分辨两个不同语音的差别（如"b"和"p"区别）。这一发展对以后语言理解的发展具有极其重要的意义，因为只有"听准音"，才有可能"听懂义"。听音能力的发展对语言理解提供了必要的前提，在这个时期，成人说话的语调、语气、表情和动作等对学前儿童"听懂语义"有很大的，甚至是决定性的影响。

案例：

妈妈给9个月的婴儿看"狼"和"羊"的图片：当出示"羊"的图片时，妈妈就面带微笑并用温柔的声音说："羊，羊，这是小羊。"而当出示"狼"的图片时，妈妈表情严肃并用恶狠狠的声音说："狼，狼，这是狼。"这样重复多次之后，当妈妈面带微笑温柔地问"羊呢？羊在哪儿？"时，婴儿就会指着羊的图片；当妈妈表情严肃恶狠狠地问"狼呢？狼在哪儿？"时，婴儿就会指着狼的图片。可是，当妈妈突然表情严肃并且恶狠狠地问道："羊呢？羊在哪儿？"婴儿却毫不犹豫地指着"狼"的图片。

案例分析

从上述案例可以看到,此时的学前儿童更多的是对语调及表情等说话时的整个情境做出理解,他们还没有真正"听懂词义"。这也说明学前儿童对语言的理解受其认知能力的制约。一般到了 11 个月左右,学前儿童能逐渐不受说话对象的语调及表情等的干扰,而是对听到的语言内容做出反应。比如上述案例中,妈妈再用恶狠狠的声音问:"羊呢,羊在哪儿?"11 个月大的学前儿童首先会用疑惑的神情看看妈妈,然后有片刻的犹豫,但最终他们会指着羊的图片。到此时,学前儿童才算是真正理解了"羊"这个字的意义。到 1 岁左右,学前儿童已经能够理解几十个字词,会对成人发出的语言指令做出相应的反应。比如,当成人问:"灯灯在哪里?"学前儿童会用手去指灯或扭头去看灯;当成人说:"宝宝,我们出去玩。"学前儿童会兴奋地指着门外;当成人说:"宝宝,和爷爷说再见。"他们会对着爷爷挥挥手表示再见。当然,此时学前儿童能说出来的话语很少。

我们知道,语言活动包括语言感知理解和表达运用两个方面,通俗地说,就是听(阅读)和说(书写)。在学前儿童语言的发生发展过程中,语言的感知理解与表达运用并不完全同步,通常感知理解先于表达运用的出现,其中,感知理解是表达运用的基础。也就是说听先于说出现,听是说的准备。

基于以上特点,为 0~1 岁的学前儿童提供适当的语音刺激的环境,尽量提供各种不同的语音,对学前儿童迅速发展语言听力有着非常重要的作用。尤其是母亲,作为主要的抚育者及学前儿童语音偏爱的对象,要尽可能多地与学前儿童进行面对面的语言交流。母亲可以随时随地结合学前儿童一日生活的各个环节进行亲子间的"对话",比如案例中提到的学前儿童的所见所闻,都可以作为亲子间语言交流的内容。母亲照料学前儿童的行为或活动内容也可以作为亲子间的"对话"环节,给宝宝喂奶时说:"宝宝,喝奶啰!来张开小嘴,咕噜咕噜……"当宝宝手扶奶瓶专注喝奶时,可以说:"宝宝真乖,喝得可专心了,这样身体会棒棒的……"这样做,将语词、语句的抽象意义与直观形象、具体语境相结合,符合此阶段学前儿童的认知能力水平,对学前儿童理解语义起着直接的帮助作用。同样的"对话"可以不断重复,不用担心学前儿童厌烦,因为此时的学前儿童喜欢这样的重复,而且这种重复也是有必要的,语言的学习就是要不断强化再强化。长此以往,日积月累,学前儿童对语音"听得准",对语义"听得懂"的能力势必得到大大提高。但要注意的是,成人提供语音刺激时配合的语调、语气表情等要与语言的内容、意义相匹配,否则会起到适得其反的作用。

二、说的准备

其实,0~1 岁学前儿童的说不是真正意义上的说话。学前儿童在这一年的时间里一直在做着一种准备,那就是说话之前的语音操练(也称前语言发音)。前语言发音是指学前儿童正式说话之前的各种语音发声。学前儿童自第一声啼哭到说出第一批真正能理解的词语,经历了大量的发音练习准备,这个准备的过程大致可以分为三个阶段:单音发声

阶段（0~3个月），连续音节发声阶段（4~8个月）和模仿音节发声阶段（9~12个月）。

（一）单音发声阶段（0~3个月）

我国的心理学家朱曼殊和许政援、儿童语言学家周兢和李宇明等研究发现，这个阶段学前儿童的发音大多为韵母，以单韵母为主，有少量的复韵母。声母很少出现。如 a、o、e、i、u 和 ai、ei、en、an、ou 等音。这些音的发出基本不需要太多的唇舌运动，只要一张口，气流从口腔冲出，音也就发出来了。这种发音是一种本能的反射行为，天生的聋哑儿童也能发出这些声音。所以这些声音没有任何符号意义。

（二）连续音节发声阶段（4~8个月）

这一阶段，学前儿童的发音变得活跃起来，当他们感到舒适时常常自动发音。如果有人与他们互动，或他们因为听到什么特别的声音、看到什么特别的物体，抑或到一个新的游乐场所等而感到愉悦时，发音就会更加频繁。发出的声音中，韵母增多，比如增加了 ang、eng 等，同时声母也开始出现，如 b、d、g、p、n、f 等。而且他们还会发出连续的音节了，如 ba—ba—ba，pa—pa—pa，da—da—da 等。其中有些音节与字词的发音很相似，如 ba—ba（爸爸），ma—ma（妈妈），ge—ge（哥哥）等。这是学前儿童从单音发声向表示具体意义的词语发声的转换过渡。不过，这些音还不具有符号意义。但是，如果成人创造条件帮助学前儿童将这些音与具体事物相联系，就可以建立条件反射，从而使音具有意义。比如，当学前儿童发出 ba—ba 这个音时，爸爸就开开心心地拥抱他，并应答他说："爸爸，爸爸，我就是爸爸。"多重复几次，学前儿童就会把 ba—ba 这个音当作对爸爸的称呼，以后见到爸爸就会主动地发出 ba—ba 这个音，这样 ba—ba 这个音与爸爸已经建立了条件联系。当然，这个联系还不是很稳定，比如学前儿童有时见到妈妈也会发出 ba—ba，见到爸爸会发出 ma—ma。

（三）模仿音节发声阶段（9~12个月）

当连续音节发声发展到一定阶段，学前儿童所发的连续音节就不仅限于同一音节的重复了，不同音节的连续发音开始明显增加，发音的音调也开始多样化，四个声调都出现了，如 bā—bá—bǎ—bà，à—jue—lu—bì，à—lù—fù。听起来很像是在说话。而且这一阶段近似词的发音不断增加，如 bao—bao（宝宝），guo—guo（果果）。同时，学前儿童开始模仿成人发音，这一进步标志着学前儿童学说话已开始萌芽，所以也有人称这一阶段为"学话萌芽阶段"。

大多数学前儿童在 12 个月即 1 岁左右时说出第一批具有真正意义的词语，并开始主动借助语言与人进行交往。比如边说 guo—guo，边用手指着苹果；边拍手表示欢迎，边发出 pai—pai 的声音；见到妈妈时会一边发出 ma—ma 的声音，一边向妈妈伸出手希望妈妈抱抱等。虽然此时他们能够发出的词音只有很少几个，但标志着学前儿童语言的发展迈入了一个新的历程，开始进入正式的学说话阶段。

需要指出的是，学前儿童语言的发展既有普遍性又有差异性，学前儿童在开口说话

单元一 幼儿语言教育的基本理论

的时间上表现出了较大的个体差异，较早的出现在10个月左右，而较晚的到1岁半甚至2岁都有。只要生理机制健全，教育适当，环境正常，早说话和晚说话没有质的差异，对后期语言的发展也不会带来太大影响。

成人对学前儿童发音的关注、鼓励和诱导对学前儿童从发音的准备期顺利进入正式的学说话阶段有着不可低估的作用。研究表明，如果成人对学前儿童的每一个发音都给予回应，并及时肯定、鼓励，比如微笑、点头或口头的赞扬、爱抚等，学前儿童咿呀学语的反应一定会得到促进，发声的次数会明显增加。所以，当学前儿童咿呀学语时，成人要尽可能地做出积极愉快的回应，使学前儿童处于一种积极良好的学语言的情绪中，促使学前儿童语言的发展。

任务二　理解语言的形成阶段（1～3岁）

从1岁左右起，学前儿童进入了语言的形成期。1～3岁，这两年的时间虽然不长，但由于学前儿童生活范围的日益扩大，交往的人逐渐增多，以及生理机制的不断成熟和认知能力的提高，他们获得语音、词汇和语句的速度是惊人的。一般来说，1～2岁时，学前儿童理解语言能力的发展仍然占主导地位，在此基础上，开始主动说出一些单词句和双词句。2岁以后，学前儿童语言表达能力迅速发展，逐渐能用合乎语法规则的且较完整的句子较准确地表达自己的思想。

语言的形成期，根据学前儿童口语发展的特点，又可以分为三个阶段。

一、单词句阶段（1～1.5岁）

案例：

昊昊今年1岁6个月，爸爸经常为与他进行沟通而发愁。这不，今天昊昊突然指着他的小皮球满脸兴奋地说："球球，球球……"爸爸以为他想玩皮球，就过去把皮球拿过来，并问昊昊："是要玩皮球吗？爸爸和昊昊一起玩。"说着，爸爸就开始拍起皮球来，还逗引昊昊一起拍。没想到，昊昊一点要玩皮球的意思都没有。爸爸只好停下来把皮球又放回去。可是昊昊却仍然在说："球球，球球……"到底昊昊是什么意思呢？爸爸最终也没能弄明白。这时，经常带昊昊的妈妈过来了，妈妈一看一听就明白了。原来这是妈妈昨天新买回来的皮球，上面有昊昊特别喜欢的卡通图案，昊昊看到这个皮球特别开心和兴奋，就情不自禁地用语言表达他这种开心和兴奋的情绪。妈妈马上用同样高兴的语气，拿着皮球对昊昊说："啊，好漂亮的皮球，皮球上的小马真神气，昊昊很喜欢吧。"听到这里，昊昊开心地拍起掌来，并用手摸了摸皮球。

案例分析

案例中，爸爸之所以难以和1岁多的昊昊沟通，那是因为爸爸不了解单词句阶段孩子的语言特点。"球球"这一个词，既可以表示"皮球"，还可以表示，"我想要皮球"，甚至可以表达看到皮球高兴的心情。"一词多义"是单词句阶段孩子语言发展的明显特点。

1~1.5岁学前儿童这个阶段虽然语言理解的发展占主导地位，但学前儿童也会开始主动说出有一定意义的词，以词的形式进行表达。主要表现为单词句，即一个句子就是一个单独的词，或者说一个单独的词就是一个句子。这种单词句有如下的特点。

1. 单音重叠

单词句中的单词常常是叠音词，而且"儿语化"，如果果、饭饭、帽帽、狗狗、拿拿、外外等。同时，学前儿童还喜欢用拟声词代表物体的名称，如把小猫叫作"喵喵"，把小汽车叫作"嘟嘟"，把门铃叫作"叮叮"，等等。

2. 一词（句）多义

首先，单词句中的单词往往代表多种物体。例如，学前儿童口中的"猫猫"，可能是猫，还可能是狗，还可能是一切有毛的小动物，甚至是各种带毛的东西，如毛毛玩具、毛毛衣物等。其次，一个单词句可以包含多种意思。比如，学前儿童说出"拍"这个词，有时代表他们想拍皮球，有时可能代表他们想要拍打桌子或书本，有时还可能代表他们想拍手，等等。此外，一个单词句还可以表达多种语态。例如案例中提到的"球球"，可能代表学前儿童想玩皮球，也可能代表学前儿童只是看到了皮球，还可能代表学前儿童因为看到了这个皮球很开心，表达一种情绪。

单词句的这种特点，使得成人在与学前儿童沟通交流时，常常不能正确理解他们的意思。一般，只有与他们比较熟悉的人，根据其说话时的表情动作，并结合当时的情境，才能做出较为准确的判断。

不过，在单词句阶段，学前儿童为了配合自己语言的表达，表情、动作都非常丰富，时常手舞足蹈，尤其当成人不能很好地理解他们的意思时，表情和动作就更为夸张。

二、双词句阶段（1.5~2岁）

双词句出现在1.5岁左右，起先发展缓慢，以后急剧加速。

所谓双词句是指两个单词或三个单词组合在一起的句子，如"爸爸抱抱""宝宝饭饭"等。但其表现形式是断续的、简略的，结构不完整，有点像成人的电报式文件，所以又称"电报句"或"电报式语言"。

学前儿童使用的双词句中最常用的单词是名词和动词，例如"妈妈出去""爷爷坐""找姐姐""吃果果"等，当然也会使用一些形容词，如"花花香""灯亮亮"等。一般不使用虚词。可以看出，这种句子在表达上比单词句意思更加清楚明确，也具备了一定的语法结构，更像是"真正的句子"了。但由于这个阶段学前儿童词汇量的贫乏以及对语法规则的缺乏，所以这时的双词句在表达语意上仍然还是很不完善的。主要表现为以下三方面。

1. 句子简短

这正是学前儿童词汇量贫乏的表现。通常一个双词句只有2~3个词，且几乎没有修饰语。

2. 句子不完整，断续

主要表现在漏缺句子成分（如漏主语等）或句子成分排列不合语法规则（如宾语提前和谓语提前等）。如"妈妈，出去"（妈妈，我要出去），"筷子，吃"（我用筷子吃），"玩，爸爸"（爸爸我要玩），"衣服，穿"（我要穿衣服或妈妈给我穿衣服），等等。

3. 词序混乱

此时的学前儿童说话时常常词序颠倒或根本没有词序规则。比如"不对起"（对不起）、"不拿动"（拿不动）、"下快来"（快下来）。

因此，虽然相对于单词句，双词句更容易让人理解，但由于它的语句断续、简略和不完整，甚至词序混乱，所以成人仍然需要借助幼儿的动作、表情，结合当时的语境来进行理解。

三、完整句阶段（2～3岁）

从2岁左右开始，学前儿童进入完整句阶段。

在单词句和双词句阶段，学前儿童只能粗略地表达思想，而在完整句阶段，学前儿童则能较准确地表达思想，而且还逐渐学会了区别表达意义的细微差别。

学前儿童习得完整句的发展是依据从无修饰的简单句到有修饰的简单句再到复合句这样的顺序进行的。

1. 2岁左右

2岁左右，学前儿童便开始使用一些无修饰的简单句。比如简单的主谓句、简单的动宾句、简单的主谓宾句等。如"宝宝玩玩""给妈妈""爸爸骑车车"等。这时的句子虽然缺乏形容词、副词等修饰成分，但句子本身的结构已经是比较完整的了。

2. 2～2.5岁

2～2.5岁，学前儿童能说出带有修饰语的简单句了。如"妈妈在洗衣服""小草上有花蝴蝶"等。此后，学前儿童所使用的修饰语的数量和复杂程度不断发展，句子长度不断增加，句子中的词类日趋丰富。

3. 2.5～3岁

2.5～3岁，学前儿童开始能说出一些复合句。但此时学前儿童使用的复合句基本上是不完全复合句，是省略连词的简单句组合。如"宝宝（指自己）去幼儿园，明明去幼儿园"；"奶奶在睡觉，爷爷在睡觉"等。

与此同时，由于认知水平的发展，生活范围的扩大，与人交往频率的增加，学前儿童的词汇量迅速增长，几乎每天都能掌握新词。到3岁时，学前儿童已能掌握1 000个左右的词。不仅如此，学前儿童理解语言的能力也迅速提高，能逐步摆脱具体情境的制约，对词义、句义的理解逐渐确切，概括程度进一步提高，在语词的使用和语句的表达上日趋完善，基本接近成人的水平。到了3岁左右，学前儿童说话的方式基本上和成人相当，开始能用完整、句义明确、词类丰富的句子与人交流，表达个人的要求与愿望，语言交流与沟通的有效性大大增强，为他们日后说话奠定了良好的基础。

需要注意的是，这一阶段的学前儿童思维发展的速度往往超过他们说话的速度，说

话的速度跟不上思维的速度。想要表达的东西很多，却一时不知该用什么合适的词，于是出现说话不连贯、不流畅、顺序颠倒、不断重复的现象。尤其是在描述一件比较兴奋的事情或处于比较紧张、心急的情形时，这一情况就更为明显。这种情形就好像口吃。对待这种情况，成人需要正确处理，首先不要妄下结论：学前儿童"口吃"了；其次，成人要耐心倾听，必要时可以给予适当的提示和补充，帮助他们完整表达。如果处理不当，可能会引起学前儿童语言发展上的危机，出现语言发展的障碍和缺陷。

根据 1~3 岁学前儿童语言发展的特点，为了更好地促进学前儿童语言的发展，成人要创造条件鼓励学前儿童多开口，尽量不要对学前儿童语言外的指令（如动作等）心领神会。特别是在单词句和双词句阶段，要鼓励学前儿童多说，同时要耐心倾听并给予积极的应答；同时，成人要随时随地帮助学前儿童正确地进行口语表达，当学前儿童使用语义不太明确或不太准确的单词句、双词句进行表达时，成人可以用完整规范的表达将他们所要表达的意思重复一遍，说给他们听。而对使用完整句的学前儿童来说，如果他们的表达不尽完善，成人应及时予以纠正，并请学前儿童模仿成人的表达再重复一次。此外，成人要利用一切可能丰富学前儿童的词汇，因为此时的学前儿童学习新词的积极性很高，经常会指着某个物体问："这是什么？""那是什么？"所以这一阶段是学习词汇的绝佳时期。成人在教给学前儿童新词时不要仅仅局限在新词的名称上，更要结合各种情境对新词进行解释说明，即帮助他们准确地理解词义，这样才能促进学前儿童对词的真正掌握。

任务三　掌握语言的发展阶段（3~6岁）

3~6 岁这个阶段就是我们常说的幼儿期。到了幼儿期，学前儿童语言的发展进入了基本掌握口语期。这个时期是语言不断丰富完善的时期，是完整的口头语言发展的关键期，也是连贯性语言逐步发展的时期。到幼儿期末，学前儿童已经基本掌握了本民族的口头语言。幼儿期语言的发展主要表现在语音、词汇、语法、口语表达能力的发展等方面。

一、语音的发展

案例：

小美今年 4 岁了，一直由外婆照料，和外婆很亲近，基本上对外婆的话是言听计从。可最近外婆却抱怨小美开始喜欢反驳她了，尤其是对外婆说话的口音，外婆一开口，小美就开始指指点点了："不对，你又说错了。""哎呀，是'hu'，不是'fu'。"原来，小美是和外婆的发音较上劲了。外婆是湖南人，方言口音比较重。小美只要一听见外婆发音不准确就要当外婆的小老师，而且不分场合，弄得外婆很没面子。小美怎么突然关注上外婆的发音了呢？这时，天天（小美的同学）的妈妈听到小美外婆的抱怨，也在一旁说开了："我家天天最近也这样，我有时稍微不注意说错了个音，天天就迫不及待地给我指出来，甚至有时还笑话我……"

案例分析

案例中4岁的小美其语音发展进入稳定阶段，语音意识开始出现，不仅关注自己的发音，还会对他人的发音进行评价，并能有意识地纠正别人的错误发音。

随着年龄的增长和大脑机能的发展，学前儿童语音听觉系统不断完善，发音器官日渐成熟，发音机制开始稳定和完善。因此在这一阶段，学前儿童的辨音能力和发音能力迅速增强，只要教育得当，幼儿期掌握本民族的全部语音完全没有问题。

具体来说，3~6岁学前儿童语音的发展有如下特点。

（一）语音辨别能力的增长和局限

在3岁左右学前儿童的语言辨别能力随年龄的增长逐步提高，但对个别相似音（如"b"和"p"，"d"和"t"，"l"和"n"，"h"和"f"），有时还可能混淆。正因为这些音使得学前儿童分辨起来有困难，所以直接影响了学前儿童在这些音上发音的正确性。

（二）发音的正确率与年龄的增长成正比

心理学研究表明，幼儿期学前儿童发音正确率随年龄增长而提高，错误率随年龄增长而不断下降。

（三）3~4岁是语音发展的飞跃期

在这个阶段初期，学前儿童对某些声母的发音方法不能很好地掌握，会出现一些错误发音。比如把"哥哥"发成"得得"，把"老师"发成"老西"或"老基"，把"柿子"发成"戏已"等。研究发现，学前儿童发声母的错误主要集中在zh、ch、sh、z、c、s、l等辅音上。但在正确的教育下，3~4岁学前儿童的发音能力提高很快，错误的发音基本可以得到纠正。一般到4岁左右，学前儿童就能掌握本民族语言的全部语音。所以这一时期是语音发展的飞跃期，也是培养学前儿童正确发音的关键期。

（四）4岁以上学前儿童发音开始稳定，逐渐趋于方言化，即开始局限于本民族或本地方言

也就是说学前儿童在掌握母语的语音后，语音逐渐定型化，如果学前儿童的错误发音没有得到及时纠正，随年龄增长稳定下来，以后再要纠正就会困难重重。而且这时再学习其他语言的语音也会出现困难，会受到第一语言的干扰。年龄越大，学前儿童学习第二语言时越容易受到第一语言的干扰。有研究材料表明，12岁之后才开始学习第二语言，就很难学到纯正的语音，总带有第一语言语音的痕迹。

（五）语音的正确率与学前儿童所处的社会环境和所受的教育有密切关系

研究发现，普通话地区学前儿童语音的正确率远远高于方言地区的学前儿童。家庭中父母说普通话的学前儿童语音的正确率要高于非普通话家庭的学前儿童。甚至同一方言地区中城乡学前儿童发音的正确率也有较大差异，城市学前儿童语音的正确率优于乡村学前儿童。如南方学前儿童在学习普通话时对"en"和"eng"，"in"和"ing"等前后鼻音很难区分；湖南省西北地区的方言中"h"和"f"，"l"和"n"是没有区别的，所以该地区的学前儿童在发这些音时也没有区分，常常把"奶奶"发成"来来"，"李老师"发成"ni 老师"。广东地区粤语的方言中是没有"r"这个音的，因此，教师在教学前儿童数数时就把"2（er）"发成"e（饿）"。

（六）语音意识的出现

所谓语音意识就是指语音的自我调节能力。当学前儿童能自觉地辨别发音是否正确、自觉地模仿正确的发音、纠正错误的发音时，就可以说他们对语音的意识开始出现了。

一般来说，4岁左右，语音的意识已明显地发展起来。主要表现为以下方面。

第一，能够评价别人发音的正确与否，指出并纠正别人的发音错误。有时会笑话或故意模仿别人的错误发音。

第二，对自己的发音很关注，能有意识地调节自己的发音。对不会发的音愿意积极练习，学会后情绪会很高昂。假如别人指责他的发言错误，他会觉得难为情或表现出不开心。而对自己觉得难发的音常常回避或故意随意发音，有时还会找理由为自己进行申辩。

语音意识的出现，说明学前儿童已具备正确发音的听觉表象，也比较好地掌握了发音标准，而且其学习语音的活动由被动变得自觉和主动了。这一点，对语言学习来说是非常有必要的。

语音是口头语言的物质载体，只有掌握了正确的语音，才能真正掌握语言这个交际工具，而3~6岁的幼儿期正是语音可塑性最大的时期。因此，成人应该重视这个时期学前儿童语音的发展与教育。具体来说，可从以下几点着手。

（1）开展多种形式的听音和发音练习，对学前儿童听音能力和发音能力的培养要齐头并进。尤其在小班，语音的训练要作为语言学习的重点。

（2）教师应按照普通话的发音标准准确地进行语音示范，并应有意识地引导学前儿童注意示范者进行发音示范时的口型，特别是示范那些容易混淆或不容易辨别的语音时更应要求学前儿童认真观察口型特征，并适当讲解发音方法，以便学前儿童的语音系统尽早尽快地符合标准语音。

（3）对中、大班的学前儿童应对其语音质量不断提出新的要求，培养他们清楚地发音，能够调整声音的强弱，富有表现力的抑扬顿挫，善于支配自己的呼吸等。对大班的学前儿童则可以培养他们初步学会根据表达内容的需要而改变语调，掌握最初步的艺术发音的方法。

（4）及时发现与纠正学前儿童的错误发音，在纠正的过程中切忌重复学前儿童的错误发音。

二、词汇的发展

案例：

一群小朋友在教室里兴奋地跳个不停，教师过来制止，让他们不要再跳了。无效，教师一生气就说："跳，跳，跳，再跳，我就要给点颜色你们看看了！"结果，小朋友们不跳了。他们停下来，找教师："颜色呢，老师，你给我们看的颜色在哪儿？我们想看看是什么颜色？"是啊，颜色在哪儿呢？教师说的颜色和小朋友们口中的颜色是同一个意思吗？为什么会出现这种情况呢？这个教师这样对小朋友们说话合适吗？为什么？

案例分析

案例中孩子对"颜色"的理解显然和教师要表达的意思迥异。并不是孩子们故意挑战教师权威，而是这一年龄段的孩子语言发展水平影响了他们对词汇另一层含义的理解。

词是语言的"建筑材料"——基本构成单位。各种语言都是由词以一定的方式组成的。词汇是否丰富，使用是否恰当，直接影响语言的表达效果。因此词汇的发展是语言发展的重要标志。

一般来说，学前儿童只掌握基本的口语词汇，主要表现在词汇数量的增加、词类范围的扩大，以及对词义理解的确切和加深等方面。

（一）词汇量迅速增加

3~6岁是人一生中词汇量增加最快的时期。具体表现为以下方面。

（1）3~6岁学前儿童的词汇量是以逐年大幅度的趋势增长的。有研究表明：3岁学前儿童的词汇量为1 000~1 100个，4岁为1 600~2 000个，5岁为2 200~3 000个，6岁时达到3 000~4 000个。6岁时学前儿童掌握的词汇量大约是3岁时的4倍。当然，个别差异比较大，如果有良好的环境和教育条件，6岁时学前儿童掌握的词汇量还可以更多。

（2）词汇量的增长率呈逐年递减的趋势，即增长的速度逐年减慢。3~4岁词汇量的增长率大约为50%，4~5岁大约为40%，5~6岁大约为34%。

（3）3~4岁是学前儿童词汇量增长的高速期（或称飞跃期）。

（二）词类的范围日益扩大

随着年龄的增长，虽然各类词的掌握都在增加，但学前儿童掌握各类词的时间有先后。一般先掌握实词，后掌握虚词。实词中最先和大量掌握的是名词，名词在学前儿童词汇中所占的比例最大，3~6岁幼儿的词汇中名词一直占主导地位，大约占51%；其次是动词，占20%~25%；再次是形容词，大约占10%。其他实词如副词、代词、数词，

虚词如连词、介词、助词、语气词等，学前儿童掌握较晚，它们在学前儿童词汇中占的比例也较小。

据史慧中等的研究，实词在学前儿童3～4岁时增长的速度较4～5岁迅速，而虚词则在4～5岁时增长较为迅速。可见4～5岁是学前儿童词汇种类丰富的活跃期。

在词的类型的掌握量不断增加的同时，学前儿童掌握同一类词的内容也在不断扩大。具体表现为从掌握与日常生活直接相关的词发展到掌握与日常生活距离较远的词，甚至开始掌握一些与社会现象有关的词。以交通工具为例，先掌握自行车、小汽车，然后到公共汽车、地铁，再到飞机、轮船等。同时还表现在对从具体的词汇到抽象、概括性比较高的词的掌握上。例如，最初学前儿童只会说香蕉、苹果、梨等具体水果的名称，后来才会说"水果"这一概括化的词。

（三） 对词义的理解逐渐准确和加深

随着学前儿童认知水平和思维水平的不断提高，知识经验的不断积累，幼儿对词义的理解也逐渐准确和深化。

1. 首先理解的是意义比较具体的词，以后逐步理解比较抽象概括的词

这一点与词类的发展特点相吻合。上面已经提到，同样是名词，学前儿童先理解掌握有具体对象的词，以后才将这些具体的词进行抽象概括，去表存里，找出共同的本质特点，从而掌握抽象概括化的词。如学前儿童先理解和掌握有具体对象的"娃娃""积木"等具体玩具的名称，然后在大量接触各种玩具的基础上，加上合适的教育，学前儿童才可以理解和掌握"玩具"这一抽象概括化的词。

2. 首先理解的是词的具体意义，以后逐步深刻地理解词义

一个词，常常不止一种含义，而是有多种意义，而且除了字面的具体意义之外，还有着不少隐喻义和转义。比如"甜"，它的字面具体意义是对食物一种味道的描述（跟"苦"相对），此外，它还用来形容人的乖巧，讨人喜欢，以及形容舒适、愉快的感受等。不同年龄阶段的学前儿童对"甜"的理解水平是不同的。在年龄小的阶段，学前儿童更多的是理解词的字面含义，他们就只能理解"甜"是用来描述一种味道的，而不能理解其他隐藏在字面之后的含义。所以，当妈妈夸奖小妹妹"小姑娘长得可真甜"时，学前儿童的回答是："甜吗？我舔舔看！"于是上去舔了一口小妹妹的脸，说："一点儿也不甜，有点咸！"出现这一现象是与学前儿童的认知和思维的发展水平分不开的，整个幼儿期，学前儿童的思维以具体形象思维为主。但到了大班，由于知识经验的丰富，学前儿童可以初步掌握一些词的几种意义，甚至因为学前儿童的思维出现了抽象逻辑思维的萌芽，他们已开始能理解一些不太隐晦的喻义。

3. 词义扩张和词义缩小的现象仍然存在，但逐步克服减少

所谓词义扩张是指对一个词的意义理解过宽，而词义缩小则是对一个词的意义理解过窄。比如，最初学前儿童理解的"猫"就只是他自己家的那只猫，而不包括其他的猫，这是词义过窄。而反过来，学前儿童有时也会把一切有四条腿有毛的小动物都称之为"猫"，这就是词义理解过宽了。在整个幼儿期，这两种现象仍时有存在，但随着年龄的增长会逐渐减少。

4．积极词汇增加的同时，消极词汇也在增加

学前儿童既能正确理解又能正确使用的词，叫作积极词汇。而有些能够理解但不能正确使用的词或虽然说得出来但实际并不理解的词，则称为消极词汇。比如，学前儿童看到灰色的小白兔，说是"灰小白兔"；看到爸爸脚上的毛，说"爸爸的胡子好长"。此时，"灰小白兔"和"胡子"对于学前儿童来说就是消极词汇。在整个学前儿童期，这两类词汇都在增加。学前儿童在不断地学习和掌握新的词汇中，既有能理解又能正确使用的积极词汇，但也有不少由于认知水平的限制和生活经验的不足而产生的消极词汇。这是一种正常现象，其实，不少词汇的学习都会经历一个知道大概，或一知半解，使用不当再到准确理解和运用的过程。当然，在教育上要积极帮助学前儿童将消极词汇变成积极词汇，更要注重发展学前儿童的积极词汇，尽量少走弯路。

总的来说，3~6岁学前儿童的词汇还是比较贫乏的，概括性较低，精确性也不高，在使用上也常常会出现错误。所以，要重视对这一时期学前儿童词汇的发展与教育。首先，创造条件，如带学前儿童多接触自然和社会，引导学前儿童与各种不同的人交往等，丰富学前儿童的词汇量，这是幼儿期词汇教育的首要任务。其次，根据学前儿童理解词的特点及规律帮助学前儿童正确理解词义，如多利用直观材料等具体形象作为辅助，并充分联系学前儿童自身的生活经验，必要时进行科学讲解。同时对学前儿童出现的消极词汇要有耐心帮助其转化，因为由消极词汇过渡到积极词汇并非一次就能达到，需要多次反复。再次，鼓励学前儿童大胆使用词汇进行表达，并对学前儿童出现的错误及时纠正。最后，不能对学前儿童说反话，应该用直接正面的方式给出要求和指令。

三、语法（句子）的发展

语法是组词成句的规则。一个一个的词通过一定的规则组合在一起就成为一个句子，所以，对语法的理解掌握实质上就是对句子的理解掌握。3~6岁学前儿童理解掌握句子的发展大致呈现出以下特点及规律。

（一）从简单句发展到复合句

简单句即语法结构完整的单句。通过前面的介绍，我们知道，学前儿童从2岁左右开始出现无修饰的简单句，之后，由于学前儿童词汇量的迅猛增加，简单句便逐渐丰富起来，多种修饰语显著增多。整个幼儿期，学前儿童的语言中仍以简单句为主。

复合句是指由两个或两个以上意思关联较密切的单句合起来而构成的句子。在2.5岁左右，学前儿童说出的句子中开始出现一些没有连接词的复合句。此后，复合句便与简单句同时平行地发展起来，随年龄的增长而增长。但相对于简单句来说，在整个幼儿期，复合句占的比例相当小，直到幼儿期末，复合句在学前儿童的语言中所占比例不到50%。在早期出现的复合句中，缺乏连词，只是将两个简单句放在一起表达而已，如："爸爸上班，明明上幼儿园。"此外，联合复合句出现得比偏正复合句早。其中学前儿童的联合复合句中是以并列复合句为主，偏正复合句中学前儿童主要掌握条件复合句、因

果复合句和转折复合句。

(二) 陈述句发展到多种形式的句子

学前儿童最初掌握的是陈述句,在整个幼儿期,陈述句都是学前儿童常用的基本语句,几乎占其全部语句的1/3。学前儿童在这个时期能掌握的其他形式的句子主要是疑问句、否定句、祈使句、感叹句等,但一些较为复杂的句型因为难以理解,所以学前儿童还不能很好地掌握,尤其是被动句、双重否定句,这些句型学前儿童几乎无法理解。如:"小红被小明打了。"学前儿童会理解为小红打了小明。"教室里没有一个小朋友不乖。"结果学前儿童理解为教室里的小朋友都不乖。

(三) 句子由短到长

句子的长度是由句子中的含词量决定的,含词量多,句子就长。3~6岁是学前儿童词汇量迅猛增加的时期,因此,在这一时期,学前儿童使用的句子含词量逐渐增加,其长度有延伸的趋势。以下研究数据可以说明这一发展趋势。

史慧中等采用看图讲述和参观后讲述的方法,对我国10个省市3~6岁学前儿童的句子含词量进行了调查,结果如下:3~4岁学前儿童的句子多数含4~6个词;4~5岁学前儿童的句子多数含7~10个词;5~6岁学前儿童的句子虽然多数也是含7~10个词,但同时也出现了不少11~16个词的句子。整个幼儿期,在有明确目标的讲述中,含有3个词以下和16个词以上的句子,均很少出现。

由于句子中含词量的增加,其修饰的成分就越来越多,因此,句子也由以往的内容单调、形式单一变得复杂多样起来,表现的内容也逐渐丰富,更有感染力。所以,有人指出,句子的平均长度(以词为单位计算)可以作为学前儿童语言发展的一项重要指标。

(四) 句子结构从松散到逐步严谨

在3~6岁这一时期,学前儿童无论是使用简单句还是复合句,使用陈述句还是其他形式的句子,仍然不时有缺漏句子成分或词序混乱的情况发生。例如有3岁多的学前儿童把"妈妈我要吃饭",说成"妈妈吃"。学前儿童最早出现的无连接词的复合句,就是句子结构不严谨的表现。这一现象在3~4岁阶段特别突出。随着年龄的增长,学前儿童的句子日趋完整和严谨。

学习掌握完整、严谨、形式多样的语句对学前儿童语言的发展是非常重要的,因为作为一个社会人,这是准确表达自己的思想,与他人进行有效交流的必要准备。成人可以从以下两个方面着手对学前儿童开展语法(句子)教育。一是结合日常生活诱导学前儿童用已掌握的句子进行表述,强调要求把句子说完整和说规范,必要时可以示范后让学前儿童重复模仿;二是开展专门语句学习的语言教育活动,如口头造句等。

四、口头语言表达能力的发展

口头语言表达能力的发展是学前儿童语言发展的一个重要方面,是学前儿童对他们所习得的语音、词汇、语义和语法的综合运用。因此，学前儿童口头语言表达能力的发展是受到其语音、词汇、语义和语法发展水平所制约的。随着学前儿童语音准确性的提高、词汇的丰富、对语义理解的完善以及对基本语法结构的掌握，学前儿童的口头语言表达能力逐渐发展起来。

（一）独白语言的出现

口头语言包括对话和独白两种形式。对话是在两个或两个以上的人之间交互进行的谈话，交谈双方都积极参与表述。而独白则是一个人独自向听者讲述，以一方讲为主，另一方主要是倾听。

3岁以前的学前儿童基本上没有离开成人单独活动，而是与成人一起进行各种活动，所以他们的口语基本都是采取对话的形式，或者是回答成人向他们提出的问题，或者是他们向成人提出一些问题和要求。基本形式是"一问一答"，一般都是用单个的语句来完成这一系列的问答活动，甚至有时省略为一个或几个单词。下面是一位妈妈与3岁左右儿子的一段对话。

妈妈：宝宝，今天在幼儿园玩了什么？
儿子：玩了滑滑梯。（或者更简单：滑滑梯）
妈妈：滑滑梯好玩吗？
儿子：好玩。
妈妈：你喜欢滑滑梯吗？
儿子：我喜欢。（或者更简单：喜欢）
妈妈：那下次妈妈带你去滑滑梯，好吗？
儿子：噢耶！玩滑滑梯哟！

而且在这个时期，学前儿童常常处于被动交流的一方，如果成人不向其发问，他一般不会主动向成人进行讲述。当然除了他们有问题和要求需要求助于成人之外。

到了幼儿期，学前儿童离开家庭，进入幼儿园，其独立性开始发展。从此时起，学前儿童常常会离开成人进行各种活动，从而获得一些自己的经验、体会和印象等。他们需要与成人分享他们的收获，而且有了主动想向成人表达的意愿。由此，学前儿童的独白语言就逐渐发展起来。

最初学前儿童独白语言的水平还很低，尤其在幼儿初期（即小班阶段），学前儿童虽然能主动向他人讲述自己生活中的事情，但由于词汇比较贫乏，语法结构的掌握还比较薄弱，词汇错漏、词序颠倒、词不达意、语句不符合语法规则的现象时有发生，语言重复也较多，一件事情可以翻来覆去讲好几次，生怕说不清楚。而且常常带一些不必要的口头语，如"嗯……啊……嗯""后来……后来""那个……那个"等。少数学前儿童甚至有类似"口吃"的表现。而且，他们在大众面前讲话往往不自然，扭扭捏捏。在良好的教育条件下，4～5岁（中班）的学前儿童基本上可以独立地讲述故事或各种事情。而5～6岁的学前儿童不仅讲述比较清楚、系统，而且大胆自然、生动有感情。有些发展得比较好的学前儿童甚至可以声情并茂、绘声绘色地进行讲述。

（二）连贯性语言的增多，语言的逻辑性增强

前面已经提到，独白语言发展的初期，学前儿童在讲述一件事情时，往往词不达意，语言重复也比较多，而且很多话语不符合语法规则，表现出靠语言表达已不足以讲清楚一件事情。这时，学前儿童为了弥补语言表达的不足，他们便在讲述的过程中不断使用手势、体态和面部表情等，以帮助所传递信息准确呈现。听者便需要边听他们说，边看他们的动作表情，甚至还要边猜想事情发生时的情境才有可能弄清楚学前儿童所要表达的意思。人们通常称学前儿童的这种独白方式为情境性语言。3 岁前学前儿童的语言主要是情境性语言，3～4 岁学前儿童的独白也带有很大的情境性。下面是一个 3 岁多男孩向教师和同伴讲述周日去动物园发生的事情。这个男孩是这样说的："去了动物园，昨天，有猴子、长颈鹿，好好玩哦！还有大象，猴子吃了我给它的玉米，使劲抢。我跑得好快，妈妈妈妈，快点！哦，妈妈带我去的，和大象照了相，还有爸爸，看，大象好高啊！（出示照片）"他一边讲还一边手舞足蹈，做跑的动作，做喂猴子的动作，等等，就好像正在动物园游玩一般。

4～5 岁的学前儿童独白还常常是断断续续的，不能说明事物现象、动作行为之间的联系，只能说出一些片段。5 岁之后，学前儿童语言的连贯性发展起来了，他们说话时逐渐语句完整、前后连贯、逻辑性强，听者仅从他们语言叙述的本身就能理解所表述的意思，不再需要借助观察表情动作、结合情境去猜测，这种语言就称为连贯性语言。因此，5 岁是学前儿童语言能力朝着连贯、有逻辑、简练发展的转折点，是语言质量提高的关键期。

一般来说，随着学前儿童年龄的增长，语言的连贯性、逻辑性逐渐增强。到了幼儿期末，在良好的教育条件下，学前儿童语言的连贯性、逻辑性得到了长足的发展，基本上能独立、清楚、连贯而又有逻辑地表达自己的思想，有效地与人进行交际了。这才是真正意义上的独白。

但由于幼儿期学前儿童的思维以具体形象思维为主，抽象逻辑思维才开始萌芽，这使得其独白的连贯性、逻辑性的发展水平还不是很高。所以，幼儿园语言教育工作的一大任务就是要根据学前儿童的能力，结合学前儿童的实际，积极开展专门训练学前儿童独白语言的教育教学活动，比如复述故事、看图说话、实物讲述、情境讲述等，促进学前儿童独白语言连贯性、逻辑性的发展，为学前儿童进入小学的语言学习打下良好的基础。

导入案例分析

学习了上述理论，相信大家对琪琪爸爸妈妈的意见分歧也有了一个比较清楚的认识。

琪琪妈妈对着只有四五个月大的琪琪随时随地进行语言交流，正是符合学前儿童语言发展规律的做法。我们知道，语言活动包括语言感知理解和表达运用两个方面。在学前儿童语言的发生发展过程中，语言的感知理解与表达运用并不完全同步，通常，感知理解先于表达运用的出现，也就是说听先于说出现，听是说的准备。因此，为 0～1 岁的

单元一　幼儿语言教育的基本理论

学前儿童提供适当的语音刺激环境，对学前儿童迅速发展语言听力有着非常重要的作用，尤其是母亲，要尽可能多地与孩子进行面对面的语言交流。这不仅对学前儿童听力发展有帮助，而且对学前儿童理解语义也起着直接的帮助作用。同样的"对话"可以不断重复，而且这种重复也是有必要的。语言的学习就是要不断强化再强化。长此以往，日积月累，学前儿童对语音"听得准"，对语义"听得懂"的能力会大大提高。

学习反馈

姓名：　　　　班级：

列出学前儿童语言发展的特点和规律

任务内容	任务描述	你的收获

小组评价：

教师点评：

单元小结

本单元通过介绍幼儿语言获得的三大理论派别：先天决定论、后天环境论、环境与主体相互作用论，使我们对幼儿语言的获得问题有一个较为清晰的认识；结合案例学习幼儿语言教育中整合的、活动的、完整的语言教育观，帮助我们了解目前对幼儿语言教育实践有巨大影响的教育理念；介绍幼儿不同阶段语言发展的特点和规律以及相应的语言教育要点，帮助我们清晰了解0～6岁学前儿童不同阶段的语言发展特点，使我们进行语言教育时更有针对性。

思考与练习

（1）请认真阅读以下关于全语言教育的介绍，分析、回答问题：全语言教育理论中涵盖了哪些语言教育观？具体体现在哪里？

什么是全语言教育？

心理语言学家古德曼（1986）最早给出的定义是："全语言教育是一种视儿童语言发展和语言学习为整体的思维方式。"诸多幼儿教育研究者在推广全语言教育时均认可了这一点。

全语言教育不是某一种具体的教育教学方法，而是一种新的语言教育观念。简单地说，全语言教育提倡的是开放式的语言教学，它将传统的"师传生受"的语言教学过程转变为教师和儿童合作学习的过程，从而对儿童语言教育的基本原则做了新的探讨。

全语言教育主要有这样一些基本原则：

第一，儿童的语言学习是整体性的学习。在吸收当代儿童语言发展研究诸多成果的基础上，研究者们认为，儿童从出生起就已经具备了学习作为人的全部语言的基本条件，儿童语言发展的过程是以完整的方式呈现出来的，因而儿童语言的学习应当是完整的学习，早期语言教育应当不仅重视儿童听说能力的发展，同时也要注意为他们读写能力的发展做准备。

第二，儿童的语言学习是自然而然的学习。全语言的提倡者注重儿童语言发展的规律，认为儿童是通过与他人互动的方式学习和使用语言的，主动理解是儿童学习语言的特点。因此，有关教育机构要为幼儿提供各种学习语言的机会和资源，让幼儿被充满语言和文字信息的环境所包围，同时采用"自然学习模式"（即示范、参与、练习或扮演角色、创造表达）进行语言教育。

第三，儿童的语言学习是有效的和有用的学习。研究发现，有效的语言学习不是"正确的"或者是"标准的"，而是连接个人生活经验和社会的学习。对幼儿来说，只有当他们的语言学习是有用的，即能够用语言来沟通时，这种学习才能对他们产生意义。因此，教育工作者要注意引导幼儿在情景中学习语言，脱离了情景的语言对儿童来说是没有意义的。

第四，儿童的语言学习是整合的学习。全语言教育的新观念告诉人们，人的学习是符号的学习。从早期语言教育的角度来看，语言既是幼儿学习的对象也是幼儿学习其他内容的工具。全语言的研究者吸取了维果茨基的观点，认为任何符号系统学习的原理都是相通的，因而建议将不同的符号系统交叉运用到儿童学习的过程中来。例如，在语言学习中运用艺术、戏剧、音乐、舞蹈等手段。这种打破学科界限的学习，不仅有利于儿童的语言学习，而且有利于儿童其他相关领域内容的学习。

第五，儿童的语言学习是开放而平等的学习。在全语言教育观念中，教师和儿童是构造愉快学习过程的共同体。从教师方面来说，他们熟悉学习和教学理论，据此选择课程内容和教材，并设计教学活动。从儿童方面来说，在教育过程中儿童和教师是合作学习关系。教师的责任是为儿童创设一个良好的语言学习环境，并在儿童之间营造一个非竞争的学习共同体。尤其要注意的是，当儿童有权去做自我选择的时候，学习的效果会更好。

第六，儿童的语言学习是创造性的学习。语言的学习和应用兼具守成与创新两方面的特点。守成是指语言是社会约定俗成的产物，一个特定的社会文化环境里的通行语言一定是有共同定义的。但是，语言也是不断创新的产物。在全语言研究者的眼里，儿童学习语言的过程是没有"错误"可言的，有的只是他们的"尝试"和"创新"。只有尝试了，才会获得正确的表达方式，尝试是创新的前奏和必由之路。教育工作者应当充分肯定和鼓励儿童语言学习的创新精神。

全语言教育虽然没有提出固定的模式和方法，但是这种教育理论思潮的观念和原则却在近年来的幼儿语言教育中得到了推广和应用。

{资料来源：周兢. 全语言教育与中国幼儿语言教育的本土化［J］. 幼儿教育，2002（8）.}

（2）结合下面的主题活动"我喜欢的动物"（如图1-3所示），谈谈幼儿语言教育与其他领域教育的交叉与融合，分析其中的语言教育元素。

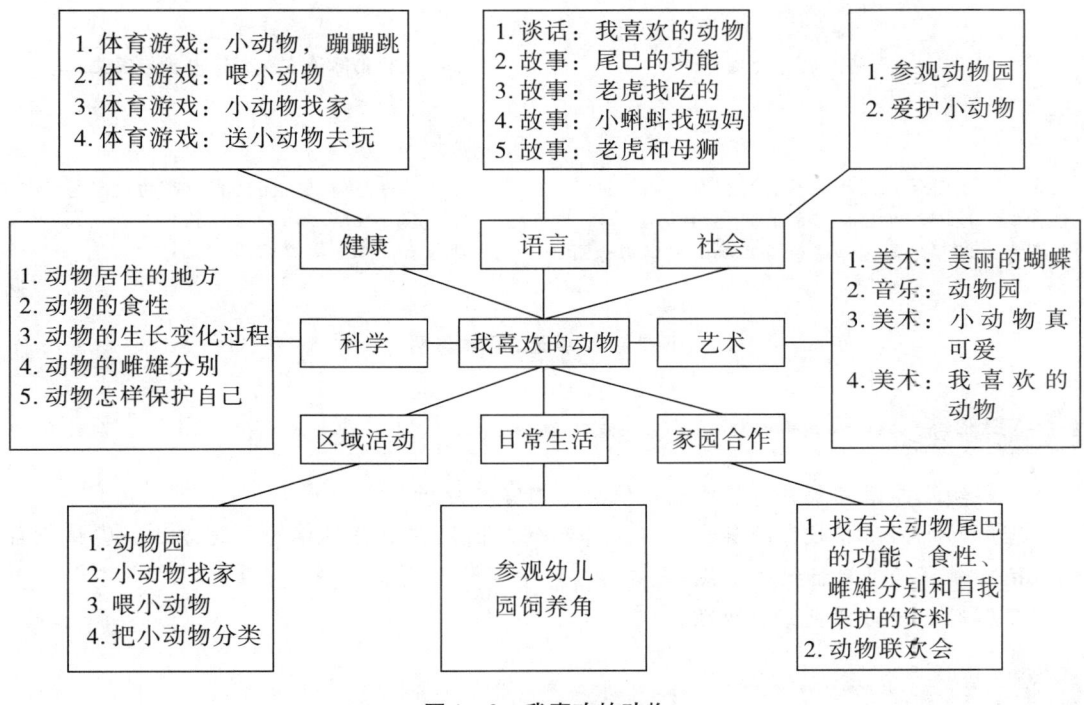

图1-3 我喜欢的动物

{资料来源：万琦. 幼儿园整合课程［M］. 广州：新世纪出版社，2011.}

（3）从小、中、大班各选两名幼儿，请他们围绕"我最喜欢的玩具"讲述并进行录音。根据本单元项目三所学内容，分析一下他们的语言发展情况，尝试给出语言教育的建议。

幼儿园语言教育活动指导

单元二
幼儿园语言教育的目标、内容与实施

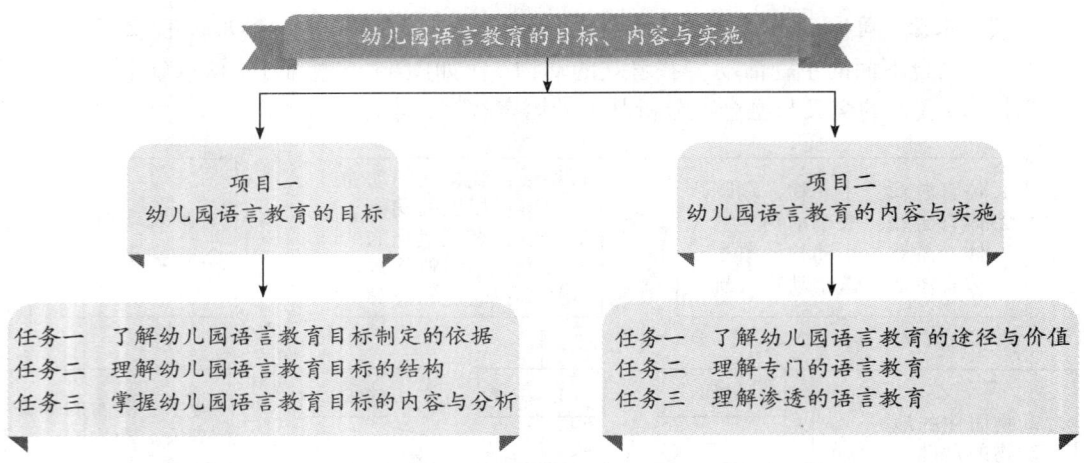

图 2-1 单元二思维导图

学习目标

了解幼儿园语言教育目标制定的依据、内容与分析。

理解幼儿园语言教育的层次目标，掌握幼儿园语言教育目标的表述方法，尝试设计幼儿语言教育活动目标的尝试设计。

了解幼儿园语言教育的途径。

学习重点

幼儿园语言教育目标结构、内涵与幼儿园语言教育活动目标的制定。

学习建议

借助案例分析，理解语言教育的目标、内容、实施途径，提高对幼儿园语言教育价值的认识。

单元二 幼儿园语言教育的目标、内容与实施

项目一 幼儿园语言教育的目标

导入案例

春雨绵绵，温润潮湿，一派生机盎然。于是教师把绘本故事《七彩下雨天》（见图2-2）悄悄地放到阅读区——自由阅读。精美的画面吸引了小朋友们的目光："彩虹真好看！""下红色的血雨好可怕啊！""你看看，是在下雨吗？""咦，为什么这个小朋友变得那么小了？"小朋友们在自主阅读的时候有很多的疑问和"惊讶"，在与同伴的交流中无法解决问题。由于小朋友们识字量有限，所以对于绘本中优美的散文词句无法感同身受，于是教师决定介入。先是页面观察，发现"秘密"后，小朋友们有很多需要表达，有说不完的发现。接着精读每个画面，深入感受图画的意境，欣赏教师朗诵绘本中的散文诗句。小朋友们很陶醉，却无法自己把理解的词句组合起来。于是教师组织幼儿进行仿编，练习诗句组合，使用固定的句式和相关的形容词。首先是集体仿编"彩虹"，将新学的词语与积累的优美词语，学习运用到绘本的句型中，然后分组进行仿编。图2-3是幼儿小组仿编的作品。

图2-2 《七彩下雨天》

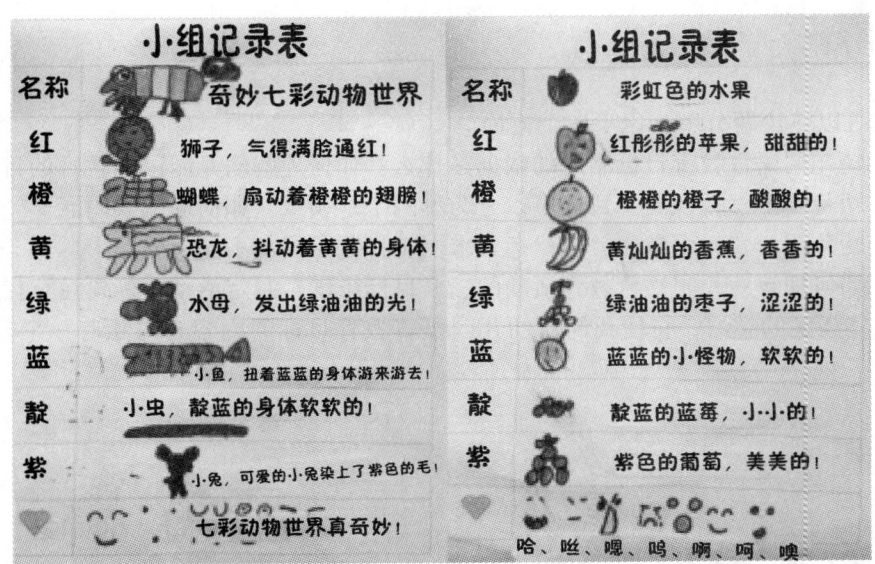

图2-3 幼儿仿编作品

活动到这里并没有结束。小朋友们还自己制作头饰，将他们的创作表演展示出来，并创作了自己的绘本图书。活动通过引人入胜的读、经验再现的编、情感展现的演等环节，给幼儿带来满足感和成就感。

（资料来源：本案例由广州市幼儿师范学校附属海珠幼儿园周燕提供。）

初步探究

（1）这是一个什么类型的幼儿园语言教育活动？教师组织活动的每一个环节体现了哪些语言教育目标？请列出活动的每一个环节，小组合作讨论，写出每一个环节的设计意图，并尝试概括出活动目标。

（2）幼儿园语言教育的目标有哪些？这些目标的含义是什么？对幼儿语言能力的发展有什么意义？

导　读

目标是教育所要达到的预期效果，是教育的方向和落脚点，有了明确的目标，教学过程才有针对性和指向性。教育目标不仅指导和支配着整个教育过程，还决定着教育内容、方法、手段和组织形式，以及教师的观念和行为，最终决定幼儿的发展。幼儿语言在全面发展中有着不可替代的作用，幼儿园语言教育目标是幼儿园教育总目标的重要组成部分，其在幼儿园教育总目标中也是具有独特的重要地位。幼儿园教师必须明确，通过幼儿园语言教育要使幼儿的语言获得什么样的发展，达到何种水平。所以，制定科学的幼儿园语言教育目标，明确幼儿园语言教育的内容，是实施幼儿园语言教育的重要前提，同时也是幼儿园语言教育效果的评价标准。

任务分解

我们可以将论题分解为以下四个方面。

（1）幼儿园语言教育目标制定的依据是什么？如何理解幼儿园语言教育的目标结构？

（2）幼儿园语言教育的总目标可以分为哪两个子领域？如何理解其内涵？

（3）幼儿园语言教育各年龄段目标要求上有哪些相同与不同之处？

（4）如何理解幼儿园语言教育活动的三个目标维度？制定活动目标要注意什么问题？

对这些问题的学习，将使我们对幼儿园语言教育目标的内容、内涵有一个较为清晰的认识。

任务一　了解幼儿园语言教育目标制定的依据

幼儿园语言教育的目标，是根据幼儿保育与教育的总体要求确定的，它是幼儿教育总目标的重要组成部分。

一、依据社会对人才培养的要求

首先，教育目标应当反映社会现阶段的价值观念与取向。教育的天职就是对文化的传承，中国优秀的传统文化需要在对幼儿实施教育过程中继承下去，通过语言教育来承担文化传递的任务是十分重要且必要的。其次，在社会经济迅猛发展的今天，要求教育培养的人才不仅能掌握现代科学技术，还要具有良好的品德和心理素质，以及良好的社交能力、信息能力和创造能力。语言作为一种重要的交际、思维和学习工具，是高素质人才不可缺少的基本能力。今天的幼儿教育培养的是社会未来的人才，因此，语言教育目标的制定要体现社会对未来人才的需求。

二、依据幼儿身心发展的规律

幼儿园语言教育是以促进幼儿身心发展为根本目的的，我们在制定教育目标时，必须尊重幼儿身心发展规律，依据幼儿语言发展特点和需求，以及身心发展的客观进程来实施教育。

三、依据语言的学科性质及幼儿语言学习的特点

语言作为一门学科或幼儿教育课程的一个方面，有其独特的学科教育功能与逻辑结构，幼儿语言学习也有其特殊的规律。所以，在制定幼儿园语言教育目标时，必须充分考虑语言的学科性质对幼儿的教育功能和价值，尊重幼儿语言学习的心理顺序和学习特点，使我们的教育真正成为有的放矢、有价值的教育。

任务二　理解幼儿园语言教育目标的结构

幼儿园语言教育目标结构可以从层级结构与分类结构两个方面来分析，如图2-4所示。

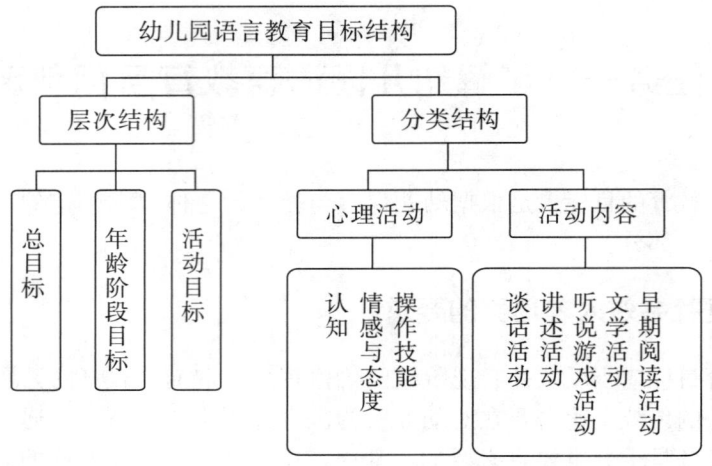

图 2-4　幼儿园语言教育目标结构

一、目标的层次结构分析

幼儿园语言教育目标可以分解为语言教育的总目标、年龄阶段目标、活动目标三个不同层次。幼儿园语言教育的总目标是学前阶段三年的语言教育总的任务与要求，年龄阶段目标一般指一年的发展目标，活动目标可以是"系列活动"或"独立活动"所应达到的教育目标。幼儿园语言教育的目标是通过层层的具体化，逐步落实到每一个教育过程中去的。教师在教育实践过程中的每一个具体工作环节，都必须依据教育目标，努力通过低层次目标的实现而最终实现高层次的目标。

二、目标的分类结构分析

目标的层次结构体现的是目标体系深度上的有序性，目标的分类结构体现的则是目标体系广度上的有序性。

按心理活动的不同领域划分，幼儿园语言教育目标可以分成认知、情感与态度、操作技能三个方面。在认知领域中，幼儿园语言教育的目标包括了对有关知识的掌握和认识能力的发展两个方面。在情感与态度领域中，幼儿园语言教育的目标包括了情感的体验、良好的语言习惯、对语言活动的兴趣与爱好的发展。在操作技能领域中，幼儿园语言教育的目标包括倾听、理解语言和运用语言表达、交流的技能。从这个角度来组织和表达幼儿园语言教育的目标，便于教师明确一切语言教育活动的设计与组织，都必须以促进儿童心理整体协调发展为基本出发点。

按语言学习活动的不同内容划分，幼儿园语言教育的目标可以分别归入谈话活动、讲述活动、听说游戏活动、文学活动、早期阅读活动五个方面。从这个角度来组织和表达幼儿园语言教育的目标，有利于教师选择具体的语言教育材料、活动内容、活动模式、教学方法及组织策略。

任务三　掌握幼儿园语言教育目标的内容与分析

幼儿园语言教育目标的具体内容，是对这一时期幼儿语言教育发展的具体阐述。接下来我们将以教育目标的层次结构（总目标、年龄阶段目标、活动目标）为纵向线索，结合教育目标的分类结构做横向分析。

一、幼儿园语言教育的总目标

（一）幼儿园语言教育总目标的内容

教育部颁布的《纲要》对语言领域提出了以下目标。
第一，乐意与人交谈，讲话有礼貌。
第二，注意倾听对方讲话，能理解日常用语。
第三，能清楚地说出自己想说的事。
第四，喜欢听故事、看图书。
第五，能听懂和会说普通话。
教育部最新颁布的《指南》对上述目标做了进一步的明确与细化，将上述目标内容分为"倾听与表达"和"阅读与书写准备"两个子领域，并提出具体目标（见表2-1）。

表2-1　《指南》语言领域教育目标

子领域	目标	关键词
倾听与表达	认真并能听懂常用语	学习品质：倾听的习惯（有意识听、辨析性听、理解性听）
	乐于表达并能清楚地表达	学习品质：想说话 　　　　　有话说 　　　　　说清楚
	具有文明的语言习惯	学习品质：语言表达的礼貌 　　　　　语言表达的行为习惯
阅读与书写准备	喜欢听故事、看图书	学习品质：阅读的兴趣 　　　　　阅读的习惯
	具有初步阅读理解能力	语言理解能力：对画面的理解 　　　　　　　对内容的理解 　　　　　　　对语言的理解
	具有书面表达的愿望和初步技能	语言表达能力：语言符号的表达 　　　　　　　非语言符号的表达

（二）幼儿园语言教育总目标的分析

依据《纲要》和《指南》中幼儿园语言教育的目标，幼儿园语言教育的核心目标就是发展幼儿听、说、读、写四个方面的能力。听与说，是口头语言能力的发展，读与写是书面语言能力的发展。幼儿语言教育重点在于口头语言的发展，书面语言的发展处于启蒙阶段。

1. 听

养成认真倾听的习惯。儿童语言发展是由听开始的。表达的前提是倾听，倾听是幼儿感知和理解语言的行为表现，是幼儿语言学习和发展不可缺少的一种行为能力。懂得倾听、乐于倾听并且善于倾听的人，才能真正理解语言的内容、语言的形式和语言运用的方式，掌握与人进行语言交流的技巧。

认真听并能听懂，是一个从有意识倾听、辨析性倾听到理解性倾听的发展过程，需要幼儿学会有意识地、集中注意地倾听，然后慢慢学会分辨听到的不同内容，并逐步能够掌握听到的主要内容，能够连接上下文的意思。所以成人应当结合幼儿的生活经验和他们感兴趣的话题吸引幼儿倾听，还要学会做出适当的回应。在对幼儿说话时，使用丰富、生动的语言，吸引幼儿注意倾听，便于幼儿听懂。

2. 说

（1）想说话，有话说，说清楚。

想说话，就是帮助幼儿成为积极的语言运用者。幼儿的语言能力是在交流和运用的过程中发展起来的。《指南》明确提出："应为幼儿创设自由、宽松的语言交往环境，鼓励和支持幼儿与成人、同伴交流，让幼儿想说、敢说、喜欢说并能得到积极回应。"所以，幼儿园语言教育的首要任务是帮助幼儿成为积极的语言运用者，在交往中逐渐学习理解和表达不同的意图倾向。为此，创设自由宽松的语言交往环境非常必要。如果教师不在乎幼儿发言多么准确或者优美，而让每个幼儿说说自己的想法，哪怕说得不对、不完整；或者在很多幼儿争着要说的时候，用分组或者与旁边的三两个幼儿自由讨论的方式让每一个幼儿都有说的机会，他们交流的愿望就能得到满足和鼓励，同时也有了语言运用的机会。有些教师出于"教育"的目的，随意打断幼儿的话而要求他"说完整""注意发音"等，这会大大挫伤幼儿交往的愿望。鉴于此，教师应当允许幼儿暂时说得不对、不完整以及发音不准确，要相信幼儿会在交往过程中说得越来越准确，越来越完整。宽松的学习环境是愉快的，是积极的，也是允许出错的。只有愿意、敢于向别人表述自己的见解，并且具备表述能力的人，才能真正与人进行语言交际。

有话说，即为幼儿提供真实而丰富的语言运用情境。幼儿语言的运用是在实际的语言交流中实现的。在专门的语言教育活动中，如谈话活动、讲述活动、听说游戏活动、文学活动、早期阅读活动等，让幼儿学习在不同的语言情境里如何运用相应的语言交流方式与人交往。在日常真实而丰富的语言交流情景中，幼儿可以有更多机会与各种各样的人交往，操练、扩展自己的语言经验。幼儿园语言教育不仅要重视语言教育活动，更不能忽视这些日常的、渗透的环节。

另外,要注意提供有利于创造性运用语言的机会。汉语儿童语言运用能力发展的研究(周兢,2001)反映,我国儿童疑问和质疑类言语行动不足。所以,应注意增加幼儿质疑提问的机会,鼓励幼儿大胆地用语言表达自己的"预期"和"假设"。在创编故事中大胆表达出自己的想象,想说、敢说。

说清楚,即理清思路慢慢说。主要帮助幼儿能按一定的顺序,口齿清楚地、比较连贯地讲述一件事,培养幼儿语言表达的组织能力。因此成人自身讲话应口齿清楚,简洁明了;在幼儿急于表达时,应提醒他慢慢说,不着急;同时要耐心听,并给予适当的补充,完善幼儿的表达,帮他理清思路,清楚地表达完整。

(2) 养成文明说话习惯。

不说脏话,有礼貌,懂得集体与公众场合的语言规则。注意成人语言行为的表率作用,在与他人交谈时,认真倾听,使用礼貌用语,不说脏话、粗话。幼儿表达意见时,成人可以蹲下来,眼睛平视幼儿,耐心听他把话说完。同时,还要帮助幼儿养成良好的语言行为习惯。结合情境提醒幼儿一些必要的交流礼节,比如对长辈说话要有礼貌,客人来访时要打招呼,得到帮助时要说谢谢,等等;在集体活动轮流发言时,不随意打断别人讲话,遵守集体生活的语言规则,在公共场所不大声喧哗,等等,提醒幼儿注意语言文明。

(3) 会说普通话。

普通话是中国各个不同方言区通用的语言,要在早期发展关键期让幼儿学好普通话,特别是少数民族地区。在幼儿学习本民族语言的同时,学说普通话,这对他们终身学习和发展都有重要意义。要为幼儿提供普通话的语言环境,帮助幼儿熟悉、听懂并学说普通话,少数民族地区还应帮助幼儿学习本民族的语言,传承当地文化。

3. 读

(1) 喜欢阅读。

阅读是学习的基础,人的阅读能力是当今社会人们获得成功的基础。人的主要阅读能力是在3~8岁期间形成的。成人应注意为幼儿提供良好的阅读环境和条件,提供各类适合幼儿特点的图画书,让幼儿自主选择和阅读,查阅图书资料,体会通过阅读获取信息的乐趣。

(2) 欣赏文学作品,感受语言的美。

幼儿都特别喜欢听故事,我们可以借助各种不同体裁的文学作品,引导幼儿接触优秀的幼儿文学作品,感受语言的丰富和优美,并通过各种活动帮助幼儿加深对文学作品的体验和理解,鼓励幼儿用语言、动作、表情等方式表达自己对文学作品的理解,在文学作品的原有基础上扩充想象,仿编、续编。幼儿在学习文学作品中形成的综合语言能力,能够增强他们对语音、语法、文字的敏感性。因此要尽可能多地给幼儿创造学习各种文学作品的机会。

4. 写

(1) 培养对常见的简单标志和文字符号的兴趣。

结合实际生活,引导幼儿体会标志、文字符号的用途,知道标志可以代表具体事物,讲述和朗读文字内容,激发幼儿欣赏书面语言符号的动机,理解书面语言的价值意义,

增强对文字的敏感性，为成为一个好的阅读者做好必要的准备。

（2）做好前书写准备。

利用图书、绘画和其他多种方法，让幼儿在写写画画的过程中体验文字符号的功能，培养书写兴趣，引发幼儿对书籍、阅读和书写的兴趣，培养阅读和书写技能。

《指南》第一次将"阅读与书写准备"作为一个子领域单列，可见对早期阅读与书写准备的重视。但是，需要注意的是早期阅读与书写准备不能简单地等同早期识字，不少商家出于营利性商业宣传，片面夸大早期识字的作用，提供一些超出幼儿阶段能力与需求的教材，这是坚决不允许并要杜绝的。

从关键词可以看到，幼儿园语言教育非常重视语言学习品质的养成，包括听、说、读、写的兴趣培养和习惯养成，其核心价值是促进幼儿语言表达能力的发展，充分肯定语言教育在幼儿全面发展中的地位。

二、幼儿园语言教育的年龄阶段目标

（一）幼儿园语言教育年龄阶段目标的内容

幼儿园语言教育的总目标需要落实到不同年龄幼儿的身上，总目标在不同年龄的幼儿身上应当有不同的体现，循序渐进地促进幼儿语言的发展。

在教育实际工作中，常将幼儿园语言教育的年龄阶段目标归入语言教育不同类型的活动进行分类表述，以便教师在制订学期计划和选择活动内容时有参照指标（见表2-2）。

表2-2 不同类型语言活动目标与各年龄阶段语言教育目标的具体内容

活动类型	活动目标	年龄段	具体目标内容
谈话活动	1. 学习倾听他人的谈话，并及时从中捕捉有效的信息。 2. 学习围绕一定的话题，充分表达个人的见解。 3. 学会基本的语言交谈规则，提高运用口头语言交往的意识、情感和能力	小班	1. 学会安静地听同伴说话，不随便插嘴。 2. 喜欢与同伴交谈，愿意在集体面前说话。 3. 能听懂并愿意说普通话。 4. 在教师的引导下，学习围绕主题说话，能用短句表达自己的意思。 5. 初步学习常用的交往语言和礼貌用语
		中班	1. 能集中注意力，耐心地倾听别人谈话，不打断别人的话。 2. 乐意与同伴交流，能大方地在集体面前说话。 3. 能说普通话，较连贯地表达自己的意思。 4. 学会围绕一定的话题谈话，不跑题。 5. 学会用轮流的方式谈话，不抢着讲，不乱插嘴。 6. 继续学习交往语言，提高语言交往能力

续上表

活动类型	活动目标	年龄段	具体目标内容
谈话活动		大班	1. 能主动、积极、专注地倾听别人谈话，迅速掌握别人谈话的主要内容，并从中获取有用的信息。 2. 能主动地用普通话与同伴交流，态度自然大方。 3. 能围绕话题谈话，会用轮流的方式交谈，并能用恰当的语言表达自己的情感，与同伴分享感受。 4. 逐步学会用修补的方法延续谈话，进一步提高语言交往水平
讲述活动	1. 能运用多种感官感知和理解讲述对象。 2. 能独立构思与清楚、连贯地表述，促进独白语言的发展。 3. 掌握对语言交流信息清晰度的调节功能	小班	1. 能有兴趣地运用各种感官，按照要求去感知讲述对象。 2. 理解内容简单、特征鲜明的实物、图片和情景。 3. 愿意在集体面前讲述，能正确地说出讲述内容的主要特征或者主要事件。 4. 能安静地听教师或者同伴讲述，并用眼睛注视讲述者
		中班	1. 养成先仔细观察，后表达讲述的习惯。 2. 逐步学会理解图片和情景中展示的事件顺序。 3. 能主动地在集体面前讲述，声音响亮，句式完整。 4. 学习按照一定的顺序讲述实物、图片和情景的内容。 5. 能积极地倾听别人的讲述内容，发现异同，并从中学习好的讲述方法
		大班	1. 通过观察，理解图片、情景中蕴含的主要人物关系和思想感情倾向。 2. 能有重点地讲述实物、图片和情景，突出讲述的中心内容。 3. 在集体面前讲话态度自然大方，能根据场合的需要调节自己讲话的音量和语速。 4. 讲话时语言表达流畅，不停顿，用词用句较为准确

续上表

活动类型	活动目标	年龄段	具体目标内容
听说游戏活动	1. 能按一定规则进行口语表达练习。 2. 在听说游戏中提高积极倾听的水平。 3. 锻炼在语言交往中的机智性和灵活性	小班	1. 乐于参加游戏活动，在游戏中大胆地说话。 2. 发准某些难发的音，初步掌握方位词及人称代词，学习正确运用动词。 3. 在游戏中尝试按照规则运用简单句说话。 4. 养成在集体活动中倾听别人讲话的好习惯，能听懂并理解较简单的语言游戏规则
		中班	1. 在游戏中巩固练习发音，正确运用代词、方位词、副词、动词、连词和介词等。 2. 能说简单而完整的合成句。 3. 能听懂并理解多重游戏规则。 4. 学习较迅速地领悟游戏中的语言规则，并能及时做出相应的反应
		大班	1. 在游戏中学习运用反义词、量词和连词等，并能说完整的合成句。 2. 养成积极倾听的习惯，迅速地掌握和理解游戏活动中较复杂的多重指令。 3. 不断提高倾听的精确程度，准确地掌握和传递有细微差别的信息。 4. 在游戏活动中能按照规则，迅速调动个人已有语言经验进行表达
文学活动	1. 欣赏和感受文学作品所展示的成熟语言，提高对语言多样性的认识。 2. 扩展词汇量，提高自觉获取语言材料的能力。 3. 仿照文学作品架构，学习仿编、续编、创编，有创造性地运用语言，提高灵活运用语言的能力	小班	1. 喜欢欣赏文学作品，愿意参加文学活动，对文学作品的语言感兴趣。 2. 能初步感受文学作品的语言美，知道故事、诗歌和散文是不同体裁的文学作品。 3. 学习理解文学作品的内容或者画面情节，能用语言、动作、表情等方式表达自己对文学作品的理解。 4. 在文学作品原有基础上扩充想象，仿编诗歌、散文中的一句或者续编故事结尾
		中班	1. 喜欢不同形式的文学作品，主动积极地参加文学活动。 2. 知道文学作品语言与日常生活语言的不同，进一步感受文学作品的语言美。 3. 学习理解文学作品的人物形象，感受作品的情感基调，能运用较恰当的语言、动作、绘画形式表达自己的理解。 4. 能根据文学作品提供的线索，扩展想象，仿编或续编一个情节或一个画面
		大班	1. 乐于欣赏不同体裁、不同风格的文学作品，积累文学语言，并尝试在适当场合运用。 2. 通过文学作品人物、情节或画面情景，学习理解作品的主题或感受作品的情感脉络。 3. 初步感知文学作品语言和构成的艺术表现特点，开始接触文学作品的艺术语言构成方式。 4. 依据文学作品提供的想象线索，联系个人已有经验扩展想象，并创造性地进行表述

续上表

活动类型	活动目标	年龄段	具体目标内容
早期阅读活动	1. 提高学习书面语言的兴趣。 2. 初步认识口头语言和书面语言的对应关系。 3. 养成早期阅读的良好习惯。 4. 掌握早期阅读的有关技能	小班	1. 喜欢看书,知道看书的基本方法,能初步看懂单幅儿童图画书的主要内容。 2. 能用口头语言将儿童图画书的主要内容说出来,开始感受语言和其他符号的转换关系。 3. 对文学感兴趣,能在成人的帮助下认读最简单的文字。 4. 在活动中以描画图形的方式练习基本笔画
		中班	1. 能仔细观察图画书画面的人物情节,看懂单页多幅儿童图画书的内容,增强预知故事情节发展和结局的能力。 2. 懂得爱护图书,知道图书的构成,有兴趣模仿制作图画书。 3. 在阅读过程中初步了解汉字的由来和简单的汉字认读规律,并有主动探索汉字的愿望。 4. 喜欢描画图形,尝试用有趣的方式练习汉字的基本笔画
		大班	1. 专注地阅读图书,能说出所阅读的文学作品的主要内容,喜欢与他人一起谈论图书和故事的有关内容,对看过的图书、听过的故事能说出自己的看法。 2. 能根据故事的部分情节或图书画面的线索猜想故事情节的发展,或续编、创编故事,并能与同伴制作图画书,进一步了解图画书的构成。 3. 对图书和生活情境中的文字符号感兴趣,知道图画书中的画面与文字的对应关系,主动学认常见的文字。 4. 会正确书写自己的名字,书写姿势正确,在有趣的图形练习中做好写字的准备

(二) 幼儿园语言教育年龄阶段目标的分析

谈话活动、讲述活动、听说游戏活动侧重幼儿倾听行为和表达行为的培养,文学活动和早期阅读活动则更多地培养幼儿欣赏文学作品和早期阅读的行为与能力。每一种活动类型都有其本身的语言教育目标,落实到每一个年龄阶段又有不同的要求,每个年龄阶段的具体目标都应建立在上一年龄阶段目标达成的基础上,通过本年龄段的学习,不断对幼儿提出与其年龄段相适应的挑战,使幼儿在达成目标后能跃上一个新的台阶。语言教育年龄阶段目标为幼儿语言发展规定了具体的发展方向,对幼儿掌握知识、发展语言能力提出了一定的要求,教师应根据具体的情况,在各年龄阶段语言教育目标的指导下,将年龄阶段发展目标的多方面内容渗透到幼儿参加的各种活动中,使幼儿在学习中不断进步。

三、幼儿园语言教育的活动目标

（一）幼儿园语言教育活动目标的含义

幼儿园语言教育的活动目标是指具体到某一个语言活动的教育目标，可以是一个语言主题系列活动目标，也可以是一个"独立活动"所应达到的教育目标。教师如何根据目标体系制定一个活动的具体目标呢？我们来看看下面的案例。

案例：谈话活动"奇特的汽车"（大班）①

活动目标：

1. 学会耐心地倾听别人谈论汽车，并能较清楚地说出自己对汽车的认识和感受。
2. 喜欢与他人交谈，体验创作并与同伴分享、交流自己对"奇特的汽车"看法的乐趣。
3. 学习运用"假如……就……"的句型，谈论自己设计的"奇特的汽车"及其特殊性。

{资料来源：李红. 大班语言活动：奇特的汽车［J］. 新课程·小学，2014(12)：234.}

案例分析

从目标心理活动分类的角度看，目标1要求幼儿学会耐心倾听，并能围绕"奇特的汽车"话题谈话，包含了对"围绕话题谈话"知识的掌握和"有意识去做"认识能力的发展，体现了认知目标的特点；目标2强调了"喜欢……""体验……"，体现了谈论与交流对"奇特的汽车"看法的情感体验以及对谈话活动的兴趣与态度等，属于情感与态度目标；目标3"学习运用……句型"体现了运用语言表达、交流的技能，属于操作技能目标。

具体活动目标要依据总目标和年龄阶段目标来制定，包括认知、情感与态度、操作技能三个维度的目标。认知是指"有意识地去做"，情感与态度是指"乐意做""喜欢做"，操作技能是指"能够做到"。

再来看看下面这个案例的目标。

案例：听说游戏"不说黑和白"（中班）②

活动目标：

1. 积极倾听别人说话，并学习用比喻的方法，学会正确使用连词"像、同、和、跟"，学说连贯、完整的语句。（认知）
2. 积极参与游戏，体会游戏愉快的气氛，能与同伴分享快乐，有集体荣誉感。（情感与态度）

---

① 本案例的详细介绍和分析可见单元三。
② 本案例的详细介绍和分析可见单元五。

3. 能较快地领悟游戏规则，在语言交往中有灵活性。（操作技能）

（资料来源：根据中班语言教案"不说黑和白"编写，小精灵儿童网站 http://new.060s.com/article/2013/05/07/749969.htm.）

案例分析

这个听说游戏的活动目标从认知、情感与态度、操作技能三方面提出。认知目标明确提出了该听说游戏的语言练习要做的任务为"学习……""学会……""学说……"，内容具体、明确，落实到幼儿对语言内容、语言形式和语言技能的掌握上。情感与态度目标涉及幼儿在此次活动中兴趣、态度及价值观等方面的变化，使用了"积极参与""分享""集体荣誉感"等幼儿学习行为变化进行表述，成功地表达了教师的教育意图，也便于观察者在活动后通过幼儿的行为变化加以评价。操作技能目标体现了听说游戏对幼儿口语表达能力发展的特殊作用。"较快地领悟""语言交往的灵活性"等要求符合大班幼儿语言发展特点。

（二）制定幼儿园语言教育活动目标的注意事项

综上所述，制定幼儿园语言教育的活动目标要注意以下几方面。

（1）要依据总目标和年龄阶段目标来制定，包括认知、情感与态度、操作技能三个维度。

（2）具体活动目标的提出一定要符合幼儿语言发展的水平和规律，应将促进幼儿的语言发展作为落脚点，具体明确，注意目标的可操作性和可实现性。

（3）活动目标的表述可以用幼儿学习行为变化进行表述，从幼儿的角度进行表述。

导入案例分析

教学材料的价值分析。

绘本故事《七彩下雨天》是一个早期阅读活动，但又带有浓浓的文学作品欣赏的味道，画面设计以彩虹颜色的规律来逐页展现，幼儿在自由阅读过程中充满了猜测、惊喜、发现，这是幼儿仿编诗歌的前经验。在阅读过程中，让幼儿体验到雨也有颜色、有形状、有味道、有气息，它把我们带进大自然的怀抱里。绘本里赤橙黄绿青蓝紫的斑斓色彩，与种种具体的事物和感受联系在一起，激发幼儿热爱生活、热爱自然、热爱想象的情感。

教学活动的价值分析。

（1）阅读：①自由阅读。教师发现了这么好的一本绘本故事，悄悄地放到阅读区，让幼儿自由选择阅读。悉心地观察、解读小朋友们的反应，寻找介入的最佳时机。②师幼共读。教师先引导幼儿仔细观察画面，寻找书中的线索与"秘密"，精读每个画面，深入感受图画的意境。教师观察到在发现绘本的各种"小秘密"后，小朋友有很多需要表达的发现，并萌发了一些自己的看法。在欣赏绘本中的散文词句时，小朋友很是陶醉，

却无法自己把了解的词句组合起来,很想表现绘本中的美丽故事,但是无从下手。于是就有了下一个活动——仿编。

（2）仿编：①集体仿编。将绘本中小朋友们日常积累的美好词汇以及句式在仿编中的运用,深化对绘本深层情感的理解和再现,并为幼儿分组仿编提供范式。②分组仿编。分组合作,各组寻找仿编"七彩"的主题,极大地激发了幼儿的创作欲望。

（3）表演：分享了各组的仿编作品还不够,小朋友还希望能表演出来。于是,分工合作,自制道具,自行排练,最后声情并茂地表演自己的作品。意犹未尽的小朋友继续实践着他们的愿望——创编。

（4）创编：制作自己的绘本,设计、绘画、组合、装订。通过读→编→演→创的系列活动,从激发阅读兴趣、深入感受作品到仿编表演作品、创编制作自己的作品,整个学习过程都是以幼儿为中心,让小朋友们呈现出一个个惊喜。教师只要细心观察、解读、支持、帮助,不露痕迹地落实着一个个学习目标,那么的自然,那么的美好,以实际行动践行着《指南》。正如周燕老师所说："每一本绘本里都有一个故事和一个精神世界,享受就好,想象就好,体验就好。"

学习反馈

姓名：　　　　　班级：

认真阅读分析绘本故事《七彩下雨天》,对照早期阅读大班的目标内容,以小组为单位,为绘本故事《七彩下雨天》的赏读活动或仿编活动设计三维活动目标,注意从幼儿的角度表述

任务内容	任务描述	你的收获

小组评价：

教师点评：

单元二　幼儿园语言教育的目标、内容与实施

项目二　幼儿园语言教育的内容与实施

导入案例

秦老师是幼儿园的体育专科教师兼采购。这天他要采购一批图书，补充各班的图书角。他根据图书色彩和印刷质量买了一批幼儿读物，登记入库后，他又按厚薄分到各个班，小班的薄一些，大班的厚一点，介于两者之间的给中班。他很为自己的工作效率得意。

> **初步探究**
>
> 秦老师这样选购与分配图书有问题吗？问题在哪？你认为应该怎样选购适合幼儿阅读的图书？为什么？

导　　读

幼儿园语言教育的内容是幼儿园为幼儿提供的语言形式、语言内容和语言运用的基本知识、基本态度和基本行为方式的总和，是幼儿学习语言、获得语言经验的载体。幼儿园语言教育的内容既包括教师有目的、有计划地组织的专门语言教育活动内容，也包括渗透在幼儿一日生活中各个环节以及其他领域活动中的语言教育内容。①

任务分解

我们可以将论题分解为以下四个方面。
(1) 幼儿园语言教育的途径有哪些？各有什么价值？
(2) 幼儿园两种不同性质的语言学习各有哪些活动类型？其主要内容有哪些？
(3) 幼儿园语言教育内容的选择依据是什么？
(4) 幼儿园语言教育活动设计与组织应遵循哪些原则？
对这些问题的学习，可以帮助我们对幼儿园语言教育的内容与实施有一个较为全面的认识。

---

① 周兢. 幼儿园语言教育活动指导［M］. 北京：人民教育出版社，2009：28.

幼儿园语言教育活动指导

任务一 了解幼儿园语言教育的途径与价值

幼儿园语言教育的途径可以分为专门的语言教育和渗透的语言教育两个方面。

一、专门的语言教育的价值

专门的语言教育是根据语言教育目标，有计划、有安排地组织幼儿系统学习语言的专门语言教育活动，包括谈话活动、讲述活动、听说游戏活动、文学活动、早期阅读活动等五种活动类型。其价值是为幼儿提供与语言进行充分互动的环境，使他们有机会对在日常生活中获得的零碎语言经验进行提炼和深化，达到对语言规则的正确理解和有意识地运用。①

这种语言学习的环境比较正式，使幼儿能在教师的直接指导下进行比较系统的语言学习，以获得语言知识、能力和情感态度的全面发展。

二、渗透的语言教育的价值

渗透的语言教育主要是利用幼儿的各种生活和学习经验，在真实的生活情景中，为幼儿提供更加广泛的、多种多样的学习和运用语言的机会。在自然轻松的语言交际环境中，幼儿与教师、同伴之间可以进行更为有效的语言交流，对幼儿语言发展有其特殊价值，具体表现在以下几个方面。

1. 更关注幼儿语言的学习过程

因为没有统一的语言学习目标，幼儿可以有不同的学习结果，可以按自己的进度发展语言能力。因此，符合幼儿在自然交际环境中习得语言的特点。

2. 幼儿使用语言的自由度更大

渗透的语言教育内容往往与幼儿的生活或其他领域的内容同时存在于活动过程中，幼儿使用语言的空间更大，能够更好地扩展幼儿的语言经验，发展幼儿的思维与社会交往能力。

3. 更能体现语言教育的个性化

每个幼儿都在依据已有的经验和已积累的语言与周围人交往，并从他人的语言中学习新的语言成分。幼儿比较喜欢谈论他们感兴趣的事物，而幼儿对事物的喜好和兴趣又极具个性化，这使幼儿对语言表达的兴趣充满了个性色彩。例如有的幼儿喜欢各式各样的车，也喜欢各种车的名称和专业术语，于是在这些幼儿所掌握的词汇中，有大量反映"车"的词汇和句子，甚至远远超过成人。渗透的语言教育不论是语言表达的内容，还是语言表达的方式、幼儿交谈的话题、对何种体裁的文学作品有兴趣等，都有明显的差

---

① 赵寄石，楼必生. 学前儿童语言教育［M］. 北京：人民教育出版社，2003：182.

异，更能体现语言教育个性化的特点。在自然轻松的语言交际环境中，幼儿在交流的过程中需要不断地选择合适的语言去应对和变通，同时也可以主动发起自己感兴趣的话题，在宽松而真实的语言运用情景中获得有效的语言经验。教师也有机会开展个别指导活动，根据幼儿的兴趣和经验，帮助幼儿以自己的方式建构和加工各种语言信息。

幼儿园专门的语言教育和渗透的语言教育这两种途径，对于幼儿而言，是两种不同性质的语言学习。专门的语言教育是以语言为学习对象，即在与人的交往互动中形成人类基本的语言能力。渗透的语言教育是以语言为学习工具，即借助语言来学习其他方面的内容，在通过语言这种中介符号获得其他方面的知识和能力的同时，也促使自己语言交流能力的发展。专门的语言教育侧重提供幼儿以语言为对象的学习机会，而渗透的语言教育则给幼儿许多运用语言工具进行交流的锻炼机会。这两种性质的语言学习在幼儿语言发展中同时存在，对幼儿语言能力发展同等重要。

任务二 理解专门的语言教育

专门的语言教育是指遵循语言教育规律组织的语言学习活动，在活动中，幼儿把语言作为学习对象来学习。

一、专门的语言教育内容的选择

幼儿园语言教育内容的选择有一定的依据，并要符合一定的规律。上述案例中的秦老师仅仅凭着图书的色彩、厚薄等外部特征来选择，显然是不够的，结果可能是荒谬的。要使选择的内容能够真正体现教育目标，促进幼儿语言的发展，教师应该依据四方面的内容。

（一）幼儿园语言教育目标

幼儿园语言教育目标对幼儿倾听与表达、阅读与书写准备提出了两个兴趣（愿意说、喜欢读）、两个习惯（认真倾听的习惯、文明用语的习惯）、两个能力（语言理解能力、语言表达能力）的具体目标，在各种类型的语言教育活动中对各个不同年龄阶段提出了阶梯式具体内容与要求。依据幼儿园语言教育的目标确定教育内容，才能有针对性地开展各年龄段的语言教育，落实语言教育目标，使幼儿语言能力得到更好的发展。要把教育目标中的各部分、各方面要求转换为幼儿学习语言的内容，帮助幼儿通过多种多样的活动内容学习以获得语言经验。

（二）幼儿心理发展特点

1．好奇

好奇是幼儿最为突出的特点。所以，为幼儿选择语言学习内容时，特别强调趣味性

和新颖性，以激发幼儿的好奇与兴趣。如《七彩下雨天》五彩缤纷的彩虹封面一下子就吸引了幼儿的目光，赤橙黄绿青蓝紫各种颜色的雨，让幼儿充满了探究的欲望。

2. 好模仿

幼儿好模仿的心理特点，要求教师选择的教学内容应考虑便于幼儿学习模仿，提供大量的、规范的、优美的语言，使其在模仿中不知不觉地习得有关语言，获得语境和用语之间关系的感悟力。

3. 丰富的想象力

丰富的想象力也是幼儿的显著特点，这就要求教师在选择活动内容时，应尽可能多地为幼儿提供充分想象和自由创造的空间。如案例《七彩下雨天》中的仿编、自制道具表演、制作自己的图书等活动，为幼儿的想象与创造提供了充分的展示空间。

（三） 幼儿语言发展特点

幼儿语言发展的特点是从非语言交际到口语交际再到书面语言学习发展的。这三个阶段不是截然分开的，而是相互交叉的。因此，在选择语言教育内容时，须针对各年龄段幼儿语言发展的特点，既有交叉又有侧重地开展教学活动。

1. 非语言交际向口语交际转换

在非语言交际向口语交际转换的阶段，幼儿需要学习最基本的听说转换，它包含了对词语的理解和应用、构成词句、表达意思三方面的内容。要运用谈话、讲述、听说游戏、文学作品学习和早期阅读等语言教育活动，让他们进行这些内容的练习，以获得有关的语言经验。

案例：小班语言活动"香香的水果"（实录片段）

活动过程：

一、创设情境：我们开着小汽车到果园参观

二、教师利用幼儿的已有经验谈谈对苹果、橘子等水果外部特征和味道的认识

1. 出示苹果树，引导幼儿认识苹果的外形与味道。

（1）认识苹果外形。提问：

看看这是什么树呀？

树上结了那么多的苹果！苹果长什么样呢？

幼儿A：苹果红红的。

幼儿B：苹果长得圆圆的。

教师表扬说：你讲得比较清楚，因为你说了"苹果长得……"。

幼儿C：苹果长得大大的、圆圆的、红红的，真好看。

教师高兴地说：哇！你说得真完整。并重复道：对，苹果长得大大的、圆圆的、红红的，真好看。

（2）进一步帮助幼儿了解苹果的味道。提问：

你们吃过苹果吗？它是什么味道的呢？

幼儿A：苹果甜甜的。

幼儿B：苹果很香，里面有籽。
幼儿C：苹果很甜、很香、很好吃。
幼儿D：我拉肚子的时候，我妈妈把苹果蒸熟了给我吃。
教师小结并表扬幼儿不仅说出了苹果的样子，还说出了苹果的作用。

2. 认识雪梨（略）。
3. 认识橘子。
提问：
看看橘子长什么样？
幼儿A：橘子红红的。
幼儿B：橘子里面是一片一片的。
幼儿C：橘子里面是弯弯的，像月亮。
幼儿D：还像弯弯的眉毛。
幼儿E：还像弯弯的小嘴巴。
教师惊讶地说道：我听到小朋友说了一个很好的句型来表达橘子的样子，"……像……，还像……"，谁会连起来完整地说？

（资料来源：中国婴幼儿教育网 http://www.baby-edu.com/2011/0122/6576.html，有删改。）

案例分析

这个活动最大的特点就是教师先启动幼儿的已有经验，通过观察、互动、强化，将幼儿在生活中积累的对水果零碎的语言经验进行提炼和深化。这样不仅丰富了幼儿对常见水果的认识经验，同时使幼儿在倾听的基础上，更好地理解，学会恰当、完整、清楚地表达。特别是教师对幼儿语言表达中精彩火花的敏锐捕捉，一步步地强化、鼓励，促使幼儿语言表达越来越丰富、越来越完整。

幼儿学习语言，首先从听开始。教师与成人应随时为幼儿提供"听说话"的环境与条件，如随时说自己正在进行的事情、听故事录音、听大人和同伴讲故事、听指令做动作、辨别各种声音等。同时，应选用重复的话语，用较慢的语速对幼儿说话，说话时发音准确、清晰。例如《春天》："春天到了，五颜六色的花都开了，春天真美丽。春天到了，小草都绿了。春天到了，小蝴蝶也飞来了。春天到了，春天到了，春天真美丽。"在语言学习的关键期，出现在幼儿的耳朵、眼睛和脑海里的词语越多，幼儿储存的词汇越多，语言表达也就更自如。

幼儿理解语言往往受直接经验的影响，容易受语言情境及手势、动作、表情等的暗示。幼儿记忆和学习具有直观性，对照具体人、事、物、动作、情景学习语言是最有效果的。在语言教学中，应采用直观形象的方法，注意字、词、句都要和一定的语言情境结合，千万不可脱离具体语言环境让幼儿死记硬背。要注意丰富幼儿的生活经验，提供更多的感性经验。我们来看看下面这个案例。

案例：

童童1岁多啦，还不会说话，总是木木呆呆的，急得童童的妈妈想要带儿子去看医生，她甚至用干净的毛巾垫着轻轻拉出儿子的舌头，看看舌下是否粘连。在童童2岁1个月的一天，妈妈带童童出去玩，门外停了辆卡车，他要上去。夏日傍晚的蓝天，不知有什么东西深深吸引了童童，他扒着卡车栏杆，仰着头一直看一直看。妈妈说"天"，童童立刻说"dian"。"天。""dian、dian、dian。"妈妈用正确的语音重复说，童童也跟着不断地重复说。过了一会儿，童童就能准确说出"tian"。后来，他见到人就说"tian"，一连说了3天。他第一个学习的概念词汇就是"天"，因为他通过观察，有了感觉。

案例分析

从上述案例可以看到，幼儿对语言的学习和理解，是从经验和体验开始的。教育部新颁布的《幼儿园工作规程》强调要"注重幼儿的直接感知、实际操作和亲身体验"。蒙台梭利认为儿童的心理发展既不是单纯的内部成熟，也不是环境、教育的直接产物，而是机体和环境交互作用的结果，因此强调结合感官训练，提早让幼儿接受读、写、算、音乐等方面的教育。同时，谈话可以发展幼儿的语言能力。所以，幼儿学习字、词、句要与一定的语言情境结合，通过亲身体验和直接感知来学习。对于一些较抽象的词，通过亲身体验和直接感知，幼儿也是可以理解的。如一个1岁多的幼儿拿起玻璃杯，成人提醒说"小心，轻拿轻放"，并轻拿轻放地做给他看，之后他凡是拿玻璃制品都会轻拿轻放。

幼儿是在"听"的基础上，通过模仿，学习"说"的。教师应该说标准、正确的语言，说话的语速要慢，口型明确，语音清楚、准确，语调抑扬顿挫，使用正确的词语和句子与幼儿交流。教师应为幼儿创设"说"的环境，鼓励幼儿自由交流，在说话中练习说话；应采用多种有趣的活动形式，引导幼儿多练。在特定的情景中幼儿能很快学习很多与情景相关的语言，并且还能突破平时学习的难点。和小朋友在一起的时候，这种具有独特情景的同伴学习的力量可是很强大的，幼儿之间的影响力很多时候是无意发生的，而且其影响还比较久远。案例"香香的水果"体现的就是幼儿在同伴学习的鼓励和教师的肯定中不断地突破完善构成词句的学习过程。

2．口语交际向书面语言学习转换

在口语交际向书面语言学习转换的阶段，幼儿需要学习口语与文字和图书的对应与转换关系，以及简单识字两方面的内容，即理解说出的话与写出的字之间的关系，对不同字形的辨认以及对字形结构的分析与书写。但幼儿应以发展口语能力（听说能力）为主，重点应放在提高幼儿口语能力上，并可对幼儿进行适度的早期读、写训练，提升幼儿对文字的敏感度，为升入小学学习书面语言做好准备。

（四）幼儿语言经验

幼儿语言学习是不断获得语言经验的过程，语言教育活动就是不断为幼儿提供各种新的语言经验的过程。教师在选择语言教育内容时必须重视幼儿现有的语言经验，以此为指引，向更高层次的新经验发展，在新旧语言经验之间建立联系，使语言教育活动所提供的语言经验能够真正内化成新知识，成为他们自身语言经验体系的一部分。回顾阅读绘本故事《七彩下雨天》的案例，开始的自由阅读，是幼儿原初经验的一种学习；在观察分析幼儿的表现之后，教师适时介入，带领幼儿精读、品读，学习新的词语和句型。幼儿是否已将语言学习内化成自己语言的新经验呢？这显然是远远不够的。于是就有了仿编活动，先是集体仿编，将新的词语、句型与幼儿日常积累的词语、句式融合运用，并为幼儿的自主仿编提供学习的范式。然后再进行小组仿编和肢体表演，使其得到内化、提升，最后鼓励幼儿创作自己的彩虹图书。活动内容连续、递进，使每一次活动内容都由具有内在联系的经验组成，每一次获得的语言经验都能成为以后语言学习的基础。同时，还统整了绘画、手工、肢体表演等其他领域的经验，使经验与经验之间既有纵向的连续性，又有横向的相关性，从而使幼儿获得的新旧语言经验之间真正建立起联系。

二、专门的语言教育的类型

专门的语言教育内容主要包括谈话活动、讲述活动、听说游戏活动、文学活动和早期阅读活动等五种类型，这也是我国目前幼儿语言教育中经常采用的、最基本的语言教育内容。

（一）谈话活动

幼儿园的谈话活动是一种有目的、有计划地组织幼儿学习的语言教育活动。这种活动旨在创造一个良好的语言环境，帮助幼儿学习倾听别人的谈话，围绕一定的话题进行谈话，习得与别人交流的方式、规则，培养与人交往的能力。

谈话活动的内容主要有：（1）围绕主题交谈。（2）交流信息谈话。（3）分享经验谈话。

（二）讲述活动

讲述是指运用完整的句子、连贯的语言，围绕一个主题描述事物、表达思想。幼儿园的讲述活动主要是为幼儿创设正式的口语表达情景，使幼儿有机会在集体面前表达自己对实物、图片、情景等的认识和看法，学习表述的方式和技能。讲述时运用的是独白语言，是比谈话更为复杂、周密的一种口语表达形式，可以培养幼儿感知与理解讲述对象的能力、独立构思与清楚表达的意识以及掌握调节语言交流清晰度的技能，这是我国幼儿园语言教育中颇具特色的一种教育内容。

讲述活动的主要内容有：（1）看图讲述。（2）实物讲述。（3）情景讲述。（4）经验讲述。

（三）听说游戏活动

听说游戏活动是由教师设计组织，有明确的语言学习指向目标与语义内容，按一定

规则练习口头语言的语言教学游戏。培养幼儿在口语交往活动中快速、机智、灵活的倾听和表述能力。活动内容主要集中在幼儿听、说的理解和表达方面。听说游戏是为培养幼儿倾听和表述能力而专门设计的，用游戏形式组织的语言教育活动。

听说游戏的主要内容有：（1）巩固听音、发音（包括难发的音和方言干扰音，练习声调及发声用气）。（2）扩展、练习词汇。（3）尝试运用句式。

（四）文学活动

幼儿园的文学活动是以幼儿文学作品为基本教育内容而设计组织的语言教育活动。它从一个具体的文学作品教学入手，围绕着这个作品展开一系列相关的活动，帮助幼儿理解感受文学作品所展示的丰富、优美的艺术语言和生动、有趣的情节，学习运用有质量的语言，并利用文学语言表达想象与生活经验，是幼儿园语言教育的重要内容。

文学活动的主要内容有：（1）聆听与感受文学作品。（2）朗诵与表现文学作品。（3）仿编与创作文学作品。

（五）早期阅读活动

早期阅读活动是指儿童对简单的文字、图画、标志等的阅读活动，其中包括知道图书和文字的重要性，愿意阅读图书和汉字，学习初步的阅读和书写的准备技能等。早期的阅读是儿童由口头语言向书面语言过渡的前期阅读准备和前期书写准备，是理解口语与文字之间关系的重要经验。选择适合幼儿阅读需要的学习内容，可以使幼儿接触和学习有关书面语言的信息，获得书面语言意识、行为和初步能力。

早期阅读活动的主要内容有：（1）前阅读经验。（2）前识字经验。（3）前书写经验。

三、幼儿园语言教育活动的设计和组织原则

要实施好幼儿园语言教育活动，重要的是设计好语言教育活动方案。在设计方案时，教师要制定语言教育活动的目标，要选择能实现目标的具体内容，要选择与内容相适应的活动方式等。因此，可以说，教师设计语言教育活动，就是将一定的目标、内容和活动方式转化成一个个具体方案的过程，也是对幼儿有计划、有组织、有目的地施加教育影响的具体体现。

（一）幼儿园语言教育活动的设计原则

1. 了解幼儿语言状况

绘本《七彩下雨天》的阅读活动一开始是在活动区自由阅读，教师对幼儿表现的观察记录与分析，就是对幼儿语言状况的了解过程，并以此为依据，设计了符合幼儿需要的系列活动方案。只有以幼儿语言经验为基本设计出发点，才能保证设计的活动方案符合幼儿语言发展的需要，真正促进幼儿语言的发展。了解幼儿语言状况有两层含义：

一是了解幼儿年龄阶段的语言发展水平；二是了解幼儿学习语言的原初经验。语言发展水平提供了活动设计的方向指引，语言的原初经验可以帮助教师更好地在幼儿语言新旧经验之间建立联系，帮助幼儿在原有经验的基础上形成新的语言学习经验。

2. 围绕语言教育目标

教育目标是活动过程设计与实施的目的，活动过程的教育内容与教育方法应该紧扣教育目标去设计，以达成教育目标的预期效果。不同类型的活动，其语言教育的目标也有所不同（见表2-2）。

3. 体现各类语言教育活动结构特点

请认真阅读以下两个案例，比较一下这两个案例的过程结构有什么不同（见表2-3）。

表2-3　谈话活动与讲述活动结构比较

案例：谈话活动"动画片里的人物"（大班）①	案例：看图讲述"小鸡和小鸭"（中班）②
活动过程	活动过程
1. 教师以提问的方式，激发幼儿谈论动画片的兴趣。 提问： 你喜欢看动画片吗？ 你们都看过哪些动画片？	1. 直接导入，激发兴趣。 今天，我给大家带来一个有趣而且特别的故事。特别在哪儿呢？它不是由我来讲的，是小朋友一起来讲的。怎么来讲这个故事呢？我这儿有一些图片来帮助你们，小朋友要认真观察、积极开动脑筋，看看谁的故事讲得很完整而且还很好听
2. 教师为幼儿创设相互交流的机会，让每个幼儿都有机会谈自己对动画片的观感。 提问： 这么多有趣的动画片，都讲的是什么样的故事？（提醒幼儿说话轻一些，注意倾听同伴谈话）	2. 逐一出示图片，引导幼儿感知理解图片并展开合理想象。 （1）出示第一幅图片，引导幼儿观察理解，并展开充分且合理的想象。提问： 图片上有谁？它们想要干什么？（出示第一幅图片，丰富字词：拎） 幼儿展开充分想象，教师根据幼儿的想象，自然引出故事发展的下一个情节：小鸡和小鸭它们想过河。 它们遇到了什么困难？你帮它们想想办法。 幼儿展开想象，教师引导幼儿思考简单且有效的方法。 （2）出示第二幅图片，在观察理解的基础上，连贯讲述第一、第二幅图片。 小朋友都想出了很多办法。聪明的小鸡和小鸭也想到了好办法。我们一起来看看它们的办法是什么？（出示第二幅图片）

---

① 资料来源：https://wenku.baidu.com/view/e47367186edb6f1aff001f4e.html. 本案例的详细介绍和分析可见单元三。

② 资料来源：http://www.baby611.com/jiaoan/zb/yyan/201405/31129040.html. 本案例的详细介绍和分析可见单元四。

幼儿园语言教育活动指导

案例分析

对比两个案例，第一个环节均为引起幼儿兴趣，第二个环节很快进入正题。谈话活动"动画片里的人物"中，教师通过"这么多有趣的动画片，都讲的是什么样的故事？"来引出幼儿的谈话话题，为幼儿提供交流的机会。讲述活动"小鸡和小鸭"中，教师则逐一出示图片，通过提问如"图片上有谁？它们想要干什么？""它们遇到了什么困难？你们帮它们想想办法"，引导幼儿观察和理解图片上的人物与动态，引发幼儿想象，引导幼儿讲述故事情节。这两类活动虽然都用了提问，但提问的导向与目的有很大的不同。

不同类型的活动有不同的活动结构，活动结构的特点决定了活动过程的特点。从上述案例可以看到，谈话活动的过程以"引起谈话话题"为开端，讲述活动的过程则从"感知、理解讲述对象"为开始。谈话活动的结构不同于讲述活动的结构，其活动过程也就会不相同。所以，教师设计活动一定要结合不同类型活动的结构特点来设计。

4. 围绕语言不同领域相互渗透

在语言教育活动中，幼儿学习的主要是语言的信息材料，但也包括那些与语言有关的其他信息材料。如活动中除了有语言，还可能有音乐、美术、动作等不同发展领域的活动因素。阅读绘本故事《七彩下雨天》的案例就融合了语言、绘画、手工、动作表演等不同领域的活动元素，综合地发展幼儿的语言表达能力。作为语言活动的设计，应坚持从语言角度来设计活动，教育活动的要求、内容和形式应从语言角度进行思考，为幼儿提供适宜其语言发展需要的学习机会。至于什么时候要辅之以音乐或美术等其他领域活动因素，则要根据活动内容的要求而定，要依据如何帮助幼儿更好地理解学习内容、主动积极地学习、完成学习任务来定。教师在设计活动时，从语言角度出发，经过其他方式、符号的共同参与，最后仍应回到语言上。既不要简单盲目地把活动搞成语言、音乐、美术等的大拼盘，也不要忘记落实到语言教育的根本点上。

5. 要为活动过程的实施留有余地

教育活动设计的目的，要求教育实践活动按照预定的轨迹和目标进行。但是，我们的教育对象是具有主观能动的人，在教育活动实施过程中需要教师灵活地、富有创造性地处理教学过程中出现的问题。所以，那种将教师如何提问、幼儿如何回答的内容全都设计好的做法是不可取的。

（二）幼儿园语言教育活动的组织原则

幼儿园语言教育活动的组织原则，是指教师在开展语言教育活动时需要遵循的基本准则和基本要求，是使活动具有基本质量和必要效率的保证。①

1. 保证幼儿积极活动

幼儿的发展是通过活动来实现的。要落实这一原则，教师要做到：第一，激发幼儿

---

① 周兢. 幼儿园语言教育活动指导［M］. 北京：人民教育出版社，2009：34.

活动的积极性。如果教师能成功地激发起幼儿活动的积极性,就可以使活动产生良好的效果。如上述案例"小鸡和小鸭"中,教师用神秘又带有激将、挑战的口吻导入,一下子将幼儿的注意集中在"图片上有什么?""图片上到底讲了个什么故事?"上面,激发起幼儿想要表述的欲望。第二,让幼儿积极操作。在组织幼儿语言活动中,教师要为幼儿提供动脑、动口、动手等各种操作手段和条件,使幼儿在操作中习得并巩固语言。

2. 促进幼儿语言发展

要促进幼儿语言发展,必须摒弃以教师为中心的知识灌输,如背一首儿歌,讲个故事,而忽视幼儿语言行为能力的培养。要落实这一原则,教师要做到:第一,了解语言教育领域的目标。学习《指南》,了解各年龄阶段幼儿语言教育的目标要求,把握好语言教育的指向和尺度。第二,明确幼儿语言发展的落脚点。幼儿语言发展的落脚点就在幼儿语言发展本身,所以,无论教师选取什么教育内容,采用何种活动形式类型,都应该紧紧围绕幼儿语言发展这一核心开展活动。

3. 自由与规范相统一

教育的目的之一就是让幼儿的个性得到自由的发展,在自由中去创造。但是幼儿语言教育活动本身是一种通过规范去学习语言规范的过程,要求幼儿在规范的情景中接受规范的语言,练习规范的语言,用规范的语言进行语言交际。所以,要落实这一原则,教师需要注意:第一,为幼儿提供自由说话的机会。不论是哪一类活动,当我们让幼儿获得一种新的语言经验之前,都要提供一定的时间和空间,让幼儿运用已有的语言经验自由地交谈。即使在幼儿获得了新的语言经验之后,也要允许他们在一定范围内自由练习所习得的新的语言经验。第二,养成运用规范语言的习惯。语言教育的目的是使幼儿掌握规范的语言。因此,在给幼儿提供自由说话机会的同时,万万不可脱离规范的要求。幼儿在日常生活中自由交谈的时候,习得的语言经验往往不太规范,任由其发展下去,会使幼儿将来进入正式的语言交际场合或进入正规的学校教育时,出现严重的不适应。因此教师在组织语言活动时,在语言形式、语言内容和语言运用方面应提出规范的要求。例如:要求幼儿使用正确的方位词指出方向,使用正确的量词来表示物体的单位等。即使是幼儿自由交谈,也应要求幼儿使用规范语言,养成规范使用语言的习惯。①

4. 示范与练习相结合

幼儿学习语言,尤其是规范的语言,主要是通过模仿来进行的。因此教师应给予正确的语言示范,这是幼儿模仿的基础。但是,要想使教师示范的语言为幼儿所习得,并且灵活运用,还需要教师给予反复练习的机会。要贯彻这一原则应注意:第一,教师的示范不要限制了幼儿的思维。在语言教育活动中,经常需要通过教师的示范引进新的语言经验,但往往又会由此限制了幼儿的思维和想象,妨碍了幼儿运用已有的语言经验。因此,教师在运用示范这一方法时,应鼓励幼儿在模仿的基础上大胆创新,允许幼儿说出和教师不一样的词句。第二,注意运用隐形示范。即教师以一个参与者的身份与幼儿

---

① 周兢. 幼儿园语言教育活动指导 [M]. 北京:人民教育出版社,2009:37-38.

平等地进行活动，在活动中，教师并不明确要求幼儿观察教师的示范，而是通过主导活动的方向和进程，通过种种暗示来给予示范。第三，提供充分练习的机会。练习是幼儿学习语言的重要方法。通过练习，幼儿可以熟悉和理解语言的有关内容和知识，熟练运用语言技能。所以，在示范之后，教师要提供充分的时间和空间给幼儿反复练习。采用游戏、表演等多种手段，激发幼儿操练的兴趣，让他们在练习中理解、记忆、运用、迁移所习得的语言新经验，领悟语言的特性。

任务三 理解渗透的语言教育

渗透的语言教育活动为幼儿运用语言进行各种学习提供机会，在与人交往中提高语言的运用能力。

一、渗透的语言教育的类型

渗透的语言教育内容通常出现在以下几种情景之中。

（一）日常生活中的语言交往

1. 生活交往性的语言交流

语言是人们交际的一种工具。幼儿只有在大量的语言交际实践中，才能逐渐掌握语言这个交际工具。在日常生活中的语言交往，可以帮助幼儿学习在不同场合运用恰当的语言形式进行表述和交流。例如注意倾听、理解和执行生活常规以及成人的指令性语言；运用礼貌用语与他人交往；向他人表达自己的需要和要求，对他人提出的要求做出恰当的应答；运用恰当的语言解决与同伴之间的冲突；等等。

2. 常规生活环节中的语言活动

教师要充分利用饭前饭后、午睡前后、离园前等生活环节，给幼儿提供自由宽松的环境，鼓励幼儿积极进行语言交流，增加练习听、说、读的基本技能。例如在饭前饭后等生活环节，让幼儿倾听优美的、易理解的或已学过的文学作品，玩一些语言游戏包括猜谜语、接话、传话、组词、拍手游戏等；在排队、洗手、起床等等待环节玩一些语言操作游戏，如排队歌、洗手歌、穿衣歌等，幼儿边做边说可以练习、巩固和扩展已经获得的语言经验；在一些过渡环节，为幼儿提供表述的机会，大胆表达自己的看法；利用离园前、自由活动等时间，让幼儿自由阅读，逐步养成喜欢阅读的好习惯。

（二）区角活动中的语言交往

活动区的设立为幼儿自主选择游戏内容提供了多种可能性，同时也增加了幼儿之间的交往机会。区角的自主游戏活动是幼儿主导的活动，也是其愉快而自主的实践活动。在区角游戏中幼儿可以自由地支配自己，自主选择项目，愉快地和同伴交往、合作。作为思维武器和交际工具的语言，始终伴随着幼儿的活动进程。所以，区角游戏活动为幼儿语言实践提供了最佳途径。

在区角自主游戏中幼儿可以边玩玩具边自言自语来调节自己的行为，思考游戏的过程，进行自娱自乐或自我练习。在自主选择游戏内容、伙伴和材料过程中，通过对话问答、协商等语言方式，陈述自己的观点，听取别人的意见，统一玩法，等等；解决与同伴在游戏内容、材料的选择以及游戏规则的制定过程中出现的冲突，获得许多有意义的语言经验。教师要鼓励幼儿同伴之间的谈话，并利用巡回指导的机会引导幼儿扩展谈话内容。

（三）其他领域活动中的语言交往

在其他领域的活动中，语言也是幼儿学习的重要工具。例如在活动中集中注意倾听教师布置活动任务；学习运用语言指导观察、操作、记录、表达对学习对象的感受和认识；学习运用语言促进相关领域知识的掌握，提高学习效率。

二、渗透的语言教育应注意的问题

（一）为幼儿创设自由、宽松的语言交际环境

在日常生活中，幼儿接触到的词句都是与具体的事物、动作同时出现的，两者同时作用于幼儿的听觉和视觉，这样比较便于建立音和义之间的联系，易于幼儿理解和掌握。日常生活中的语言多是常用的、反复出现的，这样能加深幼儿的印象，使之能够做到正确使用语言。所以，教师要注重为幼儿创设自由、宽松的语言交际环境，支持、鼓励、吸引幼儿与教师、同伴交谈，寓语言教育于一日生活之中，在帮助幼儿建立生活常规的过程中，提高幼儿的语言能力。如有的幼儿吃（chi）和湿（shi）分不清。教师就应利用时机对幼儿进行随机个别的发音训练。进餐时问："你吃的是什么？"洗手时问："毛巾放在水里就怎么样了？"教师与幼儿单独交流时，可以针对幼儿具体情况，给予有的放矢的指导。

（二）将幼儿的语言经验与其兴趣联系起来

兴趣是最好的老师。区角活动为幼儿的兴趣发展提供了多元选择，在幼儿感兴趣的活动中，幼儿会边玩边自言自语。这是幼儿在进行"出声的思考"，最好不要打扰。幼儿的自言自语，也是通过反馈达到自我练习语言的目的。在实际生活中，幼儿在表达自己感兴趣的活动或分享感兴趣的经验时，语言往往特别丰富。

另外，注意丰富幼儿的生活，充分利用幼儿感兴趣的周围景物，激发幼儿想说的欲望。注意家庭与幼儿园配合，建议家长经常带着幼儿走进大自然的怀抱，或去书店、游

乐场、动物园等适合幼儿游玩的社会环境中，充分利用幼儿天生的好奇心，鼓励他们去摸、去看、去闻、去听、去说，让他们亲身体验、感受这丰富多彩、变化无穷的世界。在玩的过程中教幼儿认识事物，鼓励幼儿勇于交谈，如和小草说，和蓝天说，和小动物说，和植物说，和别的小朋友说，和售货员或管理员说……说幼儿眼里发现的每一个新奇的东西和感受。

（三）整合各领域教育资源发展语言

语言教育主要是为了培养幼儿听、说、读、写的能力。幼儿在各个领域的学习都不能缺少这四部分，语言能力的发展就存在于每个领域的学习中。所以语言本身就是幼儿学习的工具，它渗透在各个领域的学习中。一个真正有意义的整合课程要达成语言教育目标是没有问题的，就看教师是否掌握幼儿各个阶段语言发展的核心经验。

导入案例分析

秦老师仅仅根据图书色彩和印刷质量来购买幼儿读物，而且还依据厚薄分到各个班的做法，显然是不妥的。

购买幼儿读物时，色彩、印刷质量固然重要，但是更要看图书内容所蕴含的教育价值。首先，要看读物内容是否符合幼儿语言教育的目标，幼儿是否喜欢读，是否容易激起幼儿说的欲望，内容是否有利于幼儿语言理解能力与表达能力的发展。其次，要看读物是否符合幼儿的心理特点，是否给幼儿带来丰富的想象。为各年龄班配置图书，更要了解幼儿语言的发展特点，依据小、中、大班幼儿语言的不同特点与需要，选择、配置合适的读物，利于幼儿积累有价值的语言经验。例如小班幼儿处于非语言交际向口语交际转换阶段，幼儿需要学习最基本的听说转换，它包含了对词语的理解和应用、构成词句、表达意思三方面的内容。所以为小班幼儿选择图书应注意：①主题与其生活息息相关，这样才能引起幼儿的喜好和共鸣，利于他们对词语的理解和应用。②故事情节简单而重复，利于幼儿记忆、模仿和背诵。③能吸引幼儿注意力和激发幼儿想象，如插图引人入胜、故事逗趣幽默的图画书，幻想类的图画书等，都是小班幼儿喜欢的读物。随着动作、表达、认知能力的增长，3岁左右的孩子已能展现更多的利他行为，因此，可以适当增加一些社会情绪类图书，如同情、怕黑等表达幼儿情绪的绘本。

总之，为幼儿购置图书是一门不小的学问。

学习反馈

姓名：　　　　　　班级：

阅读整理专门的语言教育内容和渗透的语言教育内容的活动类型，并画出思维导图

任务内容	任务描述	你的收获

小组评价：

教师点评：

单元小结

本单元结合案例论述分析了幼儿园语言教育的目标和内容。项目一论述了幼儿园语言教育目标的三个依据：社会对人才培养的要求，幼儿身心发展的规律，语言的学科性质及幼儿语言学习的特点；分析了幼儿园语言教育的目标结构，并结合目标结构，就幼儿园语言教育的总目标、年龄阶段目标和活动目标三个层次，对我国幼儿园的语言教育目标进行了分析。项目二分析了幼儿园语言教育的途径、不同活动内容的价值、具体内容以及实施原则。这个单元的相关理论是幼儿园语言教育各类活动的重要依据。

思考与练习

（1）结合幼儿年龄阶段目标，尝试用自己的语言表述对谈话活动、讲述活动、听说游戏活动、文学活动、早期阅读活动五个不同活动类型的目标内容的理解，并且说出三个年龄段的相同之处和不同之处。五人一组，各负责一项。

（2）分组讨论：幼儿园专门的谈话活动与日常谈话有什么区别？可以从谈话的时间、话题的来源和特点来谈。

幼儿园语言教育活动指导

单元三
幼儿园语言教育中的谈话活动

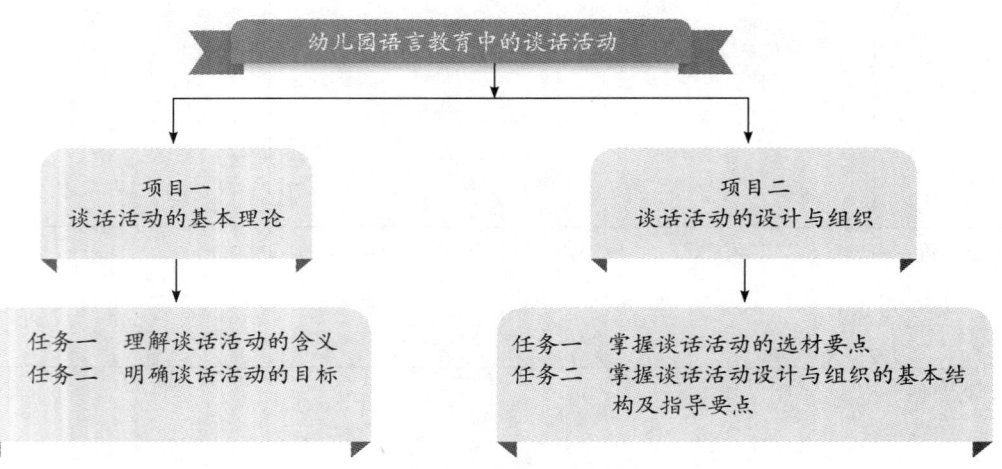

图3-1 单元三思维导图

学习目标

理解谈话活动的概念、特点。

掌握谈话活动的语言目标与内容。

掌握谈话活动设计与组织的基本结构与实施过程。

了解幼儿园谈话活动的各种教学方法和手段。

学习重点

幼儿园谈话活动的基本结构及教师的指导方法。

学习建议

借助案例进行分析、归纳、总结，掌握幼儿园谈话活动的基本特点和类型，对幼儿园谈话活动设计与组织的基本结构以及具体的教学形式和方法有深入了解。

单元三　幼儿园语言教育中的谈话活动

项目一　谈话活动的基本理论

导入案例

为了帮助幼儿用简短的语言说出早餐的种类、味道及自己进餐后的感受，小班的李老师根据幼儿的特点，组织了一次谈话活动"好吃的早餐"。

活动前，李老师准备了面包、油条、麻团、豆浆等食品，还有若干小块点心，并用牙签插好。

活动过程中，李老师首先在放有食物的桌旁坐下，拿起面包、油条和豆浆，向幼儿展示。同时提问：你们看老师在干什么？桌上这些东西是什么时候吃的？如幼儿回答不出，李老师给予提示：是早上、中午还是晚上？当幼儿回答对了，李老师告诉幼儿：早上吃东西又叫吃早餐，让幼儿掌握"早餐"这一词汇。

接着由幼儿自由谈论"早餐"。李老师引导幼儿讲述自己的生活经验。比如：今天早餐你吃的是什么？你还吃过哪些早餐？吃了早餐以后感觉怎么样？让幼儿自由结伴交谈。

然后幼儿集体谈论"早餐"。在幼儿自由交谈的基础上，全班幼儿集中谈论"早餐"。李老师请几名幼儿向大家介绍早餐，要求幼儿说出自己吃过哪些早餐，感受如何。李老师用提问的方式拓展话题：你们最喜欢吃什么早餐？为什么喜欢吃这些东西？鼓励他们说出与别人不一样的早餐及其感受，丰富幼儿的词汇。李老师继续拓展话题，引导幼儿谈论：人们为什么需要吃早餐？李老师小结，使幼儿知道早餐是多种多样的，吃了以后感受也是不一样的，体会到早餐对小朋友身体发育的重要性。

最后请幼儿品尝早餐。李老师将事先准备好的点心分给幼儿品尝，幼儿在情绪高涨的情况下结束活动。

> **初步探究**
>
> （1）这是一个谈话活动，按照你的理解，谈话活动是不是就等同于我们平时的聊天？
>
> （2）结合李老师的教学过程，请思考谈话活动是什么？它有什么特点？

导　读

幼儿园谈话活动不同于我们平时的聊天，是幼儿园语言教育中必不可少的一种教学类型，有着它自身的特点和语言目标。

幼儿园语言教育活动指导

任务分解

我们可以将论题分解为以下三个方面。
（1）什么是幼儿园的谈话活动？它有什么特点？
（2）教师需要达成哪些目标，才算是有效的谈话活动？
（3）各年龄阶段幼儿的谈话活动目标是什么？
对这三方面问题的回答，将使我们对儿童语言的获得有一个较为清晰的认识。

任务一　理解谈话活动的含义

一、谈话活动的概念

幼儿园的谈话活动，是一种有目的、有计划地组织幼儿学习语言的教育活动。这种活动旨在创造一个语言环境，帮助幼儿学习倾听别人，围绕一定话题进行谈话，学会与他人交流的方式、规则，培养与人交往的能力。谈话活动在引导幼儿交流感受与经验、分享成功与快乐的同时，关注幼儿有更多倾听与表达的机会，因而备受教师的重视。由此可见，幼儿园的谈话活动带有明确的语言教育目标，有别于我们平时普通的说话或者聊天。

二、谈话活动的特点

谈话活动是幼儿园语言教育不可缺少的一种类型，其产生的作用是其他语言教育活动无法替代的。但在现实教学工作中，由于教师对谈话活动的认识失之偏颇，常使谈话活动陷入"冷场"和教师"唱独角戏"的尴尬境地。失败的谈话活动究其原因主要在于对谈话活动的特点理解不深，无法组织一个令幼儿敢说、可说、愿说、会说的谈话活动。那么，谈话活动与幼儿园其他语言教育活动相比，都有哪些特点呢？

（一）拥有一个有趣的中心话题和较丰富的谈话素材

教师应主导交谈方向，使交谈围绕话题并带有讨论的性质。

首先，幼儿谈话活动的话题应该是幼儿特别熟悉的，与他们的生活息息相关的，如"我喜欢的动物、玩具、图书、衣服、植物……"，或者"我周围的人如父母、同伴、老师……"，又或者"我参加的活动，春游、参观、访问、玩游戏……"。这些话题因为是幼儿所熟悉的，所以幼儿才有话可说，有话想说。

其次，话题要有趣味，能够激发幼儿的谈话意愿。幼儿对于自己感兴趣的事情，更

乐意去交谈去探索。

丰富的生活内容与经验是幼儿语言表达的源泉与基础，只有具备了丰富的生活经验与体验，幼儿才会有话可说。谈话素材应取自于幼儿的生活经历，幼儿生活中的一切，无论是花草树木、飞鸟游鱼，还是家人同伴、玩具图书，只要他们感兴趣，都可以成为幼儿谈话活动的素材，进而生成谈话的话题。

（二）注重谈话的多方信息交流

幼儿园的谈话活动突出强调幼儿运用对话语言与他人交流，它给幼儿提供的语言学习运用机会，是其他活动所不能具备的。从语言信息量来看，当幼儿围绕中心话题交谈个人见解时，他们的思路是相对开阔的，而不同的生活经验、语言经验使他们的表达各自有别，因此语言内容、语言形式比较丰富。从交流对象与交流方式来看，教师可以通过师生交流、小组交流等形式，借助幼儿与教师、教师与幼儿、幼儿与幼儿交谈的三种基本模式，为每个幼儿提供尽可能多的语言交流与学习的机会。

（三）谈话的语境和氛围宽松自由

在谈话活动中，幼儿可以围绕自己感兴趣的中心话题，自由表达个人见解。良好的师生关系和亲密的同伴关系，是促进幼儿沟通交流的前提，民主、宽松、愉快的谈话氛围，是谈话活动有效的保证。谈话活动的宽松气氛，主要体现在两个方面：一是不要求幼儿统一认识。允许幼儿根据个人的感受发表见解，针对谈话的主题说自己想说的话，说自己独特的经验。二是不特别强调规范化的语言。谈话活动鼓励幼儿愿意交谈，积极说话，善于表达个人的想法，但不要求他们一定使用准确无误的句式和连贯完整的语段。谈话活动的主要目的在于给幼儿提供说话的机会，让幼儿在语言交流过程中操练自己的语言，并通过互相的影响提高对语言的敏感程度，从而发展自己的语言。

（四）谈话活动中教师起间接的引导作用

教师是幼儿园谈话活动的设计与组织者，但是在谈话活动中，教师的指导作用应以间接引导的方式出现，以参与者的身份参与谈话，给幼儿以平等的感觉，这也是创造谈话活动宽松气氛的一个重要构成因素。比如可以打破原有的幼儿两排坐或半圆形面向教师的座位安排方式，采用教师和幼儿在干净的地上坐成一圈的方式来开展谈话，这样可以更好地体现教师平等参与的特点，也有利于教师对接下来的谈话进行有效掌控和指导。但教师在谈话活动中以参与者的身份出现，并不意味着这场谈话会成为毫无目的的交流。教师在设计与组织谈话时，仍需按照预定的目标，紧扣谈话的主题，有效影响谈话活动的进程。

谈话活动中，教师的间接引导往往通过两种主要方式来进行：一是用提问的方式引出话题或转移话题，引导幼儿的谈话思路，把握谈话活动的进程。二是用平行谈话的方式对幼儿做隐性示范。教师在谈话活动中的指导方法不同于其他语言教育活动，这也是谈话活动的独特之处。

案例：谈话活动"奇特的汽车"（大班）

活动目标：

1. 学会耐心地倾听别人谈论汽车，并能较清楚地说出自己对汽车的认识和感受。

2. 喜欢与他人交谈，体验创作并与同伴分享、交流自己对"奇特的汽车"的看法。

3. 学习运用"假如……就……"的句型，谈论自己设计的"奇特的汽车"及其特殊性。

活动过程：

1. 谈论汽车。

教师将幼儿带至"汽车博览会"一角，让幼儿玩玩、看看各种汽车，讨论下列问题：

你喜欢汽车吗？你还认识哪些汽车？

你最喜欢哪种汽车？为什么？

2. 谈论奇特的汽车。

教师先向幼儿提出新的谈话条件，让幼儿扩展想象，并用语言来表达。

提问：

假如你是一名设计师，你想设计一辆怎样的新式汽车？

3. 创作"奇特的汽车"。

教师要求每一名幼儿设计一辆奇特的汽车并画下来。在幼儿创作的过程中，教师巡回观察并给予适当的指导，使幼儿的设计更富有特色。

4. 再谈"奇特的汽车"。

请幼儿与同伴交流自己设计的汽车。在幼儿谈话之前，教师要提醒幼儿运用"假如……就……"的句型，学习将自己设计的汽车讲给同伴听。

5. 展览"奇特的汽车"。

将幼儿的作品贴在墙上，举办"奇特的汽车"展览，供幼儿在活动后有更多的时间相互学习，相互交流，从而增加学习的机会。

〔资料来源：李红. 大班语言活动：奇特的汽车 [J]. 新课程·小学，2014（12）：234.〕

案例分析

汽车与幼儿的生活经验息息相关，而"奇特"这个字眼增强了话题的趣味性，"奇特的汽车"这个话题能让幼儿有所言，又不枯燥。

在整个教学过程中，谈话氛围轻松，幼儿与幼儿之间、教师与幼儿之间有充分的互动，开展方式也丰富多样，幼儿谈话的积极性提高，谈话效果好。

值得一提的是，在幼儿已有经验的基础上，教师运用提问、提示的方法拓展话题，将话题引向"奇特的汽车"。刚开始谈话时，教师组织幼儿讨论，鼓励引导幼儿从各个不同的方面去谈。比如，幼儿有的谈汽车的外形，有的谈汽车的性能，有的谈汽车的用途。这使得幼儿的谈话更随意，更有自己的特色。同时要求幼儿运用"假如……就……"的句型进行谈话活动。

在幼儿谈话时，教师可采用平行谈话的方式参与谈话，并通过自己的谈话启发幼儿的思路。如教师可以说:"假如我是设计师,我就设计一辆水陆两用汽车,即使汽车不小心掉在水里,汽车也不会沉没,没有桥,汽车也能开到河对岸,这样的汽车既安全,用途又多。"

幼儿谈话时,教师可针对幼儿谈话中出现的问题做适当的修补和完善。鼓励幼儿大胆创新,对于思维积极活跃、富于想象的幼儿要及时给予肯定和表扬,以开阔幼儿的思路、活跃课堂气氛。

任务二 明确谈话活动的目标

一、谈话活动的语言教育目标

谈话活动着重培养幼儿运用口头语言与他人交往的意识、情感和能力。在谈话活动中,谈话活动的目标规定了幼儿谈话活动的方向。通过实施幼儿园谈话活动,教师要实现以下目标。

(一) 帮助幼儿学习倾听他人的谈话,及时捕捉有效语言信息

在交谈中,倾听是必不可少的。只有懂得倾听、乐于倾听、善于倾听他人的谈话,才能真正理解谈话活动的内容和方式,掌握与人进行语言交流的技巧。

通过有目的、有计划、有组织的谈话活动,教师可以逐步帮助幼儿建立三种倾听技能。一是有意识倾听能力。在谈话活动中,要求幼儿建立主动倾听他人谈话的愿望、态度和习惯,当别人说话时要集中注意力耐心去听,通过主动积极地倾听,去感知、接受别人谈话的信息。二是辨析性倾听能力。要求幼儿从倾听中分辨出不同的言语声音,包括说话人声音的特点、声音所表现的情绪等。三是理解性倾听能力。通过谈话活动时的倾听,提高幼儿理解谈话内容的水平。幼儿能在倾听时迅速了解别人所说的主要内容,把握一段话的关键信息,连接上下文的意思,从而获得谈话的中心内容,以便做出反应,交流自己的见解。

(二) 帮助幼儿学习围绕一定的谈话主题,充分表达个人见解

儿童语言发展的相应研究成果表明,幼儿在3岁后已经习得了基本的语音、句型和词汇,并且继续以很快的速度发展他们的语言。具备这些语言条件已经使幼儿能够用语言进行交流,也能够逐步学习"谈话"了。

谈话的有效进行最重要的就是要围绕中心话题谈话,避免"跑题现象"。帮助幼儿学习谈话,实际上是指导幼儿在社会交往过程中,按照约定俗成的方式进行交流。在日常生活中,谈话往往要有一个中心话题,参与谈话的任何一方,都应围绕中心话题交流个人想法,这是谈话最基本的思路与方法。幼儿在3岁以后,自我中心的语言逐步减少,

社会性语言逐步增加,但是仍需要通过学习发展幼儿的社会性语言。谈话可以给予幼儿充分的机会,让他们从对方或者公共话题出发来考虑问题,表达个人见解。比如在谈论"我最爱吃的水果"时,幼儿就需要在倾听他人谈话的基础上,围绕话题思考自己的想法,然后说出适合于这一特定场合的话来。因此,在组织幼儿进行谈话活动时,有必要提供机会,帮助幼儿学习如何围绕中心话题,选择并组织适宜的语言内容与表达方式来进行表达。

(三) 帮助幼儿掌握基本的运用语言进行交谈的规则, 提高语言交往水平

在幼儿学习谈话时,除了掌握倾听和围绕话题交谈等一些直接与谈话有关的能力外,还要求幼儿习得人际语言交往的基本规则,这些基本规则可以保证幼儿正确地运用语言与人交流,"谈话"水平不断得到提高。违背这些基本规则,有可能对幼儿的人际交往产生不利影响,干扰谈话的正常进行。概括起来,在组织谈话活动时,应为幼儿创造学习以下谈话规则的机会。

1. 用适合角色身份的语言进行交谈

在谈话中,每个人都有一定的角色身份。比如,幼儿在与教师谈话、与父母谈话、与同伴谈话时,或是参与个别、小组、集体等交谈时,同一个幼儿在不同的谈话情境中有不同的角色身份,因此要用不同的方式来交流。这些不同的交流方式,包括使用不同的语音、语调,不同的音量,不同的组词造句方法来表达自己的见解。尽管这些内容,对于幼儿学习显得过于复杂,但却是培养幼儿语言交际能力的首要任务。

2. 用轮流的方式进行交谈

在谈话过程中,另一个需要遵守的基本规则是:谈话的参与者应耐心听别人把话说完后再发表个人意见。如果是两人交谈,需要轮流说话;若是多人交谈,便要求按潜在顺序逐个说话。很多幼儿刚学习谈话时,会抢着讲、乱插嘴或光听不说。因此,教师在组织谈话活动时应有意识地培养幼儿轮流交谈的好习惯。

3. 用修补的方式延续谈话

谈话不是在瞬间就结束的交流方式,参与者需要就交流内容,进行一定时间长度的交谈。在这样的谈话过程中,有可能出现谈话内容中断的现象,交谈的参与者应具有修补、延续谈话的意识与能力。培养幼儿的这种意识和能力,可以通过教师的示范、提问或引导,使幼儿学习延续谈话的修补方法。

案例:谈话活动"动画片里的人物"(大班)

活动目标:

1. 能注意倾听别人谈话,并能把握谈话的主要信息,乐意与别人交谈观看动画片后的感想。

2. 在谈话过程中进一步理解动画片中的人物,学习归纳一类人物的形象。

3. 有一定文学欣赏能力及语言表达能力。

活动准备：

1. 教师平日注意了解幼儿观看动画片的情况，鼓励幼儿多看动画片。

2. 教师应对近期电影、电视中放映的动画片有一定的了解，以便指导幼儿更好地分析人物形象。

活动过程：

1. 教师以提问的方式，引导幼儿谈谈是否喜欢动画片，激发幼儿谈论动画片的兴趣。

提问：

你喜欢看动画片吗？

你们都看过哪些动画片？

2. 教师为幼儿创设相互交流的机会，让每个幼儿都有机会谈自己对动画片的观感。

提问：

这么多有趣的动画片，都讲的是什么样的故事？（提醒幼儿说话轻一些，注意倾听同伴谈话）

3. 教师组织幼儿集体谈论动画片，分析归纳出不同的人物形象。教师通过一步步地提问，引导幼儿进行分析、讨论。

提问：

在你们看过的动画片中，哪部片子中的哪些人是善良、聪明的？为什么这么说？（这个问题可引导幼儿有目的地思考，谈论自己所看过的动画片的人物形象）

哪些人是勇敢的呢？为什么这样说？

哪些人是很凶残、狡猾的？为什么？

哪些人比较糊涂？为什么？

教师根据幼儿谈话兴趣的高低决定讨论分析人物时间的长短。最后提议幼儿课后休息时延续这一活动。

（资料来源：https://wenku.baidu.com/view/e47367186edb6f1aff001f4e.html.）

案例分析

谈话活动的三大语言目标：倾听、表达、规则的运用。在这个案例中，这三大目标都能很好地达成。

谈话成功的前提首先是倾听对方，包括倾听教师与同伴。在倾听的基础上，结合自己的思考，表达出自己的观点，特别是在对人物善恶进行评价的时候，每个人都可以持有自己的观点。这样不仅幼儿的语言能力得到了发展，而且他们的人际交往与是非判断能力也得到了提升。

如案例中，教师提这样的问题："你喜欢看动画片吗？""你们都看过哪些动画片？"这些问题涉及幼儿已有的经验，他们回答的积极性很高。这时，教师可让幼儿畅所欲言，尽量让每个幼儿都有机会说出自己所看过的动画片的名字，如《忍者神龟》《侦探加杰特》《超级马力》《猫和老鼠》等。

二、谈话活动的年龄阶段目标

（一）言语交往方面的目标

小班：①喜欢与教师、小朋友交谈；②知道别人说话时不随便插嘴，不抢着说话；③能围绕一定的话题用简短的语言表达自己的请求和愿望。

中班：①能积极、愉快地与别人交谈，不随便打断别人的话；②学习各种交往词语的内容和用途；③学习用不同的说话方式与不同的人交谈；④能积极地学习他人的讲述经验，能用轮换的方式与别人交谈。

大班：①能就某个话题主动地与别人交谈，并能较完整地表达自己的看法和见解；②熟悉各种交往词语的内容、类别、用途；③会在不同场合用不同的音高、音量、语句恰当地表达自己的情感，与同伴分享感受；④能在交谈中对自己的看法进行补充或修改，对他人的意见表示赞同或提出疑问和批评。

（二）倾听方面的目标

可以分为两个层次：一是一般的倾听能力，这是倾听的习惯和态度；二是分析性的倾听能力。

小班：能安静地倾听别人说话，并能做出积极、简短的回答。

中班：能认真地倾听别人说话，能针对对方的话表述自己的看法和主张。

大班：能较耐心地倾听别人说话，能在倾听中把握谈话的关键信息，并针对谈话主题和同伴的发言提出自己的见解或批评性意见。

（三）其他方面的目标

品德方面：如"知道有玩具应大家一起分享"等。

常规方面：如"知道物品应放在固定的地方，保持活动室的整洁"等。

环境教育方面：如"在活动中让幼儿树立起不随地乱扔东西的意识，并能在与家人外出时将这种意识转化为行动"等。

思维方面：主要运用于讨论活动中。

导入案例分析

在李老师的"好吃的早餐"案例中，我们意识到，这并非随意的聊天，而是一个精心组织的谈话活动。

第一，"好吃的早餐"这个话题可以唤起孩子们的生活经验，有趣并可以让幼儿有内容可谈。

第二，在整个谈话过程中，教师精心组织提问，层层递进，充分互动。

李老师从一开始向幼儿展示早餐并提问。接着幼儿自由谈论"早餐",李老师引导幼儿谈自己的生活经验。然后幼儿集体谈论"早餐",在幼儿自由交谈的基础上,全班幼儿集中谈论"早餐",李老师用提问的方式拓展话题。最后李老师小结,引导幼儿体会到早餐对小朋友身体发育的重要性。

第三,纵观整个活动过程,教师与幼儿间的互动氛围融洽,教师并不是答案的灌输者,幼儿谈话的欲望得到了激发,构建了新的经验,在这中间,教师起到了积极的间接引导作用。

较之谈话活动,随意的聊天并不能起到促进幼儿语言发展的作用。我们要充分发挥教师的能动性,明确谈话活动的意义与特点所在,更要掌握设计与组织谈话活动的技巧。

学习反馈

姓名: 班级:

幼儿谈话活动的特点、目标包括哪些?请概括其主要方面

任务内容	任务描述	你的收获

小组评价:

教师点评:

幼儿园语言教育活动指导

项目二　谈话活动的设计与组织

> **导入案例**

大班谈话活动"多彩的服装"（活动记录）。

活动目标：

（1）学习在教师的层层提问下，仔细观察、思考、交流自己对服装的认识。

（2）注意倾听同伴的谈话，并能在别人谈话后进行补充。

（3）提高观察思考能力，勇于表达观点的能力。

活动准备：

活动前要求幼儿穿上最漂亮的衣服。

活动过程：

（1）张老师用赞赏的语气称赞幼儿所穿的服装，激发幼儿对服装的谈论愿望。

（2）幼儿自由地寻找朋友交谈服装。

张老师注意观察指导，鼓励那些性格内向的幼儿多与他人谈论服装，提醒自我意识过强的幼儿注意倾听他人的谈话，并注意引导幼儿围绕服装的话题来谈，以免跑题。

（3）幼儿集体谈论服装，张老师通过一层层的提问，帮助幼儿一步步地观察、思考，进一步认识自己及同伴们的服装。

①请每位幼儿站起来，在同学面前说说自己衣服的名称。如牛仔服、毛衣套装、夹克衫、毛线裙、运动服等。

②张老师把各类服装集中起来，让幼儿仔细观察，比较其式样、色彩。

③拓宽幼儿谈话内容，让幼儿谈论日常的生活服装。

提问：我们一年四季穿的服装是不是一样的？为什么不一样？

请幼儿从气候变化与服装的关系上来谈。接着张老师可以让幼儿谈谈哪两个季节的服装差不多？夏季服装有什么特点，有哪些种类？冬季服装有什么特点，有哪些种类？

④你们知道还有哪些特殊功用的服装吗？

张老师可以提一些具体的小问题，帮助幼儿打开思路。如：

下雨天我们穿什么样的服装？这种服装有什么特点？（作雨衣，可防潮等）

最后，教师总结谈话内容，并让幼儿今后多留心，观察不同类型的服装。

活动延伸：

（1）让幼儿自己来设计服装。

可以采用绘画、剪贴、拼画等多种形式进行。

（2）请幼儿谈谈自己设计的服装。

{资料来源：彭琦凡．大班主题活动：多彩的服装［J］．福建教育：学前教育，2010（6）：37-43．}

单元三　幼儿园语言教育中的谈话活动

初步探究

（1）案例中，张老师为什么要把服装选为谈话活动的内容？

（2）如何根据谈话活动特点设计和组织谈话活动？针对张老师的教学设计，在组织教学过程中，你觉得可以如何修改使之更为完善？可以从颜色、式样、功能几方面谈。

导　读

基于项目一关于幼儿园谈话活动基本理论的学习，本项目将通过相关案例，引领大家学习如何选择谈话活动的内容，如何组织谈话活动，并理解在谈话始末，我们作为教师，该注意什么。本次学习的目标是帮助大家提高教学实践能力，组织一次结构完整的、有效的谈话活动。

任务分解

我们可以将论题分解为以下三个方面。

（1）在选择谈话内容时，要注意哪些要点？

（2）完整的谈话活动的基本结构是怎么样的？步骤分为哪几步？

（3）谈话活动的组织方法有哪些？教师指导活动时需要注意什么？

以上三个问题，将帮助我们对如何设计与组织有效的幼儿园谈话活动有一个较为清晰的认识。

任务一　掌握谈话活动的选材要点

谈话活动的话题很多、很丰富，谈话的语境相对也比较自由，但这并不意味着谈话活动的内容可以随意选择。相反地，教师在选择、安排谈话活动的内容时一定要注意以下几点。

一、选择和安排内容要有目的性和计划性

目的性体现在：教师要根据谈话活动的目标选择相应的教育内容，以使具体目标与谈话活动内容正确地结合起来，真正做到目标决定内容、内容体现目标。

计划性体现在：一是每月初制订月计划时就要将谈话活动的内容和话题准备好；二是将谈话活动的三种类型（幼儿与教师、教师与幼儿、幼儿与幼儿交谈的三种基本模式）在每月中加以合理安排。

二、取材的内容和范围应广泛，有教育意义

谈话活动的内容可以从广泛的范围内选取，教师既可以从幼儿园语言教育的相关教材上选择内容，也可以广泛涉猎家庭和幼儿园的日常生活、社会生活、孩子的各种情感体验、成人的劳动等，还可以寻找孩子在幼儿园集体生活中偶尔发生的一些极具教育意义的小事，并抓住这些难得的机遇进行随机的谈话教育。

三、谈话活动的内容和范围符合幼儿的言语和知识经验

谈话活动的内容应选择那些幼儿熟悉的、喜闻乐见的生活片段，而且这些内容对幼儿来讲要有一定的刺激性和新鲜感。对于幼儿了解较少的话题，教师应先通过多种方法，帮助幼儿丰富这方面的认识，在此基础上再进行谈话活动。

案例："春游真快乐"（小班）

活动目标：

1. 能用简短句表达自己喜欢玩的东西。学说短句："我喜欢玩……因为……"
2. 积极参与谈话活动，在活动中能踊跃发言。
3. 能仔细倾听教师和同伴讲话。

活动过程：

1. 创设谈话情境，引出谈话话题。

提问：

你们去春游，感觉怎么样？

2. 幼儿运用已有谈话经验，围绕话题自由交谈。

提问：

春游的时候，小朋友在儿童公园玩，那里有许多大型的滑梯、转马，你们最喜欢哪一样？请小朋友把自己最喜欢的东西讲给旁边的小朋友听一听。

3. 引导幼儿拓展谈话范围，学习围绕春游话题逐步增加交流内容。

最后出示木偶，教师告诉幼儿：小木偶也去春游了。他也在那里找到了最喜欢玩的东西。小木偶找到的最喜欢的东西是什么？让我们一起来听听。（教师以木偶的身份引导幼儿学习新的谈话句式"我最喜欢……因为……"）

（资料来源：https://wenku.baidu.com/view/e47367186edb6f1aff001f4e.html.）

案例分析

郊游（春、秋游）作为一个司空见惯的常用话题，之所以被选择：一是因为可以和月计划有效地结合起来，每个学期一般都会安排郊游的内容；二是因为郊游途中的所见所闻，丰富而生动，能很快成为幼儿生活经验的一部分；三是因为郊游途中的所感所想，可以自然成为他们所谈的话题，能很自然地融入情感教育。

在案例中，教师首先用语言引起幼儿对"春游真快乐"这一话题的兴趣和回忆，激

发幼儿积极思考。如教师用愉快的表情、吸引人的口气向幼儿提问:"春游的时候,小朋友在儿童公园玩,那里有许多大型的滑梯、转马,你们最喜欢哪一样?"很能勾起幼儿谈话的愿望。教师引导幼儿逐步拓展谈话范围,直至最后教师以木偶的身份讲话:"我最喜欢看杜鹃花,因为杜鹃花的颜色很漂亮。"请幼儿分析小木偶的话"我最喜欢……因为……",仿照木偶的讲话方式大声讲一讲自己的想法,如:"我最喜欢玩滑梯,因为从滑梯上滑下来很快乐。"这些都充满了谈话的乐趣。可见,谈话活动取材的成功是谈话有效进行的重要前提。

任务二 掌握谈话活动设计与组织的基本结构及指导要点

一、谈话活动的基本结构

谈话活动在设计和组织时有一个基本的结构,有一定的规律。一般而言,谈话活动设计与组织的基本结构与步骤,如图 3-2 所示。

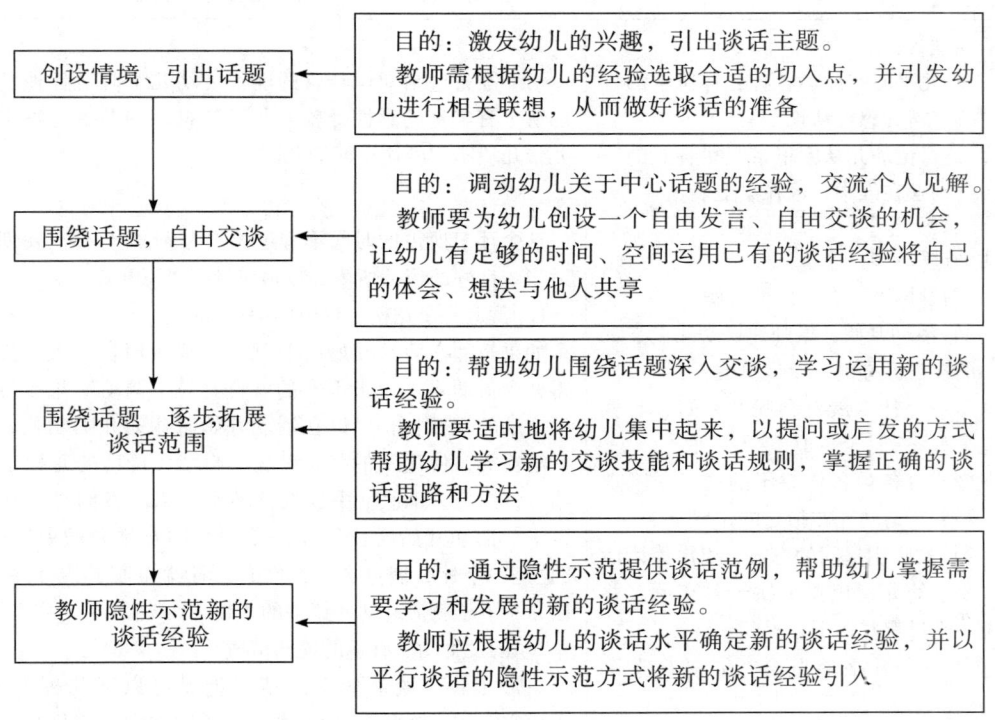

图 3-2 谈话活动设计与组织的基本结构与步骤图

二、谈话活动的设计与组织的指导要点

关于谈话活动设计与组织的方法及指导要点,我们将结合以下的活动案例进行分析说明(见表3-1)。

案例:美味的饼干(中班)

表3-1 谈话活动设计与组织方法及指导要点案例分析说明表

活动案例:美味的饼干①	案例分析说明
活动目标: 1. 围绕教师的提问,按照谈话的结构,学习用较完整、连贯的语言谈论自己有关"饼干"的各种经验。(认知) 2. 学习在谈话中创造性地运用语言进行表达。(能力) 3. 学会耐心地倾听别人的谈话,乐意和同伴交谈"饼干"的话题。(情感)	1. 谈话活动的活动目标,应从认知、能力、情感三方面考虑。 ①认知目标应凸显该谈话活动的语言要求,内容应具体、明确。 ②能力目标的确定应体现谈话活动对幼儿口语表达能力发展的特殊作用。 ③情感目标应涉及幼儿在此次活动中兴趣、态度及价值观等方面的变化。 2. 活动目标建议从幼儿的角度进行表述
活动准备: 1. 幼儿平时有品尝各种各样饼干的机会,有丰富的感性认识。 2. 请每位幼儿从家里带几块各式的饼干,分别摆在碟中,放在桌上展览	活动准备包括知识经验的准备(幼儿平时对各种各样的饼干有丰富的感性经验)与教学材料的准备(每位幼儿带几块不同的饼干回幼儿园)
活动过程: 1. 创设情境,引出谈话主题。 (1)活动开始,教师建议幼儿去参观由小朋友自己办的一个展览会: 这是一个什么展览会呢?你们一看就知道了。 在摆放着各种各样饼干的桌子周围观赏一圈后,请幼儿在指定的位置坐下。 (2)教师用提问的方式,引出谈话话题,要求幼儿说出桌上饼干的名称,并说说还吃过哪些饼干。提问: 这是一个什么展览会?你喜欢吃饼干吗? 你还吃过哪些饼干?	这个环节所需的时间不宜过长,为3~5分钟。要创设适当、良好的谈话情境,教师应做到以下几点。 1. 营造一个宽松、自由的谈话氛围。 如果教师在活动开始时非常严肃或者声音过大,会使得整个活动陷入紧张不安的气氛。为了调动幼儿参与谈话活动的积极性,可以在活动开始时让幼儿唱唱歌、做做游戏等,使周围的气氛轻松、自然,帮助幼儿稳定情绪,将注意力迅速集中到谈话活动上来。案例"美味的饼干"活动开始时让幼儿去参观小朋友举办的展览会:"这是一个什么展览会呢?你们一看就知道了。"自由轻松,一下子就激起幼儿谈话的兴趣。 2. 创设生动、有趣的谈话情境。 一般来说,谈话活动的情境创设有以下几种方式: ①用实物或直观教具创设情境。通过挂图、幻灯片、录音机或各种不同的实物给幼儿提供与话题有关的可视现象,

---

① 资料来源:https://wenku.baidu.com/view/e47367186edb6f1aff001f4e.html.

续上表

活动案例：美味的饼干	案例分析说明
	创设一种语言情境，并让幼儿尽快融入情境中，跟随着教师的提问进行思考（本案例中教师创设谈话情境使用的就是这种方式）。②用语言创设谈话情境。教师通过一些简单的问题来唤起幼儿的记忆，调动他们的经验，帮助幼儿进入谈话的情境，积极地进行思考。③以游戏的形式进行情境创设。运用游戏形式创设的谈话情境，很容易调动幼儿的积极性和兴趣，引起他们对所谈内容的回忆，为下一步骤奠定良好的基础。 3. 在引入话题时，教师可先做一定的谈话思路示范。 如："我吃过的最有趣的饼干是旺仔小馒头，它圆圆的、小小的像个馒头，一吃进嘴里马上就化了，一次能吃许多也不觉得饱。特别是电视里的广告：大人吃大馒头，小人吃小馒头，旺仔小馒头！我觉得特别有趣。"示范的同时，要求幼儿围绕上述两个问题进行谈话。幼儿可以从饼干的形状、原料、吃起来的感觉等方面来说明有趣的所在，教师可在一旁引导和补充幼儿的谈话，使其结构更完整、更连贯
2. 幼儿运用已有的谈话经验，进行自由交谈。 请同座位的小朋友互相介绍自己带来了哪些饼干，还吃过哪些饼干，谈谈有关这些饼干的经验。介绍完后，同伴间可相互品尝各自带来的饼干。 教师间接地了解幼儿吃过哪些饼干，指导幼儿谈论有关这种饼干的经验： 我带来了一块夹心饼干，是巧克力味道的、圆圆的。你们带来了怎样的饼干呢？	在幼儿就谈话话题展开谈话后，教师要为幼儿创设一个围绕话题自由发言、自由交谈的机会，让他们有足够的时间、空间运用已有的谈话经验将自己的体会、想法与他人共享。 1. 给幼儿充分的机会，自由讲述内心的真实感受。 一个谈话活动开展如何，取决于教师对这个过程的把握程度。教师可让幼儿自己选择交流对象，只要幼儿的谈话仍旧围绕话题进行，教师就不需要做示范，不用给幼儿提示，不必纠正幼儿说话时用词造句的错误。交谈的内容和对象应是自由的。 2. 注意自由交谈中的个体差异。 自由交谈虽给幼儿提供了开口说话的好机会，但幼儿的言语能力存在着个体差异，因此，教师在坚持"交谈对象自由选择"的原则时，要事先将言语能力较弱和能力较强的幼儿安排在一起，让能力强的幼儿带动能力弱的幼儿一起练习交往语言。此外，教师还要重点倾听能力较弱幼儿的谈话，提醒其他幼儿在说完自己的感受后要注意倾听这些幼儿的话语，经常给予其鼓励以增强他们的自信心。

续上表

活动案例：美味的饼干	案例分析说明
	3. 把握幼儿谈话的方向。 教师在幼儿相互交谈的过程中，注意参与和指导幼儿的讨论，及时引导幼儿谈话的方向，将谈话的对象主要集中到主题上，鼓励幼儿运用自己已有的经验围绕话题自由交谈。比如在这个案例中，教师示范："我带来了一块夹心饼干，是巧克力味道的，圆圆的。你们带来了怎样的饼干呢？"幼儿此时可仿照教师的范例来谈谈自己喜欢的饼干的类型、味道、颜色及其特点。教师再不断补充幼儿的谈话内容，使他们对饼干的谈论更有条理性。 4. 适当拓展话题，打开幼儿的思路。 拓展话题，能够打开幼儿的思路，激发他们的讨论兴趣，增强交谈的气氛。例如，引导幼儿谈谈在超市里、电视上看到过哪些饼干，最喜欢怎样的饼干，鼓励幼儿讲出为什么喜欢这样的饼干
3. 集体谈论饼干，拓展谈话的范围。 （1）请几名幼儿说说自己吃过哪些饼干。 （2）教师进一步用提问的方式拓展谈话范围： 在这么多种饼干中，你觉得最有趣的饼干是哪种？它什么地方使你觉得有趣？ （3）再次拓展谈话的范围。有趣的饼干容易引起幼儿的遐想，教师便引入另一个谈话话题： 烘焙叔叔手真巧，做了那么多很有趣、很特别的饼干，如果你是一位烘焙叔叔，你想发明什么样的饼干？	在深入的集体谈话中，话题引导应当循序渐进，由浅入深，培养幼儿仔细观察、积极思考的能力。 1. 话题的深入是逐步进行的。 一般而言，话题是沿着这样的顺序推进的：对话题对象的描述和基本态度→为什么会有这种态度→对话题对象的独特感受。 例如，案例中，集体谈话的引导过程是这样子的：请几名幼儿说说自己吃过哪些饼干（对话题对象的描述）→在这么多种饼干中，你觉得最有趣的饼干是哪种？（基本态度）它什么地方使你觉得有趣？（为什么）→如果你是一位烘焙叔叔，你想发明什么样的饼干？（对话题对象的独特感受） 2. 正确地看待谈话技能、态度和规则的学习。 谈话技能、态度的培养和形成需要经过一段时间才能逐渐培养起来。因此，教师在引导幼儿学习新的谈话经验时，不应有急于求成、立竿见影的想法。切忌让幼儿机械地反复练习某一交往技能，或让幼儿把这些交往词语背诵下来。每一次设计谈话活动时，都应该根据语言教育的要求和谈话活动的特点，寻找本次活动目标和新的语言经验点，力图从大的方面帮助幼儿整理谈话思路，掌握一定的谈话规则，获得一些有利于谈话的交往方式

续上表

活动案例：美味的饼干	案例分析说明
4. 大家都来做饼干。教师让幼儿按自己的想象用面粉做出各式饼干，并引导幼儿谈谈自己做的饼干： 我做了一块曲奇饼，香香甜甜的，我最喜欢这块，因为它是小猫图案的。你做了一块怎样的饼干呢？你最喜欢哪一块呢？ 5. 引导幼儿创造性想象，并能把自己的想象用语言表达出来。 教师根据幼儿谈话过程中的具体情况，运用平行谈话方式，隐性示范新的谈话经验：我想发明一种连环画饼干，看一页就吃一块饼干，看完了，饼干也就吃完了。这样既能品尝饼干又能学到不少知识。你想发明怎样的饼干？	教师在此阶段向幼儿展示新谈话经验，不是用示范、指示的方法说给幼儿听的，而是通过隐性示范把这种经验逐步传递给幼儿，帮助幼儿掌握新的谈话经验。此外教师要注意观察幼儿在日常的交往中，是否主动运用新经验，并进行及时评议，对做得好的幼儿给予表扬、鼓励，对做得不好的幼儿要给予提醒、帮助，使幼儿能在潜移默化中将学到的经验运用到实践中

三、明确谈话活动组织中的注意事项

（一）创设谈话情境，引出谈话话题——幼儿愿谈

创设谈话情境，引出谈话主题是谈话活动的第一个环节。教师在这个环节中，通过各种策略，创设谈话情境，激发幼儿的兴趣，启发幼儿对与话题有关经验进行联想，打开语言表达的思路，让幼儿愿意参与谈话活动，为谈话做好充分的准备。需要特别提出的是，在设计与组织谈话活动之前，一定要选择一个幼儿熟悉、有一定经验基础、有一定新鲜感、与幼儿日常生活较贴近的话题，并做好前期准备，让幼儿围绕话题自己去调查研究。这样谈话活动才能达到预期的效果。

案例："你喜欢冬天还是夏天"（中班）

活动目标：

1. 能积极参与谈话，并能大胆地说出自己对冬天和夏天的感受。

2. 理解和学习词语：寒冷、炎热。

活动过程：

1. 教师引导幼儿看两个场景：说出它们有什么不同，分析是什么季节。（学习词语：寒冷、炎热）

2. 教师自然地引出谈话的中心话题：你喜欢冬天还是夏天？为什么？

教师请数名幼儿说出自己的看法后，再请每一名幼儿和身边的小朋友说一说自己喜欢哪个季节和为什么喜欢。

3. 请喜欢夏天的小朋友坐在夏天的场景里，喜欢冬天的小朋友坐在冬天的场景里。"冬天组"和"夏天组"的幼儿分别自由地和同伴交谈不喜欢的原因，然后大家再集中谈一谈。

4. 进一步拓展话题，让幼儿自己提出冬天和夏天的缺点（即幼儿不喜欢的原因），然后再让大家进行讨论，谈一谈自己想出来的好办法。如：

夏天太热了，怎么使自己凉快一点？

在幼儿说出解决的办法时，教师可出示相应的图片帮助幼儿加深记忆。

5. 教师小结：冬天和夏天给我们的生活带来乐趣，人们会动脑筋，想许多办法来解决冬天和夏天里遇到的问题，使我们在冬天和夏天都过得很舒服。

（资料来源：https://wenku.baidu.com/view/e47367186edb6f1aff001f4e.html.）

案例分析

季节作为常用的话题，是因为幼儿有一定的生活经验，有共同的关注点。谈论这个话题时，教师可以很容易将周围的事物作为谈话的素材。

案例中，教师提问，引导幼儿看两个场景：说出它们有什么不同，分析是什么季节（冬天和夏天）。再说一说冬天是怎么样的，夏天是怎么样的（学习词语：寒冷、炎热）。最后谈一谈在冬天人们做哪些事，夏天又能做什么事。幼儿对于以上问题的回答完全可以借鉴生活经验。夏天可以吃美味的冰激凌、甜而水的西瓜，可以顶着烈日骄阳和小伙伴们去游泳，体验灼热与凉快对我们的洗礼；冬天可以堆雪人、可以欣赏舞动的雪花、可以去滑冰，期待大地万物的复苏。这些活生生的实物也好，组织游泳、滑冰的游戏也好，都是在创造良好谈话的意境，让幼儿乐意谈。

创设谈话情境，可以采用以下几种方式。

第一种方式是以实物或直观教具创设情境。教师利用活动角布置、墙饰、桌面玩具、实物摆设、图片等向幼儿提供与谈话主题有关的可视形象，激发幼儿谈话的兴趣，开启幼儿的思路。

第二种方式是用语言创设情境，教师通过语言表达，唤起幼儿的记忆，打开幼儿的思维，让幼儿愿意进入谈话。

第三种方式是用游戏或表演的形式创设情境。教师通过一个游戏或一段表演，为谈话内容创设情境，很自然地让幼儿愿意进入谈话。

第四种方式是综合创设谈话情境的方式，教师综合运用以上三种方式，为幼儿创设一个良好的谈话氛围。

教师在设计组织这个环节，必须记住情境是谈话话题的"引入点"，应以达到引导谈话话题的目的为基本标准来衡量情境创设的量和度。具体而言需要注意以下几点。

（1）无论是以实物的方式还是以语言的方式创设谈话情境，都必须以有利于幼儿谈话为前提。一般来说，幼儿熟悉的话题可以不用实物情境，因为他们不需要借助眼前可视的形象来思考和谈话，而难度越大的话题，越需要考虑创设实在具体的谈话情境。

（2）创设的情境要避免与谈话内容无关的摆设，谈话的情境创设应尽可能地简单明白，避免过于热闹以致喧宾夺主。

（3）注意利用谈话情境尽快导入话题，时间分配时不宜占用过多的比例，3～5分钟即可。

（二）幼儿围绕话题自由交谈——幼儿乐谈

当谈话开始之后，教师要给幼儿提供一个围绕话题，充分表达个人见解的机会，创设一个宽松、融洽的谈话环境，放手让幼儿通过幼幼交谈、师幼交谈、幼师交谈、指名反馈等方式进行交谈，让每个幼儿都乐意参与谈话。创设一个多向的交流环境，让幼儿动手、动脑、动口。

但是，当幼儿围绕话题进行自由交谈时，教师不能袖手旁观，让幼儿随便谈话然后自己去做与谈话无关的事情。在这个活动阶段，教师的职责和任务主要表现在三个方面：一是教师必须在场。当教师在场时，即使教师并没说话，幼儿也能够感受到自己说话的价值，这样可以增进幼儿说话的积极性。教师在场意味着活动的正常进行，能够对幼儿产生潜在的影响。二是教师参与谈话。教师可以采取轮番巡视的方式参与各组的谈话，用微笑、点头、拍手等体态语言给幼儿以鼓励，也可以用皱眉、凝视、抚肩等体态暗示那些未能很好进入谈话的幼儿。教师还可以简单发表个人见解，或是对幼儿的谈话给予一定应答，活用自己的语言对各组幼儿的谈话做出反馈，这样能产生一定的积极影响。三是教师要观察记录幼儿谈话的情况，了解他们运用原有谈话经验进行交谈的状态，掌握幼儿谈话水平的差异，为下一阶段活动指导做进一步准备。

如在谈话活动"吹泡泡"中，教师不断地吹出大小不同、颜色各异的泡泡，让幼儿仿佛置身在泡泡的海洋里。他们高兴、雀跃，能很直观生动形象地观察到泡泡的形态。这就为他们有话可说（想说、敢说、会说）做了一个很好的铺垫，提供了一个支持的平台。

教师可以和幼儿们一起蹲下来看泡泡，一起跳起来抓泡泡，一起跑起来追泡泡，让幼儿摆脱座位的限制。不时地在幼儿身边鼓励他们："快，这里有，抓住！""来，我们一起跳起来！""看看谁抓的泡泡多？"等等。这样以同伴式的语言和玩伴的身份，可以拉近和幼儿之间的距离，让幼儿很自然地说出他们想法和他们的发现，给幼儿提供自由交谈的机会。

（三）教师引导幼儿逐步拓展谈话范围——幼儿会谈

幼儿自由交谈结束后，教师有必要对谈话活动进行升华，逐步扩展幼儿的谈话内容。

教师通过层层深入地扩宽加深谈话内容，向幼儿展示新的经验，让幼儿运用新的谈话经验进行谈话，使幼儿的谈话水平得到提高。

同时教师要注意倾听幼儿的谈话，表现出极大的兴趣，可用插话的方式，引导幼儿注意围绕话题用轮流的方式交谈。

案例："压岁钱"（大班）

活动目标：

1. 能用完整的语句较连贯地谈论自己经历过的事及自己的独特愿望。
2. 初步了解中国过年给压岁钱的风俗。
3. 体会长辈对自己的爱，尊重长辈。

活动过程：

1. 引导幼儿谈论压岁钱。

活动开始时，教师出示一个红纸包，让幼儿猜猜里面包着什么。幼儿猜过后，教师打开红纸包，拿出钱，并以提问的方式，引出谈话主题。

2. 幼儿自由交谈压岁钱。

让幼儿自愿结伴，互相谈论压岁钱。教师注意倾听幼儿的谈话，表现出极大的兴趣，可用插话的方式，引导幼儿紧紧围绕谈话主题。

3. 集体谈论压岁钱。

在自由交谈的基础上，教师请几名幼儿向大家介绍自己的压岁钱，要求幼儿说出：谁给过你压岁钱？拿到压岁钱的心理感觉怎么样？

最后教师进行小结，对于会动脑筋、能想出与别人不一样谈话内容的幼儿，给予鼓励，并引导幼儿体会大人对自己的爱，使之感受到生活的幸福。

（资料来源：https://wenku.baidu.com/view/e47367186edb6f1aff001f4e.html.）

案例分析

案例中，教师在帮助幼儿拓展话题这个环节提问：你们拿到压岁钱后干什么用了？教师可以通过自己的谈话，打开幼儿的思路。如可以这样说："我拿到压岁钱，给爸爸、妈妈买……，因为……"在幼儿进行谈话时，教师应提醒其他幼儿注意听别人说话，与别人分享快乐。教师适当帮助幼儿纠正与补充谈话内容，使幼儿更好地达到谈话要求。

教师引导幼儿谈论：明年过年，再拿到压岁钱，你准备怎么用？幼儿可以将自己的打算讲给旁边的小朋友听，也可以讲给教师听。相互交谈后，教师请几位思路有新意的幼儿上来向大家谈谈自己的打算。

最后教师进行小结，使幼儿懂得拿到压岁钱时应向别人表达谢意，还要逐渐学会正确管理和使用压岁钱。

这个过程体现了谈话活动的层层深入。教师通过层层深入地扩宽扩深谈话内容，向幼儿展示新的经验，让幼儿运用新的谈话经验进行谈话，使幼儿的谈话水平得到提高。

在这个环节的设计与组织中，教师应特别注意以下两个方面。

（1）教师每次都要给幼儿新的经验，仔细思考"怎样让幼儿学会谈话"。如良好的谈话习惯，轮流谈，不插嘴，认真听，大胆说，新的问题、新的交流方式等。教师不要误以为"谈话经验"等于一个句式，或几个词语的学习，设计谈话活动时，应从谈话规则、谈话思路上寻找活动目标和新的语言经验点。

（2）应根据每个年龄班幼儿的谈话水平，在幼儿原有谈话经验的基础上进一步扩展他们的经验范畴，对于小、中、大班要有不同的要求，要做到循序渐进。

总之，教师在组织谈话活动环节，应当特别注意思考自己"说什么"和"怎么说"，因为此时教师说话的内容和方式，直接关系到幼儿有关新的谈话经验的学习。在这一阶段谈话过程中，倘若教师准备不够充分，出现信口开河、随便说话或干巴呆板、无话可说的局面，都将直接影响这次谈话活动的教育质量。切记，谈话的层次质量并不在于谈话的句式本身，而在于拓宽与加深交谈者的能力与思想水平。

导入案例分析

在张老师"多彩的服装"谈话活动中，"服装"这个主题贴近幼儿的生活，可以唤起他们的已有经验，让他们有话讲。同时，这一主题不仅可以发展他们的语言组织能力，也能培养幼儿的审美意识。可见张老师选择这个主题是成功的。

让我们再来分析一下具体的组织过程，具体如下。

（1）张老师称赞幼儿所穿服装，激起幼儿对服装的谈论愿望。

（2）接着幼儿自由地寻找其他小朋友交谈服装。

（3）幼儿集体谈论服装，通过张老师递进式的提问，帮助幼儿一步步地观察、思考，进一步认识自己及同伴们的服装。

（4）教师总结本次谈话并做活动延伸。

在整个谈话过程中，张老师精心组织提问，层层递进，使幼儿能充分互动，整个过程是流畅且饱满的。如果需要再进一步调整的话，建议去除"多彩"这个关键词，考虑把民族的元素、国家的特色融入谈话内容。因为这个"多彩"不应该仅仅是视觉上的，也应该是情感层面上的。这样不仅可以引导幼儿欣赏服装的美，更能提高其对生活的审美能力。

幼儿园语言教育活动指导

学习反馈

姓名：　　　　　　班级：

幼儿园谈话活动设计的基本结构与步骤是什么？如何根据具体情况设计谈话活动？请概括其主要内容并简要设计一个谈话活动

任务内容	任务描述	你的收获

小组评价：

教师点评：

单元小结

幼儿园的谈话活动是一种通过有目的、有计划地组织谈话过程使幼儿学习语言的教育活动。为了有效吸引幼儿参与到谈话活动中，提高幼儿学习语言的积极性，真正实现语言教育目标中对听、说能力的要求，教师应关注谈话活动的特点，并依此把握好谈话活动设计与组织的操作要点，学习有效的谈话设计、组织策略，以确保获得预期的效果。

思考与练习

结合不同年龄段幼儿谈话活动的目标，根据幼儿园谈话活动的基本结构，设计一个谈话活动教案，并在小组内模拟试教。

单元四
幼儿园语言教育中的讲述活动

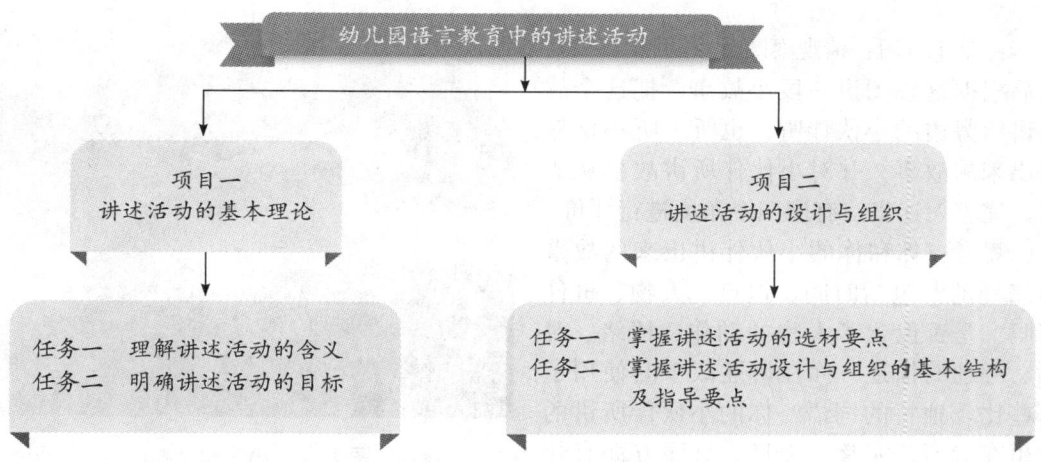

图 4-1 单元四思维导图

学习目标

理解讲述活动的概念、基本特点。
掌握讲述活动的目标与内容。
掌握讲述活动的设计与组织。
能初步开展学前儿童的讲述活动。

学习重点

讲述活动的基本特点、目标、设计与组织。

学习建议

借助案例进行分析、归纳、释疑，理解讲述活动相关理论，掌握讲述活动设计及组织的基本方法。

幼儿园语言教育活动指导

项目一　讲述活动的基本理论

导入案例

课堂小练习：请观察图片（见图4-2），然后根据这幅图讲一段小故事，把这个故事讲给旁边的小伙伴听，也听一听小伙伴讲出来的故事，并对小伙伴所讲故事从清晰、完整、连贯、有序四个角度进行评价。

思考：你和你的小伙伴讲出来的故事是怎样的？包括时间、地点、人物、事件了吗？是否包含了人物的动作、情绪、对话、心理的描述？你在讲述故事时使用了哪些比较独特的词语？你的小伙伴所讲的故事在清晰、完整、连贯、有序方面有什么特点？

图4-2　小鸡和小鸭

分析幼儿园活动案例：接下来我们来看几个小伙伴看到这幅图讲出的故事，分析一下，你觉得哪个小伙伴讲得最好。为什么？

幼儿A：小鸡把小鸭当成自己的好朋友。

幼儿B：小鸡找不到妈妈了，它想它妈妈肯定在不远的地方，于是它想让小鸭陪着自己一起去找妈妈。它边走边喊："妈妈，你在哪儿？"

幼儿C：有一天，小鸡要到河对岸去，但是它不会游泳，刚好小鸭在旁边，它就让小鸭驮着它过河。小鸡对小鸭说："小鸭，我能站在你的背上过河去吗？"小鸭说："好的。"

初步探究

（1）讲述活动是什么？它有什么特点？与谈话活动有什么不同？

（2）怎样才能把一个故事清晰、连贯、完整、有序地讲述出来？在讲述的时候怎样加上一些生动的词语？

（3）怎样组织讲述活动？为了让幼儿讲述得更好、更精彩，我们需要注意什么？

单元四　幼儿园语言教育中的讲述活动

> **导　读**

幼儿园的讲述活动不同于幼儿园的文学活动、谈话活动等，它有着自身的特点和语言目标，并且按照不同的分类方式可以分为不同的类型，是幼儿园语言教育中必不可少的一种类型。

> **任务分解**

我们可以将论题分解为以下三个方面。

（1）什么是幼儿园的讲述活动？幼儿园的讲述活动有什么特点？它与谈话活动、有挂图的故事教学和图书阅读活动有什么不同？

（2）讲述活动有哪些类型？如何按照讲述内容的体裁和讲述凭借物的特点进行分类？

（3）讲述活动的语言目标是什么？

以上问题的学习，将帮助我们对幼儿园的讲述活动有一个较为清晰的认识。

任务一　理解讲述活动的含义

一、讲述活动的概念

幼儿园的讲述活动，是一种有目的、有计划地培养幼儿语言表述能力的语言教育活动，旨在创设一个相对正式的语境，要求幼儿依据一定的凭借物，进行独立构思，使用较规范的独白语言，表达自己对某个事物或事件的看法和认识，进行语言交流。讲述活动要求幼儿把观察到的内容，在一个相对正式的语境中，用连贯的独白语言，完整、清楚、连贯地表述出来，重点要突出，主题要鲜明，注重培养幼儿的语言表述能力。

二、讲述活动的特点

讲述活动不同于谈话活动、有挂图的故事教学和图画书阅读活动，它具有以下几个特点。

（一）拥有一定的凭借物

与谈话活动不同，讲述活动需要一定的凭借物来开展活动。讲述的凭借物是指讲述内容的载体，最常见的有故事性的图片、具体的实物或情景等。

拥有一定的凭借物，首先符合幼儿讲述学习的需要。幼儿的思维以具体形象思维为主，因此讲述的过程中需要凭借物来给幼儿呈现事物或情景，以形成幼儿讲述的内容，

激发幼儿的讲述兴趣。其次幼儿园讲述活动是一种集体参与的活动，凭借物决定了幼儿讲述的内容范围和指向。幼儿在讲述活动中，首先观察图片、实物或情景，然后根据自己的理解，将自己所看到的内容讲述出来。

不同年龄阶段幼儿讲述活动的对象是存在差别的。小班幼儿由于其语言能力和认知能力的局限，主要是进行实物讲述或简单的图片讲述，只要他们能将实物或图片的主要特征描述清楚完整即达到要求；而对于中班、大班的幼儿来说，不但要针对实物、图片、情景进行充分讲述，还要学习在此基础上进行创造性的讲述，即在对象本身原有内容意思的基础上，运用想象力创编出超越其原来内容的故事情节、事件，如人物的心理状态、对话、内在动机等。

（二）具有相对正式的语言情境

与谈话活动中宽松、自由的一问一答、一来一往，谈话对象在谈话过程中不断修正自己的看法不同，讲述活动为幼儿提供的是一种相对正式、规范的语言运用场合。讲述活动要求幼儿能够在小组中发表自己的见解和观点，还要求幼儿能够在集体面前用规范的语言大胆地表达自己的认识。

讲述活动往往需要幼儿事先对要讲述的内容进行初步的组织，比如想好先讲什么后讲什么，要思考清楚怎么讲才能更好地让别人理解自己的叙述或描述。在讲述的过程中往往没有他人（尤其是教师）的提问来不断引导自己的讲述，并且在讲述的过程中不能断断续续、结结巴巴、反反复复。另外，在讲述的过程中，往往使用的是第三人称（讲述自己的经验除外），幼儿需要通过自己的讲述让没有看过、经历过的其他人对自己讲的内容有比较清晰、完整、准确的理解。比如本项目前面呈现的案例中幼儿A就需要成人再问他："小鸡为什么把小鸭当成自己的好朋友？它们在一起做什么呢？"从而帮助幼儿把自己想说的内容说得更完整；而幼儿B和幼儿C的讲述就能够比较连贯地把想象中故事的时间、地点、人物、事件讲得比较完整。

总之，讲述活动要强调语言表达的完整构思，注重表述的规范性、完整性、流畅性，这是讲述活动的一个重要特点。

（三）讲述活动的语言是独白语言

讲述活动要求幼儿使用独白语言，是培养、锻炼幼儿独白语言的特别途径。独白语言是指讲述者在没有他人引导或帮助的情况下讲述某个事件、事物或看法时使用的语言，即需要幼儿独自构思和表达对某项内容的完整认识。独白语言有两个方面的特点：一是在句子的使用上，会使用更长、更书面化、逻辑性更强的句子。比如本项目的导入案例呈现的三名幼儿的讲述中，幼儿C就使用了更长的句子，能够比较完整地把自己的故事描述清楚，把小鸡和小鸭之间互动的因果关系排列得比较清楚。二是在词语的使用上，会使用更多形象、生动、准确的词语。同样，本项目的导入案例所呈现出来的幼儿B和幼儿C，他们会使用"肯定""刚好""驮"等词语，让人听起来更加的直观、形象。

讲述的语言要求比谈话的语言要求更高，并且建立在一般交谈的语言基础之上。

（四）需要调动幼儿的多种能力

在讲述过程中，幼儿需要仔细观察讲述的凭借物，依据对这一凭借物的认识和已有的生活经验，构思组织自己的独白语言进行讲述，而且讲述不同的内容有不同的思维方式，也有不同的逻辑顺序，这对幼儿的观察力、记忆力、想象力、创造力、思维力等认知能力，以及语言表达能力的要求都很高。

案例：看图讲述"小鸡和小鸭"（中班）

活动目标：

1. 理解图片的内容，并能完整、连贯地讲述小鸡和小鸭遇到哪些困难及如何解决的过程，丰富相应字词：拎、灌。
2. 能充分展开合理想象，并大胆表达个人的见解。
3. 能耐心倾听同伴的讲述，并进行简单的评价。

活动准备：

1. 教学挂图5幅（见图4-3）：小鸡和小鸭。

图4-3 小鸡和小鸭教学挂图

2. 幼儿人手一份小鸡、小鸭、小水桶的小图片。

活动过程：

1. 直接导入，激发幼儿的兴趣。

今天，我给大家带来一个有趣而且特别的故事。特别在哪儿呢？它不是由我来讲，而是小朋友一起来讲。怎么来讲这个故事呢？我这里有一些图片来帮助你们，小朋友要认真观察、积极开动脑筋，看看谁的故事讲得很完整而且还很好听。

2. 逐一出示图片，引导幼儿感知理解图片并展开合理想象。

（1）出示第一幅图片，引导幼儿观察理解，并展开充分且合理的想象。

提问：

图片上有谁？它们想要干什么？（出示第一幅图片，丰富字词：拎）

幼儿展开充分想象，教师根据幼儿的想象，自然引出故事发展的下一个情节：小鸡和小鸭它们想过河。

提问：

它们遇到了什么困难？你们帮它们想想办法。（幼儿展开想象，教师引导幼儿思考简单且有效的方法）

（2）出示第二幅图片，在观察理解的基础上，连贯讲述第一、第二幅图片。

提问：

小朋友们都想出了很多办法。聪明的小鸡和小鸭也想到了好办法，我们一起来看看它们的办法是什么。（出示第二幅图片）

我现在想请一个小朋友把第一、第二幅图连起来完整地讲述，变成一个好听的故事。

请个别幼儿上前讲述，要求其大声讲述，并请下面的幼儿认真倾听，讲述后，教师进行简要评价，评价幼儿是否完整讲述。

（3）出示第三幅图片，再次展开充分合理想象。

提问：

小鸡和小鸭高高兴兴地过河，它们边说边走，哎呀，发生了什么事？（出示第三幅图片）

小鸭掉坑里了，它怎么样了？小鸡呢？它是什么表情？

这个坑很深，小鸭怎么也爬不上来。这下可怎么办呀？小朋友快帮它们想想办法！

幼儿展开想象，教师引导幼儿思考合理有效的方法。

（4）出示第四、第五幅图片，引导幼儿在观察理解的基础上，连贯讲述第三、第四、第五幅图片。

提问：

小鸡也想出了好办法，我们一起来看看吧。（出示第四幅图片）

小鸡把小鸭救上来后，小鸡和小鸭怎么样了？（出示第五幅图片）

我现在又要请一个小朋友把这三幅图连起来完整地讲述，再变成一个好听的故事。（请个别幼儿讲述，并请幼儿进行简单评价，教师小结）

3. 幼儿结伴讲述，尝试完整、连贯地讲述五幅图片的故事。

我现在提高难度了，要小朋友把这五幅图全部连起来讲述，现在请小朋友先跟身边的小伙伴说一说，记住：要说得完整，用上我们刚才学的好听的词和句子，把故事讲得更好听。（请个别幼儿进行讲述，并请幼儿进行简单评价，教师小结）

4. 迁移"完整、连贯讲述的"讲述经验。

用幼儿想出的方法替代原有的第二、第四幅图片，并请个别幼儿进行讲述。

提问：

刚才小朋友也想出了很多好办法，现在我们把它也编到故事里面去，成为你们自己的故事，好不好？（出示小图片，改造原有的第二、第四幅图片）

5. 给故事取名字，结束活动。

我们一起来给这个很特别的故事取一个名字，这个名字不仅要好听，而且最好让别人听到这个名字就能猜到这个故事可能讲的是什么。

回去把你们自己编的故事讲给爸爸妈妈听。

（资料来源：http://www.baby611.com/jiaoan/zb/yyan/201405/31129040.html.）

案例分析

（1）"小鸡""小鸭"都是幼儿熟悉的、感兴趣的小动物，活动中幼儿人手一份小鸡、小鸭、小水桶的小图片，凭借具体形象的图画展开讲述活动。幼儿边看图边讲述。首先观察图片，然后根据自己的理解，将自己所看到的内容讲述出来。这不仅要求幼儿充分讲述图片上的情景，还要求运用想象力创造性地进行讲述，创编出超越其原来内容的故事情节、事件，如小鸡和小鸭的心理状态、对话等。这一内容体现了讲述活动"拥有一定的凭借物"的特点。

（2）在引导幼儿观察、理解图片内容后，教师为幼儿提供一个相对正式、规范的场合，让幼儿在集体面前用规范的语言大胆地表达自己的认识。在讲述图片内容时，幼儿将图片联系起来，进行完整讲述。这一内容体现了讲述活动"具有相对正式的语言情境"这一特点。

（3）在活动中，教师引导幼儿理解每一幅图片后，要求幼儿把所有图片连起来，学习运用更长、更书面化、逻辑性更强的句子，使用更多形象、生动、准确的词语进行完整讲述。这一内容体现了"讲述活动的语言是独白语言"这一特点。

（4）在讲述活动中，首先要求幼儿仔细观察图片上的内容，要求有好的观察力；再结合自身生活经验，进行独立构思，运用独白语言进行讲述，这需要有创新思维以及较强的逻辑思维能力；同时认真思考教师提出的问题，倾听别人的讲述。这一过程体现了讲述活动"需要调动儿童的多种能力"这一特点。

三、讲述活动的类型

讲述活动可以培养幼儿的讲述能力，锻炼幼儿运用独白语言的能力，教给幼儿认识事物的方法，发展幼儿的思维和想象能力。

幼儿园中的讲述活动按照讲述的内容体裁和讲述的凭借物特点可以分为不同的类型。

（一）按照讲述的内容体裁分

讲述的内容体裁是指根据讲述的内容在篇章、结构、句型和词语上的特点所形成的门类或形式。根据这些特点，幼儿的讲述活动可以分为叙事性讲述、描述性讲述、说明性讲述和议论性讲述四种。

1. 叙事性讲述

叙事性讲述也称"经验讲述"，就是把人物的经历、行为或事情的发生、发展、变化用口头语言讲述出来。叙事性讲述的内容主要是事件。叙述性讲述的内容要素主要是事件的六大要素：时间、地点、人物、事件的起因、经过、结果，有的还会加上背景介绍、人物特征或心理状态的描述、人物之间的对话等。在叙述的顺序上，幼儿可以采用时间顺序、地点顺序等方式，也可以采用倒叙或插叙的方式来叙述事件。在叙述的语言上，往往采用"从前""有一天"等表示时间的词语开篇。在叙述的过程中，往往采用"然后""后来"等连接词连接讲述的内容；在叙述结束时，会用"终于""最后"等总结词表示结尾或叙述结束。在叙述的语气语调上，往往会用有感情的语气表现叙事内容中人物的情绪、心理状态或对话。

学前阶段一般只要求幼儿简洁、清楚地按顺序讲述事件。一般情况下，教师可以利用幼儿生活中发生和经历过的事件作为幼儿讲述的材料，如春游、玩滑梯等刚刚发生的事件；也可以是已经发生了一段时间的事件，如寒假里的春节趣事、暑假里到各地旅游等。在组织叙事性讲述时，教师为了引起幼儿的回忆，再唤起他们的经验，可以利用图片或照片等辅助材料。

2. 描述性讲述

描述性讲述即用生动形象的语言，把人物的状态、动作或物体以及景物的性质、特征具体描述出来。要求在讲述内容上做到中心突出，内容丰富，用词恰当、形象、生动。在学前阶段，幼儿学习描述性讲述的重点在于初步尝试使用具体、生动、形象的词语说话，同时抓住事物的主要特征进行描述。如讲述"一张照片"，要求幼儿具体描述照片上的人物是什么样的，正在干什么，他们的表情如何，自己看了照片以后的感觉等。

3. 说明性讲述

说明性讲述是用简单明了的语言，把事物的形状、特征、用途等解说清楚的讲述形式。如讲述"我喜欢的玩具"，要求说明玩具是什么样的、由什么材料做成的、怎么玩等。

4. 议论性讲述

议论性讲述通过摆观点、摆事实来说明自己赞成什么或反对什么。学前阶段，因为幼儿的逻辑思维水平不高，议论能力还不强，因此只能进行初步的议论性讲述。如讲述"你喜欢冬天还是夏天"，幼儿可以结合自己的生活经验及个人的喜好来讲述。这种讲述对于培养幼儿的语言逻辑水平、发展他们的逻辑思维能力极为有益。幼儿教师可以通过组织幼儿进行"辩论"的方式，帮助幼儿积累这方面的讲述经验。

（二）按照讲述凭借物的特点来分

按照讲述凭借物的特点，讲述活动分为看图讲述、实物讲述和情景表演讲述三种。

1. 看图讲述

看图讲述是在讲述活动中使用图片来帮助幼儿讲述、比较受幼儿欢迎的一种讲述形式，是指以图片为凭借物的讲述形式，引导幼儿将一组图片的内容编成完整、连贯的故事并讲述出来。图片的内容可以是一个实物、场景，也可以用一个完整的故事情节；内容在情节上可以是递进式的，即不同图片之间在情节上有递进关系，也可以是平行式的，即不同图片之间在情节上是平行关系。图片的形式可以是照片、绘画或图示。图片的呈现方式可以是单幅单图（小班）、单幅多图，也可以是多幅图。在图片的运用上，教师往往运用图片开展排图讲述、拼图讲述、绘图讲述。

（1）排图讲述。

排图讲述是训练幼儿判断和推理等思维能力的一种看图讲述形式，主要是引导幼儿将一套无序号的图片排出一定的顺序，构成一个完整、连贯的情节，并将故事内容讲述出来。同样的图片由于幼儿理解与思维的结果不同，可能会排出不同的序列，所编构的故事也就千差万别。由于这种讲述方式对幼儿的语言能力、思维能力的要求较高，因此比较适合大班幼儿。

案例："小乌龟和小蜗牛"（大班）

活动目标：

1. 能根据自己的见解进行排图，并大胆讲述图片的情节。
2. 懂得遇事要互相谦让的道理。

活动过程：

1. 观察图片（见图4-4），初步了解角色。

图4-4 小乌龟和小蜗牛

提问：

图片上有谁？他们在什么地方？（观察教师的大图片）

小乌龟和小蜗牛之间到底发生了什么事情呢？（观察幼儿自己的小图片）

围绕问题师幼共同讨论。

教师小结：小朋友们想的都很好。今天老师想请你们同样利用这5幅图，按照不同的顺序来排，想怎么排都可以，但结果是要编出一个好听的故事来。

2. 幼儿排图操作，并讲述。

（1）幼儿自由讨论排图，教师巡视观察、指导。

（2）将自己编的故事与组内同伴交流分享。

3. 每组派代表讲述自己创编的故事，师幼共同评价。

提问：

现在每组派一个代表来说说你们是怎样排的。乌龟和蜗牛的故事到底是怎样的？其他小朋友认真听别人是怎么排的，怎么讲的，他们讲得好不好，好在哪里，不好在哪里。

4. 活动延伸。

（1）可根据他人讲述的故事，重新调整自己的排图顺序。

（2）将操作材料投放于区角活动中，继续进行排图讲述。

｛资料来源：梁旭东. 学前儿童语言教育［M］. 北京：中央广播电视大学出版社，2007.｝

案例分析

该讲述活动通过让幼儿将一组无序的图片排出一定的顺序，然后按照图片的顺序编一个连贯的、完整的故事并讲述出来，充分考查了幼儿的想象力和逻辑思维能力，同时锻炼了幼儿的语言表达能力，有助于幼儿养成良好的倾听习惯。

（2）拼图讲述。

拼图讲述是教师不直接提供讲述对象，而是向幼儿提供各种拼图材料，引导幼儿根据一定的主题自由构思，拼出各种各样的画面，然后展开丰富的想象，勾勒一个完整的、有情节的故事，并将故事内容清楚地讲述出来。

拼图讲述活动可以从以下几个步骤开展。

①通过拼贴，展现讲述对象。教师引导幼儿用不同形状的物体表现出有趣的画面，如用杨树叶和杉树叶表现出"可爱的金鱼"等。教师尽可能多地启发幼儿创造性地表现出"与别人不一样"的画面来。

②通过不同的画面组合来理解讲述对象。这一活动可选用集体讲述与他人结伴讲述的形式进行，教师在幼儿面前可出示单幅图画和多幅组合图画，通过提问的方法，引导幼儿进行观察思考。

③扩展或延伸原内容的讲述。在教师示范新的拼图添画和讲述经验之后，进一步要求幼儿自己拼图添画，然后进行讲述。通过这样一个环节，扩展幼儿的想象，以创编出更多的故事情节。

拼图讲述为各年龄阶段幼儿提供的图片在数量上和画面的复杂程度上都有所不同。小班幼儿由于方位知觉和动手能力都较弱，教师应提供单幅、内容简单而且拼合块数不超过四片的拼图；中班、大班幼儿的空间知觉能力逐渐增强，手眼协调水平有所提高，教师可以给他们提供多幅且每幅拼组数量较多的拼图。

案例:"小动物的家"(中班)

活动目标:

1. 结合背景图和已有生活经验拼出一幅有情节的画面,并能用一段完整连贯的语句将画面的主要内容有顺序地表达出来。丰富词语"美丽的、静静的、可爱的、五颜六色"及使用"有的……,有的……,还有的……"等句式。

2. 能大胆地在集体或小组中讲述。

3. 学习评价他人的讲述。

4. 认识各种小动物的习性。

重点:认识小动物的家。

难点:完整连贯地讲述。

活动过程:

1. 开始部分。

出示大背景图和小背景图,上面有小河、森林、房子、花草树木等场景,教师引导幼儿有条理地观察,并说:"美丽的大森林里,住着一些小动物,老师一放音乐,它们就纷纷回家了。小朋友跟着音乐想象,把这些小动物找出来放在背景图上。"

教师播放音乐,乐曲中有轻快活泼的乐段,也有恐怖可怕的乐段以及平稳舒缓的乐段。幼儿两人一组,根据想象将小动物放在自己面前的小背景图上。

提问:

这些小动物的家在哪儿?家的旁边有什么?它们的邻居是谁?请小朋友自己先讲讲。

2. 中间部分。

(1) 幼儿分组讲述。

幼儿自由地讲述自己摆放的"小动物的家",教师巡回指导,倾听幼儿的讲述,引导幼儿围绕着"家在哪儿?家的旁边有什么?邻居是谁?"等话题完整连贯地讲述。

(2) 学习新的讲述经验。

教师根据幼儿自由讲述的情况,有重点地示范讲述"小动物的家"。

①注意讲述的顺序。从背景图的上方开始讲,逐渐过渡到图的中间,最后讲图的下方。

②讲述时注意词语的丰富性。如:"有的动物生活在池塘里,有的动物生活在草丛里,还有的动物生活在大树上。"又如:"小兔子住在美丽的小河边,那儿开着五颜六色的花朵。小兔子的邻居小鹦鹉住在高高的大树上,它每天都要准时将小兔子叫醒。"

(3) 集中倾听。

①幼儿再次摆放动物并自由讲述,教师提醒幼儿运用新学的讲述经验。

②每组请一名幼儿到集体前面讲述,并评议其讲得出色的地方,鼓励其他幼儿向其学习。

(4) 巩固和再实践。

每组两名幼儿相互讲述,或两名幼儿合作讲述"小动物的家"。教师提醒幼儿讲述时运用想象力,讲述的内容与众不同,词语更加丰富,句子更完整连贯。

3. 结束部分。

教师评议幼儿的活动情况,对有进步的幼儿给予表扬。

4. 活动的拓展。

将背景图移至"娃娃家",幼儿可以讲述"娃娃家"里的小动物:小动物的家在什么地方?也可以发挥想象,自由讲述"美丽的大森林"以及如何保护小动物。

(资料来源:本案例节选自 https://wenku.baidu.com/view/0c1f85154afe04a1b171de48.html.)

案例分析

案例中要求幼儿结合背景图和已有的生活经验,拼出一幅有情节的画面,并用一段完整连贯的语句将画面的主要内容有顺序地表达出来,是拼图讲述的典型过程。在拼图讲述中,除了关注讲述的顺序、词语的丰富性之外,还应重视幼儿自由、大胆的想象,讲述内容的与众不同以及句子的完整连贯性。

(3) 绘图讲述。

与拼图讲述不同,绘图讲述是幼儿自己制作讲述的材料,然后将这些材料组合成一个有情节的故事并讲述出来的一种形式。绘图讲述要求幼儿根据自己的生活经验,结合自己掌握的有关知识,独立构图,独立构思。对不同年龄班的要求应有所不同,小班幼儿可以先绘图后讲述,中班幼儿可以边绘图边讲述,大班幼儿可以先讲述后绘图。

案例:"添画讲述"(大班)

活动目标:

1. 初步学习用形容词修饰所描述的事情,表现出较好的语言质量。
2. 对线条图展开想象,有一定的空间思维能力和创造性想象能力。

活动过程:

1. 小小魔术师引出课题。

(1) 出示尚未完成的线条画,小小魔术师把它变变变,变成一幅漂亮的画。

(2) 幼儿尝试把线条画变一变,说说能把它变成什么。

2. 教师示范讲述添画好的线条画。
3. 幼儿尝试添画,编故事,教师引导幼儿用上好听的词语。
4. 请个别幼儿把自己添画好的线条画讲述出来,教师及时肯定其中的精彩语句。
5. 幼儿大胆讲述自己的创意作品。

{资料来源:梁旭东. 学前儿童语言教育 [M]. 北京:中央广播电视大学出版社,2007.}

案例分析

此活动是幼儿通过自制讲述材料,依据自己添画好的材料,结合自己的理解,联系自身生活经验和掌握的相关知识进行讲述,是幼儿独立绘图、独立构思的过程,体现了幼儿的想象力、创造力、绘图能力和编构故事的能力等,并让幼儿在动手操作和讲述中体验到自由创作的乐趣。

2. 实物讲述

实物讲述是指以实物为凭借物的讲述形式,实物在类型上主要有动物、植物、玩具、教具、生活用品和自然景物等。实物讲述往往伴随着观察进行。在实物讲述过程中，幼儿可以讲述跟这个实物有关的人和事件，也可以就实物本身的外形、特征、功用、玩法等进行介绍。实物讲述要与科学活动区分开来，与科学活动相比，实物讲述更侧重于描述、倾听等语言方面的目标，而不是着重于认识这种实物。

如大班讲述活动"我的文具盒"，可让幼儿选择一个自己喜欢的文具盒。教师引导幼儿从文具盒的形状、颜色、图案、用途等方面，感知理解讲述对象。幼儿运用已有经验，与身旁的小伙伴自由交流，说一说自己手中的文具盒。教师可引导幼儿个别讲述、认真倾听，然后引入新经验，引导幼儿按照顺序讲述。教师可示范讲述："我的文具盒的形状是××，颜色是××，图案有××、有××、还有××，打开文具盒里面放有××，我很喜欢我的文具盒。"幼儿根据教师示范自由练习按顺序讲述；之后迁移新经验，按顺序讲述铅笔、橡皮、刨刀和尺子等。

3. 情景表演讲述

情景表演讲述是指以情景表演为凭借物的讲述形式，情景表演包括真人表演的情景、用木偶表演的情景、真人与木偶共同表演的情景、录像或多媒体展示的情景等。在情景表演讲述过程中，要求幼儿在观看情景表演后，在教师的引导帮助下，将表演中的情节、对话和内容连贯地表达出来。

情景表演讲述是在幼儿充分感知情景后，用语言表述对情景的理解，如作品的情节、人物内心的情绪情感、人物对话等。为了使幼儿能够更好地进行讲述，应让幼儿在表演中集中注意力进行观察、记忆、想象，并且在表演结束后马上把内容讲述出来。这种讲述难度较大，可根据本班幼儿的语言发展情况在小班后期或中班早期开展。

任务二　明确讲述活动的目标

一、讲述活动的目标

讲述活动的目标主要体现在帮助幼儿提高感知、理解讲述对象的能力，独立构思与清晰完整地表述的能力、意识和情感以及掌握对语言交流信息清晰度的调节技能等三个方面。

（一）感知、理解讲述对象的能力

能够根据要求进行表达，是幼儿语言发展的表现。幼儿不仅需要学会说出自己的想法，也要学会按照要求去构思和说话。幼儿通过讲述活动能够提高自己的感知、理解讲述对象的能力，从而更好地按照要求来表达。

要清晰、完整、连贯地进行表述，幼儿首先需要正确地感知、理解讲述的对象和内容，充分调动自己的观察能力，观察要讲述的凭借物，然后运用分析、综合和判断能力理解讲述对象。不同年龄班在这个目标上有不同的要求，小班幼儿能听懂并按照指令的要求感知理解内容简单的实物、图片和情景，中班、大班幼儿要用比较法、分析法理解

较为复杂的讲述对象的表面内容和深层次内容。

（二）独立构思与清晰完整地表述的能力、意识和情感

幼儿在讲述活动中，需要独立构思和清晰、完整地表述。讲述活动要求幼儿使用正确的语言内容和形式进行讲述，讲述时要有中心、有顺序、有重点。有中心地讲述是指在讲述时不跑题，紧密结合所讲述对象；有顺序地讲述是指用口语语言按逻辑规律组织表达自己的主题；有重点地讲述是指抓住事件或物体的主要特征，传递最重要的信息。

幼儿讲述活动中还要提高自己的规范性、逻辑性和灵活性的表达能力，这就要求幼儿养成一种敢于在集体场合表达自己想法和意愿的态度。

小班幼儿要能用完整句讲述活动内容，声音响亮；中班幼儿要能用完整句连贯地讲述活动内容，并大胆地在集体面前表达自己的意愿和想法；大班幼儿要能完整、连贯、有重点地讲述活动内容，能根据他人反应调整讲述的内容和事件，在集体中能主动表达自己的想法，态度自然大方。

（三）掌握对语言交流信息清晰度的调节技能

幼儿在学习运用语言与人交往的过程中，需要调节对语言交流信息的清晰度，这种语言交流信息的清晰度指的是对交往场合中各种主客观因素以及这些因素与个人使用语言关系的敏感性。幼儿要能够对这些语言交流信息有较强的敏感性，清晰把握交流信息的特点与变化，进而提高自身的语言调节技能。幼儿通过讲述活动能够掌握对语言交流信息清晰度的调节技能，具体体现在以下三个方面。

1. 增强对听者特征的敏感性

要保证交流信息清晰度，就要增强对听者特征的敏感性，根据听者的特征来调节说话的内容和形式，使听者能够理解并接受。在讲述活动中，幼儿在集体中依据共同的主题内容说话、交流，这就要求幼儿不仅要关注自己说什么、怎么说，还要关注别人的言谈，以及自己说的和别人说的内容之间的关系，努力使听众对自己讲的内容产生兴趣，并能为他们所理解。于是，幼儿就会渐渐学会去把握听者的特征，进而增强对听者特征的敏感性，提高自己根据听者的特征调节表达方式的能力。

2. 增强对语境变化的敏感性

要保证对语言交流信息的清晰度，同时需要增强对语境变化的敏感性，根据语言环境的变化来调节语言的表达方式，促使听者理解。幼儿园讲述活动的语言环境不同于其他语言交往的环境场合，因此幼儿在讲述活动中就要使用不同于其他场合的语言进行交流。即使都是讲述活动，每次的语言环境也不尽相同，如看图讲述与情景表演讲述的语言环境就不相同。幼儿要感知每一次讲述活动的语境变化，逐步锻炼自己对语境变化的敏感性，提高自己随着语境变化而调节表达方式的能力。

3. 增强对听者反馈的敏感性

要保证对语言交流信息的清晰度，还需要增强对听者反馈的敏感性，根据听者所做出的反馈，及时调整自己表述的内容和方式，进而提高交流效果。增强对听者反馈的敏

感性，具体包括以下两种能力的获得。

第一，及时发现听者的反馈信息。听者是否听懂，有哪些困惑，同意还是不赞成，这些反馈信息都需要表述人及时捕捉，并做出相应反应。

第二，根据反馈信息修正说话的内容和形式。幼儿可以并且应当在讲述活动中敏锐地发现听者的反馈，从而及时调整交流的内容和方式。讲述活动中，听说双方关注的是同一内容，幼儿通过高度注意的过程，借助教师的提示、插话，可以觉察自己所说的内容是否完整和信息是否被接受，并按照要求进行修补，进而提高自己根据听者的反馈而及时调整交流内容和方式的能力。

案例：创造性讲述活动"森林里的动物"（大班）

活动目标：

1. 仔细听辨出录音中各种动物的叫声，想象发出不同叫声的动物的形象。
2. 能大胆地、生动形象地描述动物的叫声、形象及动态。
3. 在集体活动中保持良好的注意力和主动发言的积极性。

活动过程：

1. 幼儿听录音。

在放录音之前，要求幼儿仔细辨别这些声音是哪些动物发出的，确认这些动物的名称。听完一遍录音之后，让幼儿说说录音里面有哪些动物的叫声。遇到有争议的，可让幼儿再次听录音进行分辨，做出正确判断。

2. 第二遍播完整段录音，听后要求幼儿说说森林里有哪些动物，这些动物的叫声是怎么样的，它们的叫声给人什么样的感觉。让幼儿根据要求运用已有的经验进行讲述，充分发表个人见解。

3. 教师选择录音中的某一段，例如老虎或狮子，让幼儿重点听这种动物的叫声，然后指导幼儿根据录音描述某种动物的叫声和形象特征。教师可以提出下列问题：

老虎的叫声和别的动物的叫声有什么区别？可以用什么样的词来形容它的叫声？

听老虎的叫声时，我们好像看到老虎在什么地方？它是什么样子的？

听着老虎的叫声，你觉得老虎正要干什么？什么事情可能会发生？

在幼儿对这些问题重点讨论并讲述后，教师可以就幼儿的讲述做归纳总结，也可以做示范性讲述。

4. 在上述重点讨论分析并讲述的基础上，教师帮助幼儿理清描述动物的叫声及动物形象特征的思路。接下来让幼儿试着用这样的思路去讲述录音中的其他动物。可以将幼儿分成若干小组，每一个小组讲一种动物。最后每组推选出一名代表在集体面前讲述。

教师再放一遍录音，请各组的幼儿代表按录音动物出现的次序，描述动物的叫声、形象特征和活动特征，最后形成较完整的"森林里的动物"的讲述内容。

{资料来源：凌晨. 森林里的动物：大班听录音讲述活动设计［J］. 幼儿教育，1994（11）：17.}

幼儿园语言教育活动指导

案例分析

动物是幼儿很感兴趣又有比较丰富生活经验的话题。每个幼儿都有自己喜欢的和不喜欢的动物，他们喜欢模仿动物的叫声和走路的样子，乐于谈论动物的生活习性。因此，"森林里的动物"这个话题是幼儿感兴趣的。

在这个活动中，教师通过让幼儿仔细辨听各种动物的叫声，想象发出不同叫声的动物形象，让幼儿根据要求运用已有的经验进行讲述，充分发表个人见解。这一内容体现了幼儿通过讲述活动能够提高"感知、理解讲述对象的能力"这一目标。

教师通过让幼儿有重点有层次地倾听，由谈论动物的叫声逐步过渡到想象与叫声有关的情节，并想象讲述自己编的故事。在自由宽松的氛围中，幼儿轻松地谈论着自己感兴趣的动物。在幼儿对问题重点讨论并讲述的基础上，教师帮助幼儿理清讲述的思路，如先描述动物的叫声、形象特征和活动特征，再形成较为完整的讲述内容，讲述时要有重点、有顺序、有中心，即"要求幼儿使用正确的语言内容和形式进行讲述"。要求每组推选一名代表在集体面前讲述，即"要求幼儿养成一种敢于在集体场合表达自己想法和意愿的态度"。这些均体现了幼儿通过讲述活动能够增强"独立构思和清晰完整地表述的能力、意识和情感"这一目标。

在幼儿讲述自己感兴趣的动物时，会考虑别人说说过了什么，将要说什么，自己说的内容别人是否感兴趣，能否听得见、听得懂，同时会考虑自己是在小组内部自由讲述，还是在集体面前讲述，会根据听者的特征变化和语境变化来修正、调整自己讲述的内容和方式。这体现了幼儿通过讲述活动能够"掌握对语言交流信息清晰度的调节技能"这一目标。

二、幼儿讲述活动各年龄阶段的目标

（一）小班

（1）能有兴趣地运用各种感官，理解内容简单、特征鲜明的实物、图片和情景。

（2）愿意在集体面前讲述自己感兴趣的事件。

（3）准确地说出讲述内容的主要特征或主要事件。

（4）安静地听教师或同伴讲述，并用眼睛注视讲述者。

（二）中班

（1）能仔细观察。

（2）学习按照一定的顺序讲述实物、图片和情景的内容。

（3）能声音响亮、句式完整地在集体面前讲述。

（4）能积极地倾听同伴的讲述，从中学习好的讲述方法。

（三）大班

（1）能通过观察理解图片、情景中蕴含的主要人物关系，并有自己的思想感情倾向。

（2）能有重点地讲述实物、图片和情景的内容，突出讲述的重点。
（3）能根据场合的需要调节自己讲话的音量和语速。
（4）语言表达流畅，用词、造句较为准确。

导入案例分析

　　导入案例中的讲述活动属于看图讲述活动，看图讲述要求所讲述的故事要清晰、完整、连贯、有序。

　　从这四个角度进行评价，首先，不难看出幼儿 B 和幼儿 C 所讲述的故事具有相对正式的语言情境，使用第三人称，讲述的内容比较清晰、完整，能够比较连贯地把自己想象故事的时间、地点、人物、事件讲得比较完整。

　　其次，幼儿 B 和幼儿 C 讲述活动的语言是独白语言，有着独特的思维方式和逻辑顺序，更使用了"肯定""刚好""驮"这样的词语，更加直观、形象。尤其是幼儿 C，他使用了更长的句子，能够比较完整地把自己的故事描述清楚，把小鸡和小鸭之间互动的因果关系排列得比较清楚。

　　最后，幼儿 B 和幼儿 C 在讲述时对讲述的图画观察仔细，充分调动了自己的观察力、想象力、创造力、思维力等多种认知能力，语言表达能力较好。

学习反馈

姓名：　　　　　　班级：

讲述活动的含义、特点、类型及目标分别是什么？请概括主要内容

任务内容	任务描述	你的收获

小组评价：

教师点评：

项目二　讲述活动的设计与组织

> **导入案例**

中班的"娃娃家"区角里有6个娃娃,每个娃娃都不一样。幼儿们在"娃娃家"玩的时候都喜欢抱着娃娃,和娃娃说话,抚摸娃娃。教师根据幼儿的兴趣,决定开展一个关于娃娃的讲述活动。

案例:"娃娃"(中班)

活动目标:

1. 能用描述性的语言,完整、连贯地讲述"娃娃";学习相应的形容词,如"漂亮""可爱的""胖嘟嘟"等。

2. 能通过"猜猜谁不见了""改错"等游戏,对"娃娃"进行由特征到一般形态的有序感知与表述。

3. 形成"听清楚了再回答"的倾听表述习惯。

活动过程:

1. 运用游戏"猜猜谁不见了",引导幼儿感知理解"娃娃"。

教师将6个娃娃(每组1个)展示在幼儿面前。请幼儿闭上眼睛然后拿走一个娃娃。

提问:

哪个娃娃不见了?那个娃娃是怎样的?(幼儿回答后,教师也可以进一步启发幼儿从娃娃的具体特征到一般形态进行描述,如"娃娃有长长的头发、大大的眼睛、小小的酒窝,娃娃长得很可爱")

第几个娃娃长什么样?(游戏可以进行多次,由教师藏娃娃大家猜,然后可以请几位幼儿上来藏娃娃,大家猜"谁不见了")

2. 运用"抱一抱,亲一亲",让幼儿结伴讲述。

(1)幼儿分组进行讲述(每组1个娃娃)。大家传着抱娃娃,当抱到娃娃时,可以亲一亲、搂一搂娃娃,并说"我最喜欢娃娃的××(特征部分),我的娃娃××(一般形态描述)"或"我的小宝宝,你的嘴长得像一朵小花,你的××长得像××,你长得××(抓住特征到一般形态进行描述)"。

(2)教师以参与者的身份加入到幼儿的讲述中去,以平行示范的方式引导幼儿用合适的形容词来形容娃娃。

3. 运用"改错"游戏,提供讲述思路。

(1)教师抱起娃娃:我的娃娃真可爱,你看,他长着像苹果一样的鼻子,绿绿的嘴唇,两只大大的耳朵,我真喜欢我的娃娃。(引导幼儿运用完整讲述的方式,纠正教师不

单元四 幼儿园语言教育中的讲述活动

正确的讲述，同时说出正确的表述方式和思路）

教师可以这样启发幼儿：哪里说得不合适？为什么？如果你要说，又应该怎样说才能让别人一下就找到你的娃娃？

4. 从说"娃娃"到"夸"同伴。

请出一名幼儿，教师引导幼儿以完整讲述的方式"夸夸××小朋友"。（注意引导幼儿运用"先讲特点再讲其他"的讲述思路进行"夸同伴"）

（资料来源：本案例节选自 https://wenku.baidu.com/view/b2c9846fbe23432fb4da4c43.html.）

初步探究

1. 如果你是教师，你会选择哪些教学方法？
2. 如何根据讲述活动的特点设计与组织讲述活动？讲述活动的组织有哪些要注意的事项？
3. 讲述活动的设计和组织，与有挂图的故事教学、图画书阅读等活动有什么区别？

导　读

讲述活动能否成功达成目标，与讲述活动的选材密切相关，也与讲述活动的设计、组织和指导方法密切相关，只有清楚讲述活动的注意事项，才能彰显讲述活动的效果。

任务分解

我们可以将论题分解为以下三个方面。

（1）如何根据幼儿的早期经验、游戏和文学作品来选择讲述活动的内容？选择讲述活动内容时要注意哪些事项？

（2）讲述活动设计的基本结构是什么？如何运用讲述活动的基本结构和步骤组织幼儿园讲述活动？

（3）如何组织和指导讲述活动？为保证讲述活动的有效性，要注意哪些事项？

解决以上三个问题，将帮助我们对幼儿园讲述活动的设计与组织有一个较为清晰的认识。

任务一　掌握讲述活动的选材要点

让幼儿讲述感兴趣的内容能够激发幼儿"想说、敢说、喜欢说",不同内容在能力要求上的不同可以帮助幼儿学会"说"。教师在开展讲述活动之前,要认真选择讲述内容,让讲述内容符合幼儿的兴趣,贴近幼儿的生活,符合幼儿的水平又能促进幼儿讲述能力的发展。教师可以从以下几个方面着手选择讲述内容。

一、联系幼儿早期经验

讲述内容必须要与幼儿的早期生活经验密切联系在一起,才对幼儿有意义,才能引起幼儿的兴趣,才能让幼儿在讲述活动中"有话可说"。幼儿是带着早期经验走进讲述活动的,这些早期经验包括幼儿家庭生活的经验、与同伴交往的经验、与学校和社会互动的经验等。在导入案例中,教师联系幼儿的生活经验,选择幼儿早已接触过并有相当丰富经验的玩具娃娃作为讲述内容,从而引起幼儿的注意,激发幼儿讲述的愿望。

二、从游戏中选取讲述内容

游戏是幼儿的主要活动,幼儿喜欢玩游戏,愿意玩游戏,主动玩游戏。因此,从游戏中选取讲述活动的教学内容,能够引起幼儿的兴趣,让幼儿"想说、有话可说"。从游戏中选择讲述的教学内容,包括游戏的渊源、游戏的内容、游戏的玩法、游戏时的感受等。

另外,如果将讲述活动与游戏结合在一起,变成讲述游戏,让幼儿边游戏边讲述,更能激发幼儿的兴趣,活动的效果也会更好。

案例:"逛三园"(中班)

活动目标:
1. 在游戏情境中,能用固定句式讲述。
2. 能认识和发现蔬菜、水果、动物名称。
3. 能在游戏中大胆表现,积极表达。

活动过程:
1. 由生活经验引出活动话题。
(1) 小朋友,江苏电视台少儿频道林子姐姐主持的节目《我爱饭米粒》中有个"逛三园"的游戏,还记得吗?
(2) 幼儿个别讲述,引出游戏的玩法:大家一起逛三园,什么园?
(3) 今天我们也来玩玩这个游戏,不过我们玩的时候会有点不一样哦。我们在逛三园的时候,要说一句好听的话。看,老师带来了两样东西:魔法棒和奖励贴纸。当魔法棒点到谁,谁就来参加游戏,而且我们在游戏中不惩罚,只要讲得正确,就有奖励贴纸哦。

2. 组织幼儿参与游戏。

（1）好，逛三园的游戏开始了，看看我们逛的第一个园是什么。

（2）展示PPT课件，引出"蔬菜园"，纠正发音。

（3）教师与幼儿一起讲述游戏开始时的句式："大家一起逛三园，什么园？蔬菜园。蔬菜园里有什么？"

（4）根据教师指到的蔬菜（放大PPT照片），幼儿集体学说"蔬菜园里有××"。

（5）组织幼儿游戏"逛三园"。

①教师挥动魔法棒"讲讲讲"，鼓励被指到的幼儿来讲述"蔬菜园里有××"的句式，讲述正确的奖励贴纸。

②教师过渡：蔬菜园逛完了，看看我们第二个园来到了什么地方。

③组织幼儿起立来到水果园，鼓励幼儿每人采摘一个水果。

④教师集中："逛三园的游戏又开始了，这一回，你来讲的时候，除了讲出水果园里的水果，还有讲出水果的颜色哦。"

⑤教师挥动魔法棒"讲讲讲"，鼓励被指到的幼儿讲述"水果园里有×色的××"的句式。讲述正确的奖励贴纸，并请幼儿将水果送上来。

⑥根据教师指到的水果（放大PPT照片），幼儿集体讲述"水果园里有×色的××"，巩固认识。

3. 鼓励幼儿完整讲述。

（1）教师过渡：水果园也逛过了，请小朋友们猜猜第三个园是什么，引出"动物园"。

（2）组织幼儿分散观察动物园的图片，教师个别指导，鼓励幼儿用好听的词语来讲述。

（3）组织幼儿第三次游戏"逛三园"，玩法与前两个园相同，巩固"动物园里××在××干××"的句式。教师根据小朋友个别讲述的内容，利用PPT展示大图。

（4）教师鼓励幼儿讲出"动物园里××在××干××"的句式，并加上感叹词。

（5）幼儿集体讲述，巩固句式的学习，学习个别感叹词。（采用分组比赛的形式，通过PPT的展示，让幼儿在一定时间内根据展示的图片，进行接龙比赛讲述）

4. 结束活动。

我们一连逛了三个园，也有点累了，回去好好休息休息吧。

{资料来源：欧阳新梅. 学前儿童语言教育［M］. 南京：东南大学出版社，2014.}

案例分析

活动先从游戏"逛三园"说起，激发幼儿的兴趣，再借鉴这个游戏的做法，在活动中让幼儿边游戏边讲述，不但提高了幼儿语言的表达能力，激发了幼儿对讲述活动的兴趣，还在游戏中锻炼了幼儿语言表达的准确性和敏捷性。

三、从文学作品中选取讲述内容

讲述活动的内容还可以从文学作品中选择。这样不仅能调动起幼儿讲述的兴趣，还有利于培养幼儿欣赏文学作品的能力，帮助幼儿接触、学习文学语言，为以后书面语言的学习打下良好基础。

案例："一座房子和一块砖"（大班）

活动目标：

1. 能通过观察图片（见图4-5）大胆想象，讲述自己的猜想。

2. 愿意像小老鼠一样不怕困难，通过自己的努力来获得自己想要的东西。

活动过程：

1. 引导幼儿感受并讲述画面表达的故事内容。

（1）出示砖和房子的图片，引导幼儿说出砖可以用来砌成房子。

（2）教师按照顺序打开画面，引导幼儿观察、理解画面中角色的服装、动态、表情及周围环境，猜测角色的心理活动及对话。

提问：

你认为发生了什么事情？你是从哪儿看出来的？

图4-5 一座房子和一块砖

大熊和小老鼠前后发生了哪些变化？

大熊和小老鼠为什么会发生这些变化呢？

（3）引导幼儿大胆讲述自己想象的故事情节或故事大意。

2. 教师完整讲述故事《一座房子和一块砖》，引导幼儿联系生活经验，感受故事寓意，进一步思考、表达。

提问：

小老鼠把自己买的第一块砖送给了大熊，是想要告诉它什么呢？

我们应该向小老鼠学习什么呢？（乐观、自信、勤劳、不怕困难）

大熊将来会怎么样呢？小老鼠有了一座新房子后为什么还要辛勤劳动？

当我们在学习或游戏的时候，遇到过什么困难？你是怎么解决的？

总结：小老鼠通过自己的劳动，从一块砖开始，慢慢有了自己的一座房子，小朋友们也应该像小老鼠一样，通过自己的努力来获得自己想要的东西，一点一点地学习本领，让自己变得越来越棒。

（资料来源：http://www.baby611.com/jiaoan/db/yy/201508/11150174.html. 本案例根据该网址内容改编。）

案例分析

教师为幼儿选择幼儿文学作品《一座房子和一块砖》作为讲述内容，可以调动幼儿讲述的兴趣和积极性，加深对作品的理解，帮助幼儿把握作品的主线，让幼儿接触更多的文学作品，提高幼儿对文学作品的欣赏能力。

四、选择讲述内容应注意的事项

（一）根据目标选择讲述内容

讲述活动内容的选择应紧紧围绕讲述目标，以能够实现讲述目标为主要依据，避免出现讲述活动内容偏离讲述目标。讲述活动目标与活动内容无须一一对应，一项目标往往要通过多种内容来达到，一种内容也可以同时体现几项目标的要求。

（二）根据年龄特点选择讲述内容

讲述活动的内容还应根据学前儿童的年龄特点来选择。不同年龄阶段幼儿的认知能力、语言发展水平等各不相同，因此，讲述内容的选择要充分考虑不同年龄阶段幼儿发展的特点，选择的内容要从易到难，从简单到复杂，对幼儿语言的要求从单一到丰富，以促进幼儿语言发展水平的逐步提高。如小班幼儿讲述要具体、简单，观察一些简单的动作和表情；中班幼儿要学会简单描述、理解关系，并推测心理和对话；对大班幼儿就要求增加概括性较强的提问，并让大班幼儿推测事情的前因后果。

（三）根据讲述活动的特点选择讲述内容

讲述活动的内容还应依据讲述活动的特点来选择。讲述活动的语言一般选择独白语言，要求有正式的语境。学前儿童的独白语言刚刚开始形成，发展水平较低，因此教师选择的讲述内容不仅要适合幼儿运用独白语言，而且篇幅不宜过长，难度不宜过大，情节不宜过于复杂。

案例：看图讲述《伞》（大班）

活动目标：
1. 理解图片（见图4-6）内容，学说熊妈妈和熊宝宝换伞时的对话。
2. 有看图讲述的兴趣。
3. 能用连贯语言进行表述。

活动过程：
1. 活动导入：引导幼儿回忆已有经验，进入课题。
（出示大伞和小伞）提问：
这是什么？它们有什么不同？
谁来帮老师选一把伞？为什么给老师选大伞而不是小伞？（小结：大人撑大伞，小孩撑小伞）

图 4-6 伞

熊妈妈和熊宝宝也有两把伞，它们发生了什么故事？我们一起来看看图片。

2. 引导幼儿观察、理解图片内容。

（1）引导幼儿观察第一幅图。

提问：

图片上有谁？

它们长得怎么样？（请幼儿用动作模仿它们的样子）

它们手上拿着什么？

小结：又高又胖的熊妈妈带着又矮又小的熊宝宝出门了。熊妈妈撑起了大伞，熊宝宝撑起了小伞。

（2）引导幼儿观察第二幅图。

提问：

现在发生了什么事？

你是从哪里看出来的？（请幼儿指出）

风把伞吹走了，熊妈妈和熊宝宝会怎么想？

熊妈妈和熊宝宝会说些什么呢？现在我来做风爷爷，你们做熊妈妈和熊宝宝，我们一起来表演。

后来它们有没有追到伞？

（3）引导幼儿观察第三幅图。

提问：

熊妈妈撑起了什么伞？熊宝宝呢？

这样撑伞行吗?为什么?

(小结:熊妈妈撑着小伞,衣服都被淋湿了;熊宝宝撑着大伞,也走不动)

怎么办?你们有没有好办法?(幼儿自由讲述)

(4)引导幼儿观察第四幅图。

提问:

它们也想出了换伞的办法,你们知道熊宝宝是怎样对熊妈妈说的吗?(请您跟我换一下伞好吗?)

请幼儿扮演熊妈妈和熊宝宝练习对话。

(5)引导幼儿观察第五幅图。

提问:

你们看,现在怎样?

(小结:熊妈妈撑起了大伞,熊宝宝撑起了小伞,它们高高兴兴地回家了)

3. 教师连贯讲述图片的内容。

提问:

这几张图片有趣吗?老师把它们编成了一个好听的故事,现在请你听一听。

活动延伸:

1. 幼儿人手一本《伞》的小图书,边看图书边讲故事。
2. 创设一个小舞台,放大伞、小伞和熊妈妈、熊宝宝头饰,让幼儿自由表演。

案例分析

讲述活动是为了发展幼儿的语言表述能力,让幼儿独立构思,运用独白语言完整连贯地表述。教师根据讲述活动的目标,选择了《伞》这个故事,让幼儿感知理解图片内容,创造想象,大胆表述。讲述活动的目标是讲述内容选择的一个依据。

对于大班的幼儿而言,他们已经学会简单描述和理解关系,并能推测图片中人物的心理和对话。如案例中"风把伞吹走了,熊妈妈和熊宝宝会怎么想?"让幼儿推测人物心理,"熊妈妈和熊宝宝会说些什么呢?"让幼儿推测人物之间的对话。在此基础上还要增加概括性较强的提问,并让幼儿推测事情的前因后果。如"你们看,现在怎样?"这样的设问能够让幼儿推测事件发展的前因后果。这些均体现了讲述活动内容要根据幼儿年龄选择的特点。

讲述活动要求有一定的凭借物,在正式的语言情境中使用独白语言,并能调动幼儿的多种能力。案例中看图讲述《伞》为幼儿提供相关图片内容,难度不大,情节简单,教师创造机会让幼儿运用独白语言自由讲述,并通过设问、角色扮演等方式调动幼儿的多种能力,体现了讲述活动的内容要依据讲述活动的特点来选择。

任务二　掌握讲述活动设计与组织的基本结构及指导要点

一、讲述活动设计与组织的基本结构

讲述活动在设计和组织时有一个固定的结构，遵循一个稳定的规律。一般而言，讲述活动设计与组织的基本结构与步骤如图4-7所示。

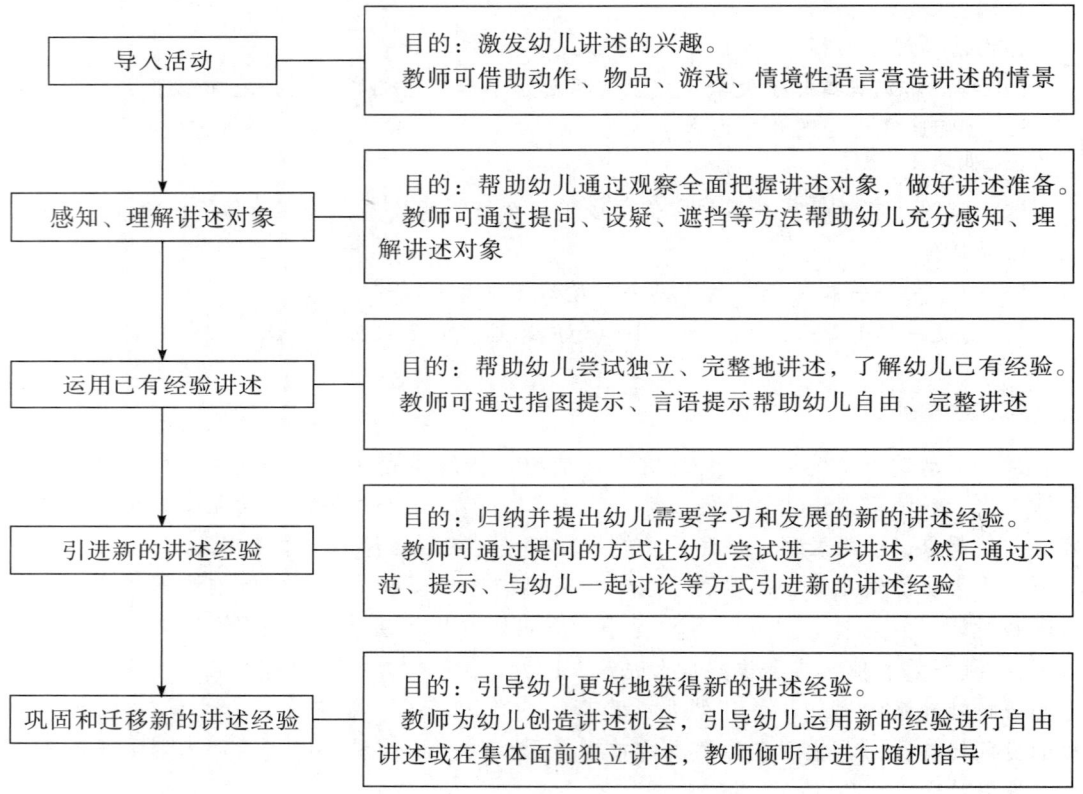

图4-7　讲述活动设计与组织的基本结构与步骤图

二、讲述活动的设计与组织的指导要点

关于讲述活动设计与组织的方法及指导要点，我们将结合以下的活动案例进行分析说明（见表4-1）。

案例：快乐的野餐（大班）

表4-1 讲述活动设计与组织方法及指导要点案例分析说明

活动案例：快乐的野餐	案例分析说明
活动目标： 1. 学习运用"在……，正在做……""一个……，另一个……"的句式，比较完整、连贯地讲述图片内容。（认知） 2. 学习从上往下讲述的方法。（能力） 3. 体验与同伴合作的乐趣，养成倾听他人讲述的良好习惯。（情感）	1. 讲述活动的活动目标，应从认知、能力、情感三方面考虑。 （1）认知目标应凸显该讲述活动的语言练习要求，语言练习的内容应具体、明确。 （2）能力目标的确定应体现讲述活动对幼儿口语表达能力发展的特殊作用。 （3）情感目标应涉及幼儿在此次活动中兴趣、态度及价值观等方面的变化。 2. 活动目标建议从幼儿的角度进行表述
活动准备： 1. 手偶小象一只。 2. 讲述图片PPT。 3. 每人一份图片	活动准备指有知识经验的准备与教学材料的准备。这里只体现了材料的准备
活动过程： 1. 出示小象手偶，引出活动主题。 指导语：小象和小动物们一起去森林里野餐啦！你们想知道它们干了些什么吗？我们一起去看看吧！	导入活动的几种方法。 （1）问题导入法：教师以问题导入，并且贯穿于整个讲述活动教学过程，在提出问题→思考问题→解答问题的过程中，通过问题设置悬念，引起幼儿的兴趣，进而理解作品，表达作品。（本次活动就是运用这种方式引出活动主题的） （2）角色导入法：在导入时先把作品中的角色介绍给幼儿，让幼儿更有目的、更主动地听，有利于调动幼儿参与本活动的积极性和主动性。 （3）悬念导入法：在活动的开始部分设置角色悬念，让幼儿情不自禁地去猜想，以集中幼儿的注意力，使幼儿很快进入故事情节，展开丰富的想象。 （4）情境导入法：设计一种生动形象的教学情境，运用画面、声音、实物等多种媒体营造一种特殊情境，使幼儿产生身临其境的感觉，激发幼儿的求知欲和兴趣
2. 出示图片（见图4-8），引导幼儿学习观察并用完整的句子简单讲述图片的基本内容。 指导语：图片上有哪些小动物？他们在什么地方？在干什么？ 指导重点：引导幼儿仔细观察图片，用完整的句子讲述图片基本内容	这一步骤是让幼儿运用多种感官感知、理解讲述对象，具体做法是让幼儿通过多种感官渠道（如视觉、听觉、嗅觉、味觉、触觉等）感知讲述对象，构建对讲述对象深入的认知和理解。具体可运用以下几种做法。 （1）运用多种方式调动幼儿多种感官渠道感知讲述对象：一般常用的方法有情景表演、谈话、图片、实物、音乐、谜语等，依据讲述类型的特点，或凭借物的特点，引导幼儿的观察、感知、理解讲述对象。（案例中，教师模仿小象和幼儿进行对话交流，从视觉和听觉的感受激发幼儿兴趣）

续上表

活动案例：快乐的野餐	案例分析说明
	（2）精心提问，帮助幼儿更好地理解讲述对象。好的提问是幼儿讲述的"路标"，通过提问可以引导幼儿观察图片，激发幼儿的想象，启发幼儿用语言大胆地表达对图片的理解，给幼儿提供一定的讲述方法，为幼儿自己讲述奠定基础。就看图讲述而言，提问一般有以下几种。 ①描述性提问：指向画面外在的内容，描述画面的人物、景物、动态等，是对画面的感性认识和初步、基本的分析。 （案例中教师引导幼儿观察："这幅画里有谁？远处的天空中有什么？大树下有什么？"） ②判断性提问：要求幼儿在对画面分解的基础上进行综合判断，才能回答。 （案例中听到幼儿观察到天空中有太阳，教师逐步提出问题："今天的天气怎么样啊？""小兔和小猪在干什么呀？"） ③推想性提问：要求幼儿根据对画面外在内容的分析与判断进行推想，即要求幼儿由画面内容联想到画外情节，进行创编和发散性思维。 （案例中教师问幼儿："它们会说些什么？会想些什么？""后来呢？"） ④分析性提问：即对分析、判断、推想进行追究，要求幼儿说出讲述的依据，由表及里地讲述。 （案例中根据幼儿说出的对话："小兔说'小猴子你能帮我吹火吗？'"教师进行追问："为什么小兔会这么说？""你怎么知道的？"）
3. 幼儿分组讲述，引导幼儿学习连贯、完整地讲述图片内容。 （1）幼儿四人一组，自由讲述。 指导语：图片上还有哪些小动物？它们在什么地方？分别在干什么？ 指导重点：引导幼儿连贯、完整地讲述图片内容。	教师引导幼儿运用已有经验进行讲述的环节是在幼儿感知理解讲述对象的基础上，教师放手让幼儿自由讲述，给他们充分的发挥机会，充分调动他们参与讲述活动的积极性。这一环节可遵循以下步骤。 （1）交代讲述要求：教师要提醒幼儿围绕感知、理解的对象进行讲述。讲述的要求要清楚，幼儿才会有目的地去思考、去想象。 （案例中，首先让幼儿观察图片，提问：画面里有谁？在什么地方？在干什么？然后让幼儿把每幅图片串联起来编出一个完整的故事）

续上表

活动案例：快乐的野餐	案例分析说明
（2）每组派代表讲述故事。 指导语：请小朋友仔细听故事，听一听你最喜欢故事里哪一句完整的话，等一会儿告诉老师和小朋友。 指导重点：引导幼儿认真倾听同伴讲述，并挑选出句子和词语让幼儿学习，丰富幼儿的讲述经验	（2）创设自由轻松的讲述环境：为幼儿创设丰富、和谐、宽松、真实的语言学习环境，给幼儿提供大量主动学习和锻炼的机会，为幼儿创设自由发挥的平台，让幼儿"想说、敢说、喜欢说、有机会说"。并通过让幼儿轮流、等待，培养幼儿"安静倾听"的好习惯。 （案例中通过分组讲述，给不同水平的幼儿不同的选择，真正使每个幼儿参与进来） （3）了解幼儿在讲述中的已有经验：教师要注意倾听幼儿的讲述，注意幼儿词汇和句型的积累，了解幼儿的表达能力，发现幼儿存在的问题并及时进行指导，发现闪光点应及时给予肯定。 （案例中，幼儿看到图片上的画面说道："哇，白白的云朵，红红的太阳，清清的溪水。"教师听到后发现了他的形容词和句型的特点，立刻表扬他，肯定他的讲述，这样幼儿就会对这些词语记得特别牢固）
4. 教师示范讲述，引导幼儿学习从上往下的观察方法，用"在……正在做……""一个……另一个……"的句式完整讲述图片内容。 指导语：老师也讲一个好听的故事，听听老师是按照什么顺序观察讲述图片内容？图片上的小动物是怎样互相分工合作的？你最喜欢老师故事里说的哪一句完整的话？ 指导重点：引导幼儿学习从上往下进行观察的方法，用"在……正在做……""一个……另一个……"的句式完整讲述图片内容	这一环节是教师引进新的讲述经验的环节。教师根据本次活动目标的要求，帮助幼儿学习新的经验，如讲述思路、讲述方式。可以运用示范法，即教师对某一物体或事件做简明、生动的描述，给幼儿提供模仿的范例。 （1）讲述思路的引导：教师帮助幼儿理清讲述的思路，使整个讲述有较强的顺序性和条理性。 （2）讲述全面性的指导：教师帮助幼儿认识到讲述的基本要素——人物（动作、对话和内心感受）、地点、事件（开始、过程、结束）、结果，进而帮助其准确地将要表达的内容完整全面地讲述出来。 （3）讲述基本方式的指导：首先，教师帮助幼儿分清主次，主要内容多讲，次要内容少讲。这就要求幼儿有较高的分析、概括等思维能力，一般在中班后期开始采用。其次，引导幼儿按照一定顺序进行讲述，包括从上到下、从左到右、从大到小、从近及远、从表面到本质，以帮助幼儿清楚、有条理地进行讲述。 （案例中，教师通过讲故事引进示范方位介词，如"在餐布上……在大树下……在山坡上……在小溪边……"，引导幼儿学习从左到右、从上到下观察图片的方法，并运用方位介词进行讲述。教师在讲述活动前还给幼儿提出来倾听的要求："仔细听听，老师的故事里运用了哪些好听的词语和句子呢？"让幼儿带着问题和任务仔细倾听，从而培养幼儿良好的倾听习惯）

续上表

活动案例：快乐的野餐	案例分析说明
5. 幼儿分组讲述，表演。教师引导幼儿从上往下观察和运用"在……正在做……""一个……另一个……"的句式完整讲述图片内容。 （1）幼儿四个一组，操作木偶，自由讲述。 指导语：请小朋友从上往下有顺序地讲述，并运用"在……正在做……""一个……另一个……"的句式连贯、完整地编出一个好听的故事。 指导重点：引导幼儿按照从上往下的顺序，运用"在……正在做……""一个……另一个……"的句式连贯完整地讲述图片内容。 （2）每组派代表表演木偶讲述故事。 指导语：请每组小朋友把自己编的好听故事边表演边讲给小朋友听。其他小朋友听听他们的故事里，你最喜欢哪个完整的句子和词语。 指导重点：引导幼儿注意倾听同伴的讲述，提前对新的句子和词语进行学习，丰富幼儿新的讲述经验。 活动延伸： 将活动中可操作的图片材料投放到语言区，供小朋友自由讲述	巩固和迁移新的讲述经验的阶段，就是给幼儿提供实际操练新思路和方法的机会，让幼儿尝试用新的思路和方法讲一讲，帮助幼儿更好地巩固迁移所获得的新的讲述经验。 可具体采用以下方法。 （1）集体、分组、个别讲述相结合：讲述方法自由灵活，以调动幼儿讲述的积极性，让幼儿能够在自由放松的环境下大胆讲述。 （案例中，教师运用了分组讲述和个别讲述相结合的方法，充分调动了幼儿的积极性，培养了幼儿的责任感） （2）游戏法，重难点前置：根据幼儿的年龄特点，设计相关游戏。 （案例中，让幼儿通过木偶表演讲述故事，让幼儿感受、体验，从动作到动词，丰富了幼儿的感性经验，又巧妙地引入了重难点，使幼儿轻松快乐地在体验迁移中学习） （3）层层推进法：教师在幼儿每次的讲述中都有新的要求，每一次的要求都有新的测量，整个讲述体现出不断累加、不断提升的过程

图4-8 快乐的野餐

附故事：

今天天气很好，天空中飘着朵朵白云，太阳公公露出了红红的笑脸。小动物们去森林里的草地上野餐。在远处的山坡上，小猪和小老虎正在烤肉。一个边哼着歌边烤着美味的羊肉串，另一个拾柴火，忙得满头大汗。在草地的中间，小象和小猴正在整理食物。一个从餐盒里拿出香喷喷的面包，另一个摆放食物。在大树下，小白兔和小狐狸正在煮蘑菇汤。一个用竹筒吹火，另一个用勺子搅拌。在小溪边，小熊猫和小老鼠正在洗葡萄。一个端着一盘又大又甜的葡萄，另一个洗袋子。小动物们干得可开心了。

（资料来源：https://wenku.baidu.com/view/9be5c01c0912a216147929a6.html.）

三、讲述活动设计与组织中的注意事项

在幼儿园教育中，要认真组织讲述活动，确保讲述活动的有效性，需要注意以下几点。

1. 要区分讲述活动与其他活动

讲述活动是幼儿园语言教育中必不可少的一种类型，但在开展讲述活动时，许多教师往往难以区分讲述活动和其他活动，常常将看图讲述和有挂图的故事教学和图画书阅读相混淆。看图讲述时每幅图都提问"有谁""在干什么""为什么""怎么样"，并不是真正的"看图讲述"，而是"看图谈话"；还要避免的一种情况就是，虽然让幼儿讲，但最终引导幼儿讲出的都是教师预先设定的内容，最后教师根据图片顺序，把原有故事重复一遍。

只有明确讲述活动的特点，知道讲述活动中幼儿要讲的是自己想象的故事、自己的经历、自己的观察、自己的意见，才不会将讲述活动与其他活动相混淆。另外，即使凭借物相同，不同的幼儿讲述的故事也不同，讲述出来的内容没有对错之分，只有讲述水平的高低之别。

2. 要明确讲述活动的目标

讲述活动的目标不明确时，教师往往会忽视幼儿的年龄差异。教师会认为只要让幼儿讲就达到讲述的目标了，导致比较关注给幼儿提供讲述的机会，如在集体面前讲、同伴之间讲，并导致在指导时也比较关注内容是否完整。然而，这些都是因为教师不清楚在讲述活动中要让幼儿学习什么，达到什么目标。

3. 要归纳讲述的方法和示范

在讲述活动中，教师要尽量通过分析幼儿的讲述来归纳幼儿讲述的特点，引进新的讲述经验，而有时新的讲述经验需要教师归纳示范。但在示范过程中，要注意并不是示范讲述的具体内容，而是归纳示范讲述的方法，避免使幼儿的讲述变成对教师的复述，缺乏幼儿自己观察、想象的内容。教师应归纳和提示幼儿讲述的内容要素，如提示幼儿有人物的对话，而不是示范人物对话的具体内容，以免使得教师的示范成为幼儿讲述的唯一样板，缺乏自己的思考与想象。

4. 要给幼儿充分、自由讲述的机会

讲述活动和所有的幼儿园语言教育活动一样，应该是幼儿积极、主动活动的过程。

讲述活动中一定要让幼儿有"讲"的机会,才能展现幼儿已有的讲述水平,运用新的讲述经验。因此,教师在讲述活动中的讲述形式要多样,如在集体面前讲、同伴互相讲、小组合作讲、师幼之间讲等,并且在活动中将多种讲述形式结合起来。另外,要给幼儿提供丰富、多样化的凭借物,例如在看图讲述中,要争取让幼儿人人都有图画;在实物讲述中,要让幼儿人人有实物,才能让幼儿愿意讲,并讲得更好。

案例:看图讲述"在动物园里"(中班)

活动目标:

1. 初步学习运用"有的……有的……还有的……"的句式讲述各种动物的动态,学习新词:卷、摇、荡等。
2. 在数字的帮助下,明确按一定的顺序进行讲述。
3. 能注意倾听教师的示范讲述。
4. 观察了解动物的外形,关注它们不同的特征,并比较异同。
5. 愿意运用多种方式表达自己对动物的喜爱。

活动过程:

1. 谈话导入。

最近许多小朋友都出去春游了,你们春游都去过什么地方?

有一天,小朋友明明和妈妈去春游了,我们一起来看一看他们到了什么地方?

2. 感知理解讲述经验。

(1) 出示图片(见图4-9),启发提问:

明明和妈妈春游来到了什么地方呢?

在动物园里看到了哪些动物?

动物们在做什么?(引导幼儿正确使用动词:卷、摇、荡等)

图4-9 在动物园里

3. 运用已有经验讲述。

（1）幼儿自由讲述。

提问：

请每个小朋友看着小图，把事情连起来编个故事说一遍，要说清楚：明明和妈妈来到哪些地方？看见哪些动物？动物们都在做什么？

（2）个别讲述。

提问：

谁来把这个故事完整地说给大家听一听？（请1名幼儿完整讲述）

4. 引进新的讲述经验。

（1）教师启发幼儿运用数卡对图片进行排序。

（2）引进句式"有的……有的……还有的……"进行讲述。

（3）幼儿尝试运用句式进行讲述图片片段。

5. 巩固新经验，集体讲述故事。

（1）为故事起名。

（2）集体讲述故事：下面，请客人老师来听一听我们小朋友讲这个故事。

（幼儿和教师一起讲述故事）

6. 结束活动。

今天我们学会了看图有顺序地讲故事，以后我们也可以用这个方法说说其他的故事！

（资料来源：本案例节选自 http://www.jy135.com/html/zhongbanhuodong/zhongbanyuyanjiaoan/2014/0519/57884.html.）

案例分析

幼儿喜欢动物，愿意了解和探索动物的奥妙。看图讲述"在动物园里"的活动内容是幼儿感兴趣的，幼儿在讲述活动中愿意说，有话可说。幼儿结合自身的经验和对动物的认识，讲述的是自己的观察、自己想象的故事以及自己的意见。

案例中，教师结合幼儿的已有经验和实际水平，让幼儿将自由讲述、个别讲述与集体讲述相结合，要求幼儿在完整讲述的基础上，启发幼儿运用数卡对图片进行排序，并引进句式"有的……有的……还有的……"，给幼儿提供机会尝试运用句式进行讲述图片片段。这体现了教师明确讲述活动的目标，并着重指导讲述的方法，让幼儿有充分的自由讲述的机会。

导入案例分析

在导入案例中，教师根据幼儿的兴趣和心理发展的特点，联系幼儿的生活经验，从幼儿的游戏中选择讲述活动的内容，让幼儿想说并有话可说。

讲述活动的设计和组织有一个固定的结构，即导入活动→感知和理解讲述对象→运用已有经验讲述→引进新的讲述经验→巩固和迁移新的讲述经验。

在"娃娃"的案例中,教师首先运用游戏"猜猜谁不见了",调动幼儿使用多种感官,引导幼儿感知、理解"娃娃";然后运用"抱一抱,亲一亲",让幼儿运用已有经验结伴讲述;再运用"改错"游戏,引进新的讲述经验,让幼儿学习新的讲述思路;最后设计了"夸自己同伴"的活动,让幼儿从玩具娃娃迁移到生活中的同伴,帮助幼儿迁移新的讲述经验。

学习反馈

姓名:　　　　　　班级:

讲述活动的设计与组织中,如何选择和分析讲述的内容?讲述活动的基本结构是什么?如何组织和指导讲述活动?组织和指导讲述活动要注意哪些事项?请概括说明

任务内容	任务描述	你的收获

小组评价:

教师点评:

单元小结

本单元阐述了讲述活动的基本概念、活动特点与活动分类，并进一步论述了讲述活动的语言目标：培养幼儿感知、理解讲述对象的能力；培养幼儿独立构思与清楚完整地表述的能力、意识和情感；培养幼儿掌握对语言交流信息清晰度的调节技能。强调了讲述活动内容的选择要联系幼儿早期经验，从游戏中选取教学内容，从文学作品中选取教学内容。讲述内容应注意根据目标、年龄特点以及讲述活动的特点来选择。

本单元重点分析了讲述活动设计的基本结构为：导入活动→感知、理解讲述对象→运用已有经验讲述→引进新的讲述经验→巩固和迁移新的讲述经验。同时提出讲述活动中要注意区分讲述活动与其他活动；要明确讲述活动的目标；要注意讲述方法的归纳和示范，而不是具体内容的归纳和示范；要给幼儿充分、自由的讲述机会。

思考与练习

（1）试述幼儿园讲述活动的概念和基本特征。
（2）试述幼儿园讲述活动的主要类型。
（3）试述对幼儿园讲述活动和幼儿园谈话活动的基本认识。
（4）试述幼儿园讲述活动设计和组织的基本结构。
（5）任选一个年龄段，设计一个幼儿园看图讲述活动方案。
（6）到幼儿园实地观摩一次讲述活动，请根据讲述活动的教育要求反思教师的讲述活动设计与组织过程。

单元五
幼儿园语言教育中的听说游戏

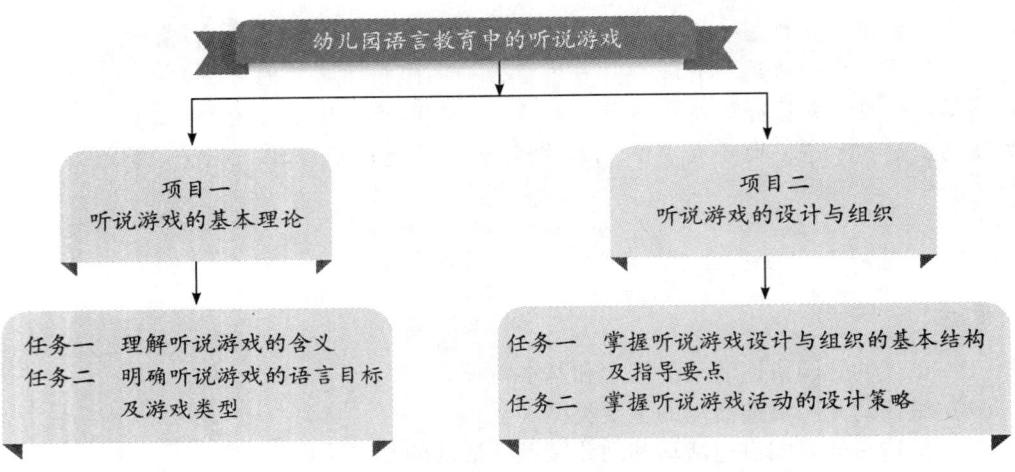

图 5-1　单元五思维导图

学习目标

理解听说游戏的概念、基本特点。
明确听说游戏的语言目标与游戏类型。
掌握听说游戏的设计与组织。

学习重点

听说游戏的基本特点，听说游戏的语言目标，听说游戏的设计与组织。

学习建议

借助案例进行分析、归纳、释疑，理解听说游戏相关理论，掌握听说游戏设计及组织的基本方法。

项目一　听说游戏的基本理论

导入案例

为了帮助幼儿练习使用人称代词"我""你",小班的张老师根据幼儿的特点,组织了一次听说游戏活动"开汽车"。活动前,张老师准备了10个玩具汽车方向盘,并和保育员分别扮演"司机""乘客"排练了情景表演"开汽车"。

活动开始,张老师首先播放汽车喇叭声引起幼儿的注意,并介绍游戏:"我们来做一做小司机,开一开汽车。"之后,张老师和保育员一起进行情景表演,介绍游戏的玩法并提醒幼儿听清楚"司机"和"乘客"的对话,"你好!我是司机。""你好!我是乘客。"

游戏环节中,首先由张老师扮演"司机",指导幼儿进行游戏。虽然张老师一再强调"司机"和"乘客"要认真对话后"汽车"才能开动,但幼儿明显对对话的要求不关注,注意力集中在玩具方向盘及"汽车开动"的动作过程上。尤其是当幼儿自主进行游戏时,只要一拿到"方向盘",他们就完全忘了"司机"要和"乘客"对话的游戏要求。

整个游戏过程中,幼儿情绪高涨而愉悦,参与度高,但是,几乎没有幼儿按要求练习"司机"和"乘客"的对话。

初步探究

(1) 本来是一个听说游戏,为什么最后演变成"司机开汽车"的角色游戏?
(2) 听说游戏是什么?它有什么特点?

导　读

听说游戏是指用游戏方式组织的语言教育活动,是幼儿语言教育特有的一种活动类型。听说游戏既带有游戏性质,同时又有明确的语言教育目标,并通过游戏规则来确保游戏中语言教育目标的实现。

任务分解

我们可以将论题分解为以下三个方面。
(1) 什么是听说游戏?听说游戏的基本特点是什么?
(2) 因语言教育目标的不同,听说游戏有哪些类型?

（3）为确保语言教育目标的实现，听说游戏中的规则应如何制定？

通过解答这三个方面的问题，我们将对听说游戏的概念、特点有一个较为清晰的认识。

任务一　理解听说游戏的含义

一、听说游戏的概念

听说游戏有别于其他游戏类型，它有明确的语言教育目标，它是为帮助幼儿掌握音、词、句，培养幼儿倾听和表述能力而专门设计的，是用游戏的形式组织的语言教育活动。

为确保听说游戏中语言教育目标的有效实现，听说游戏必须有游戏规则，指引幼儿按规则进行游戏；同时，听说游戏必须具有趣味性，引导幼儿在自主游戏中通过反复练习，最后达成语言教育的目标。

综上所述，我们可以把听说游戏定义为是由教师设计组织的、幼儿有兴趣自愿参加的、专门为学习语言而进行的教学游戏。它是一种有规则的游戏。

二、听说游戏的特点

听说游戏属教学游戏，它是教学游戏中智力游戏的一种，其核心是游戏规则，它具有以下四个方面的特点。

（一）有明确的语言教育目标

听说游戏是专门为学习语言而进行的游戏，因此它必须有明确的语言教育目标。教师应根据幼儿的年龄特点以及语言教学的需要，选择、设计、组织相应的听说游戏。

案例："开火车"（小班）

目标：巩固小班幼儿对"u、k、c、s"的掌握

方法和规则：由发音正确的幼儿或教师当火车头，其他幼儿当车厢。火车要开动时，扮火车头的人要发出"呜、呜"（"u"）的汽笛声，其他幼儿模仿。火车开动后，扮车厢的幼儿就要发出"咔嚓、咔嚓"（"k、c"）的声音。停车时扮火车头的人发出放气的"嘶嘶……"（"s"）声，其他幼儿模仿。

{资料来源：全国幼儿园教材编写组. 幼儿园教材：语言[M]. 北京：人民教育出版社，1983.}

案例分析

教师根据这个游戏玩法设计、组织游戏时，强调和关注的不应是动作，而是游戏过程中如何引导幼儿对火车发出声音的模仿，只有反复模仿火车启动、行进，以及刹车的

声音，才能达到反复练习"u、k、c、s"发音的语言教育目标。

案例："谁来了？"（小班）

准备：画有小兔、小虫、小鸟、小鱼、小马等动物的卡片若干张。

玩法：

1. 游戏开始时，教师出示一幅森林背景图，说："有许多小动物要来森林玩，看看谁来了，它是怎样来的？"

2. 教师拿出一沓卡片，请一名幼儿上来，任取一张，如抽到小鸟，就说"小鸟飞飞"。全体幼儿一起说"小鸟飞飞"，并做小鸟飞的动作。

3. 教师提示"小鸟飞飞"，幼儿边说"飞飞"边做动作。如果教师提示"小鸟游游"，幼儿听到教师用错了动词，不能跟说和做动作，否则算输，可以采用比赛的方式进行。

规则：动作必须和说出的动词一致；当一名幼儿在回答问题时，其他幼儿不能进行动作或语言的提示。

{资料来源：全国幼儿园教材编写组. 幼儿园教材：语言［M］. 北京：人民教育出版社，1983.}

案例分析

根据以上游戏的准备、玩法和规则，我们能够确定教师可通过此游戏活动，帮助幼儿在多次反复中学习正确使用动物的名称以及相应的动词。

通过以上两个小案例，我们还可以总结出听说游戏语言教育目标的三大特点。

1. 具体性

通过听说游戏对幼儿提出的语言学习要求非常具体、明确。例如"谁来了？"这个游戏，幼儿参与其中，就必然会根据图片内容提示，反复练习使用名词及相应的动词，练习的目标简单明了。

2. 练习性

听说游戏的目标不是帮助幼儿学习新的语言内容，而是借助游戏过程中的反复练习，巩固幼儿在其他语言教育活动中所学的音、词、句。例如在"开火车"听说游戏中，教师引导幼儿反复模仿火车启动、行进、刹车的过程，以达到练习"u、k、c、s"这几个音的目的。

3. 含蓄性

听说游戏不同于其他类型的语言教育活动，它的语言教育目标并不需要幼儿明确知晓，而是借助游戏的活动环节，让幼儿边玩边说，在潜移默化中完成。这也是听说游戏这一活动类型的独特价值，它在发展幼儿语言能力上有不可替代的作用。

（二）有具体的游戏规则

游戏的规则确定了游戏参与者在游戏中可以做和不可以做的内容，是游戏参与者必须遵守的约定,是实现游戏目标的保证。听说游戏有明确的语言教育目标,为确保目标的实现,就必须制定适宜的游戏规则。

教师应根据具体的语言教育目标,选择适当的听说游戏内容,并把学习内容转化为一定的游戏规则。

案例:"说相反"(大班)(片段)

活动目标:

1. 知道生活中有很多东西是相反的,通过找一找、想一想,寻找生活中的反义词,并能正确表达。
2. 乐意在游戏中根据变化寻找反义词,在游戏中思维积极、反应快速。
3. 能听清指令,遵守游戏规则,表述声音响亮、清楚。

活动准备:

1. 幼儿经常接触的各种各样物品(纸、笔、书、玩具等)。
2. 自制图片一张,内容为两个人。两人的特征分别为:①笑、哭;②胖、瘦;③高、矮;④头发多、发头少;⑤穿长袖、穿短袖;⑥一个红短裤、一个黑短裤;⑦一个睁眼、一个闭眼。

活动过程:

1. 在物品中寻找反义词。

(1)幼儿按规则寻找物品,并请每一名幼儿都将自己找来的东西说出来。

规则:

①你找的两样东西里必须有"反义词"朋友。

②别人说过的尽量不说。

(2)(出示自制图片)鼓励幼儿根据图片内容找出多对反义词。

规则:

①你找的两样东西里必须有"反义词"朋友。

②别人说过的尽量不说。

……

(资料来源:根据大班语言游戏教案"说相反"编写,小精灵儿童网站 http://new.060s.com/article/2013/05/03/746038.htm.)

案例分析

此案例的活动目标是引导幼儿正确使用反义词,并提高幼儿语言运用的灵活性。为此,教师根据游戏的内容确定游戏规则为"你找的两样东西里必须有'反义词'朋友",限定了幼儿可寻找的物体的范围,并有"别人说过的就不能说"的规定,可提升幼儿根据对象灵活运用反义词的能力。

听说游戏的游戏规则有两类。

1. 竞赛性质的游戏规则

游戏中,幼儿如果听准了、说对了,就能达到要求,游戏可以进行下去或者幼儿能得到奖励。这种竞赛性质的游戏规则能产生激励作用，促进幼儿积极主动地投入到听说游戏中。

案例："猜猜我是谁"（中班）

活动目标：

能根据声音来辨别同伴，练习说疑问句。

玩法：

全体幼儿坐成半圆形，先请一名幼儿背对大家坐好，再请另一名幼儿走到他的椅子后面，轻轻敲椅子三下。坐着的幼儿问："是谁敲我的门呀？"敲门的幼儿回答："是我，你猜猜我是谁？"如果猜不出来，可再问："你是什么人？"回答："我是您的好朋友。"猜对了，就调换位置，游戏重新开始。

游戏规则：

对话必须按教师规定的句子进行，猜对才能互换位置。

注意事项：

游戏可逐步提高要求，敲门的幼儿可以故意改变自己的声音迷惑猜的伙伴；也可两个人同时敲门，同时回答问题，要求猜出两个人的声音。

{资料来源：全国幼儿园教材编写组．幼儿园教材：语言［M］．北京：人民教育出版社，1983．}

案例分析

此听说游戏的规则就是竞赛性质的游戏规则。游戏之所以吸引幼儿参与，是因为猜的过程充满悬念，被猜者可以自由变换声音让对方猜不出来；猜者则要凭自己的能力做出猜测，同样充满挑战。两个角色能否置换就看猜者能否猜对，这种带有挑战性的规则自然能刺激幼儿主动投入游戏。

2. 非竞赛性游戏规则

这类游戏规则可以设定游戏何时出现让幼儿紧张的情节，因此同样可以产生激励的效果。

案例："白鹅下河"（中班）

活动目标：

能发准带有"e、g、h"的字音。

玩法：

幼儿坐成圆形或半圆形，请1名幼儿戴上狐狸的头饰扮演狐狸，坐在辺上。

教师戴头饰扮演鹅妈妈，请9名幼儿做小白鹅。小白鹅说："我是小白鹅，我会河里游。"讲对了，教师就给他戴上头饰，说"对对对，你是我的小白鹅"，并叫他站在教师的一旁。如果讲错了，教师教他再讲一次。

游戏开始，全体幼儿沿"河"的四周边做鹅走路的动作边念儿歌："东边一条河，西边一群鹅，鹅儿鹅儿唱着歌，一只狐狸跑过来，鹅飞鹅跑跳下河。"在念"一只狐狸跑过来"时，狐狸从座位上站起来。

游戏规则：

要念完儿歌，鹅才能跳下河（即画好的小河界线中），同时狐狸才能跑出来抓鹅。之后换一批幼儿扮演狐狸和白鹅，再进行游戏。

注意事项：

游戏前，先要教幼儿念儿歌，并注意发音正确。在游戏进行中，发现幼儿发音不准时，教师要给予纠正。

[资料来源：全国幼儿园教材编写组. 幼儿园教材：语言 [M]. 北京：人民教育出版社，1983.]

案例分析

"白鹅下河"这一活动的游戏规则就属于非竞赛性质。语言目标隐含在鹅妈妈和小鹅的对话以及游戏开始时必须朗读的儿歌中。幼儿在游戏中感兴趣的自然是躲避狐狸及"跳下河"的环节，但要出现这个情节，必须先完成儿歌的朗读。可见，这样非竞赛性质的规则也能有效调动幼儿游戏的积极性。

（三）有随活动进程逐步扩大的游戏成分

幼儿园听说游戏具有活动性和游戏性的双重性质。

听说游戏有明确的语言教育目标，因此活动开始时，教师必须以游戏主导者的身份，帮助幼儿理解游戏规则，掌握游戏玩法，明确游戏内容，因而具有活动性质；在幼儿熟悉玩法和规则后，教师逐渐退出并放手让幼儿独立进行游戏，这时游戏性质明显。

听说游戏活动开始时以活动的方式进入，随活动进程的深入，游戏成分逐渐扩大，最后以游戏的方式结束。

案例："顶锅盖"（中班）

活动目标：

1. 发准"盖、菜、怪"等容易混淆的字的字音，并能根据自己的生活经验，说出各种菜肴的名称。

2. 养成注意倾听的习惯，提高语言表达和动作反应的敏捷性。

3. 能遵守游戏规则，并积极地参与游戏活动。

活动准备：

1. 教师准备小铝锅盖一个。

2. 教师或家长于活动前丰富幼儿对有关菜名的认识。

活动过程：

1. 创设游戏情境。

教师出示锅盖，用手指顶着锅盖的中心，朗读游戏儿歌，营造一个轻松愉快的游戏气氛，引起幼儿对游戏活动的兴趣。

2. 教师介绍游戏玩法和规则。

（1）教师引导幼儿理解并学习朗读游戏儿歌，练习发准"盖、菜、怪"等字音。

（2）教师与一名幼儿合作，示范、讲解游戏规则。

①幼儿必须边念儿歌边用食指顶着"手掌锅盖"。

②儿歌念完，"手掌锅盖"才能去抓顶着"锅盖"的食指，同时食指也要赶紧缩回，不让"锅盖"抓住。

③顶"锅盖"的幼儿若被抓住，扮演"锅盖"的幼儿就要问："烧的是什么菜？"被抓住的幼儿必须说出一道菜的名称，方能与"锅盖"交换角色，然后游戏继续进行。

3. 教师引导幼儿游戏。

（1）可采用提问的方式，根据幼儿已有的生活经验，引导幼儿说出各种菜肴的名称。

（2）教师组织幼儿每人用一只手做"锅盖"，另一只手顶"锅盖"，采用自问自答的形式，练习游戏中的语言。

4. 教师组织幼儿结伴游戏，以小组为单位玩"顶锅盖"游戏。

幼儿两两结伴玩游戏，教师可以以幼儿的身份加入到游戏中，与幼儿一起快乐地游戏，同时注意观察全体幼儿的活动情况，对出现问题的及时予以帮助和指导。

附《顶锅盖》儿歌：

顶锅盖，炒油菜，辣椒辣了不要怪。噗！一口风。噗！二口风。噗！三口风。

（资料来源：根据中班听说游戏教案"顶锅盖"编写，小精灵儿童网站http://new.060s.com/article/2015/09/28/2022512.htm.）

案例分析

"顶锅盖"这一听说游戏的设计和组织按照四个步骤进行，即设置游戏情境—交代游戏规则—教师引导游戏—幼儿自主游戏。前面两个步骤，教师引导为主，主要采用示范讲解的方法，凸显了教师的主导作用。随游戏进程发展，教师和个别幼儿合作，引导幼儿熟悉游戏的玩法，进而组织幼儿自问自答进行游戏，最后组织幼儿以小组为单位，两两结伴玩游戏，游戏性质越来越显著。

（四）有一定的游戏结果

听说游戏是有规则的游戏，是智力游戏的一种，是特殊的语言教育活动形式。因此，它必须强调游戏的结果，也就是达到该游戏的语言教育目标。成功的听说游戏，其结果应该实现：一方面幼儿通过游戏达到提高听说能力的目标；另一方面幼儿在这种语言活动中保持良好、积极、愉快及主动的学习情绪与状态，游戏的过程是有效的语言学习过程。

幼儿园语言教育活动指导

任务二 明确听说游戏的语言目标及游戏类型

听说游戏的语言目标主要体现在：帮助幼儿按一定规则进行口语表达练习；在听说游戏中提高幼儿积极倾听的水平；培养幼儿在语言交往中的机智性和灵活性。下面，我们结合案例，就听说游戏的语言目标及相应的游戏类型逐一进行学习。

一、帮助幼儿按一定的规则进行口语表达练习

成熟的口语表达必须符合语言的规范要求。教师依据这一要求制定听说游戏的游戏规则，引导幼儿在参与游戏、遵守游戏规则的过程中，内化口语表达的语言规范，在反复进行的听说游戏中提升幼儿口语规范表达的能力。

教师可以从以下三方面着手，帮助幼儿按一定规则进行口语表达练习。

（一）复习、巩固听音和发音

听说游戏的认知目标涵盖着幼儿语音学习的目标，其中包括听、辨音及发音的练习。教师可着重为幼儿提供练习听、发音的机会，借助有趣的游戏情节，帮助幼儿复习、巩固近期学习的听音和发音内容。

教师可以根据幼儿语音学习的四项内容来组织听说游戏活动。

1. 听觉练习

主要训练幼儿辨别声音、注意听的能力。

案例："帮妈妈买东西"（小班）

语音练习目标：

能分辨"j、q、x"相似的字音，听清指令。

活动准备：

布置"娃娃家""超市"等场景；"超市"内放有小鸡、小旗、小溪等带有"j、q、x"声母的卡片若干张。

玩法：

教师扮演妈妈，幼儿扮演孩子。妈妈说："孩子，妈妈请你帮忙去超市买几样东西，听好了，去买三张小旗卡、五张小鸡卡。"孩子们根据指令去"超市"购物。购完物回到妈妈身边，妈妈检查孩子是否完成任务。如拿错了，妈妈可以重复一次指令，让孩子重新买一次。

游戏规则：

必须按妈妈的要求买东西；指令只说一次，如果买错了也只有一次改正的机会；旁观的孩子不能提醒。

[资料来源：张加蓉，卢伟. 学前儿童语言教育活动指导［M］. 上海：复旦大学出版社，2005.]

2. 针对"难发音"的练习

如针对普通话发音难点"zh、ch、sh""z、c、s"的练习。

案例：语音游戏"卖柿子"（大班）

语音练习目标：

正确区分平、翘舌音，发准"柿、涩、子"等音，并分清"买、卖"两个音。

活动准备：

柿子的图片若干，小篮子一个。

玩法：

全班幼儿坐成一个圆圈，请一名幼儿做卖柿子的人，手提小篮子在圈内走，幼儿集体念儿歌："柿子红，柿子黄，柿子柿子甜如糖。卖柿子咯！"念完儿歌，卖柿人走到一名幼儿面前，问："你要买柿子吗？"这个幼儿就反问："你的柿子涩不涩？"卖柿人答："不涩，不涩，你要买几个？"幼儿就说出自己要买的数量（不能超过十个），如说："我要买两个柿子。"卖柿人就从篮子里拿出一张画有两个柿子的卡片给他，并说："就卖给你两个柿子。"然后，两个人交换位置，买柿人做卖柿人，游戏重新开始。

教学提示：

1. 卖柿人和买柿人必须按照规定进行对话，其他幼儿要安静地听，注意他们发音是否正确。

2. 如发音不准，教师可指定某个幼儿帮助纠正。

3. 游戏前，教师先要讲解买、卖两个词的用法，并让幼儿练习正确运用和发音。

｛资料来源：全国幼儿园教材编写组. 幼儿园教材：语言［M］. 北京：人民教育出版社，1983.｝

3. 针对方言干扰音的练习

不同地域，不同方言都有可能对幼儿学习普通话造成干扰，例如"an、ang"不分。教师应根据幼儿的具体发音情况设计听说游戏内容，帮助幼儿在游戏中提升对这些干扰音的敏感度并练习准确发音。

案例："找动物"（大班）

语音练习目标：

练习发准鼻韵母的字音（前鼻音"an、en、in、un"：斑马、金鱼、海豚、蚊子；后鼻音"ang、eng、ing、ong"：蜻蜓、猩猩、大象、长颈鹿、熊、孔雀、鹰、狼、青蛙）。

准备：

1. 森林图片一幅（有山、树林、池塘、草丛等），将各种动物分别插入图中，但只露出身体或头、尾的一部分。插入材料：斑马、天鹅、金鱼、蜻蜓、猩猩、大象、长颈鹿、熊、孔雀、鹰、狼、青蛙。

2. 在另一块绒布板上布置一个动物园，用纸条隔成若干个笼子，有的笼内有竹枝，有的有铁秋千，有的有大树，有的有池塘。

玩法：

1. 出示森林图，请幼儿当小猎人，到森林里找动物。小猎人要仔细观察，找到隐藏

着的任何一种动物，把它取出来，并说出在什么地方，找到了什么。如："我在大树后面找到了长颈鹿。"说对后，贴在板上。（应注意幼儿的读音是否正确）

2. 教师当动物园管理员，请小猎人把动物送到动物园，并把动物放在相应的地方，比如，把熊猫放在有竹枝的笼内。小猎人送动物给管理员时，应说："我把××动物送到动物园。"管理员说："谢谢！"直到把动物全送到动物园为止。

教学提示：

1. 小猎人找到小动物后说出动物名称时，教师应注意正音。

2. 小猎人把动物送到动物园时，读音一定要准确才能送动物，教师一定要注意正音。

〔资料来源：全国幼儿园教材编写组. 幼儿园教材：语言［M］. 北京：人民教育出版社，1983.〕

4．声调及发声用气练习

普通话的声调学习是幼儿语音学习的一个重要部分。通过有意识地创设相似音和各种声调要素的听说游戏情境，让幼儿在辨别中学说、在学说中提高分辨能力，进而准确掌握声调。

年龄越小的幼儿，说话时气息的运用能力就越差。听说游戏的发音练习可把练习用气作为活动目标的内容，培养幼儿正确用气的方法。

案例："娃娃请客"（中班）

语音练习目标：

发准四声。

活动准备：

玩具娃娃、鸡、羊、狗、兔和茶杯、碗、勺、小皮球等。"娃娃家"的场景。

玩法：

1. 今天娃娃请客，来了两个好朋友。（出示两个娃娃，由教师介绍他们的名字——"张红""李丽"，引导幼儿进行四声练习）

2. 娃娃请朋友们喝茶，请他们坐下——喝茶请坐。（请幼儿学说，声调说对了，就由他们代替娃娃端茶给朋友们喝）

3. 娃娃请朋友们吃饭，吃的是——番茄炒蛋。（方法同上）

4. 吃完饭，娃娃和大家一起做游戏——拍球比赛。（方法同上）

5. 大家玩得真高兴！天色不早了，我们要感谢娃娃——非常感谢。

（教师可配合具体教具拓展内容，引导幼儿进行四声练习）

教学提示：

做游戏前，先要告诉幼儿普通话有四种不同的声调，有些声音是平平的，有些声音是从低到高的，有些声音是拐弯的，有些声音是从高到低的，帮助幼儿明白学好普通话除了要发准音，还得把声调说对了，这样才能好听。

〔资料来源：全国幼儿园教材编写组. 幼儿园教材：语言［M］. 北京：人民教育出版社，1983.〕

（二）扩展、练习运用词汇

词汇的积累是良好口语表达的基础。词汇的掌握除了在日常生活中大量积累以及在各种学习活动中获得外，还必须创设条件帮助幼儿反复练习达到熟练运用。听说游戏就是一种高效能、集中运用词汇并提升幼儿对词汇学习敏感度的活动形式。教师可以从以下两方面丰富幼儿词汇运用的经验。

1. 正确使用各类词汇的经验
案例："跟我说相反"（大班）

词汇练习目标：

练习使用反义词。

玩法：

1. 开始时，可以结合实物进行游戏。比如，教师拿出一个大皮球，说："大皮球。"幼儿就要迅速拿出一个小皮球，说："小皮球。"

2. 游戏可以逐步脱离实物，配合动作说反义词。比如，教师说："高高的人。"幼儿就要迅速用手做出矮的动作，说："矮矮的人。"

3. 要求幼儿不用动作配合，迅速说出反义词，或请幼儿分组进行比赛。

{资料来源：全国幼儿园教材编写组. 幼儿园教材：语言［M］. 北京：人民教育出版社，1983.}

2. 不同类词搭配的经验

词汇的搭配通常与语言习惯和经验有关，很难解释为什么这样搭配，这种经验是通过反复运用而习得的。听说游戏通过具体、生动的直观形象，引导幼儿学习并熟悉在具体场景下词汇搭配的方式，通过反复练习，形成一种语用习惯。

案例："造火车"（中班）

词汇练习目标：

正确使用量词，如一副眼镜、一艘轮船、一辆汽车、一双筷子、一个花瓶、一盏灯、一扇门等。

准备：

把画有各种事物的图片放在一个书包里。

玩法：

1. 由一人做火车头，其他幼儿做车厢。

2. 游戏开始时，大家一起念儿歌："点兵点将，点到谁，谁就是我的车厢。""火车头"的幼儿一边念儿歌一边用手轮流点小朋友，当儿歌念完后，被点到的小朋友站起身，从"火车头"的包里取出一张图片，并用量词说出图上的东西。如："一只蝴蝶。"说对了，"火车头"则说："对对对，请你快来做车厢。"这个小朋友就站到火车头后做一节车厢。说错了，"火车头"说："不对，不对，请你再想想。"仍不能说对，则这名幼儿不能做车厢，同时教师给出正确的示范，火车头可以继续念儿歌，重新点将。

3. 造好一列长长的火车后，火车头可以带领车厢做开火车的游戏。

教学提示：

在幼儿未熟悉游戏内容前，由教师做火车头；为增加游戏的趣味性，可以在活动室设置一些障碍物。

{资料来源：全国幼儿园教材编写组. 幼儿园教材：语言［M］. 北京：人民教育出版社，1983.}

（三）尝试运用句式

幼儿在语言学习过程中大量积累句型，这是他们语法习得和发展的重要方式。对句型的理解、掌握并熟练运用，需要幼儿经历一定语言情境，在一定场合下反复练习而获得的。听说游戏有意识地创设语言情境，帮助幼儿进行句型练习，让他们在一定语言背景下，迅速地把握某一句型的特点和规律，并在尝试运用的过程中提高熟练运用的水平。

案例："击鼓传卡片"（大班）

句式练习目标：

练习使用"有……，有……，还有……"的句式。

准备：

卡片若干张（每张卡片上都画有三四样幼儿熟悉的东西，如皮球、娃娃、积木、汽车、电车、卡车、自行车等），放卡片的布袋一只，鼓一只。

玩法：

全班幼儿坐成半圆形或圆形，卡片放在布袋里。教师击鼓，幼儿按节奏依次传递布袋。鼓声停止，布袋传到谁手里，谁就摸出一张卡片，讲出卡片上的内容，如："图上有皮球，有娃娃，还有积木。"说对了，把卡片贴在绒布板上，请他来击鼓，游戏重新开始。

{资料来源：全国幼儿园教材编写组. 幼儿园教材：语言［M］. 北京：人民教育出版社，1983.}

在这部分的练习中，教师应该注意培养中班、大班幼儿灵活运用句式对事物进行描述的能力，可通过类似以下案例的描述性听说游戏，引导幼儿用简单、生动、形象的语言描述事物的特征，提高幼儿语言运用能力。

案例："警察叔叔帮我找朋友"（中班）

语言练习目标：

要求幼儿清楚说出同班幼儿的特征。

玩法：

请一名幼儿扮演警察，另一名幼儿做找朋友的人。游戏开始，找朋友的人说："警察叔叔，我的好朋友不见了，请你帮我找一找好吗？"警察说："请你告诉我，你的好朋友长什么样？穿什么衣服？"找朋友的人就要具体描述班上一个幼儿的形象，如："我的好朋友是个男孩，他有一双大大的眼睛，长得胖胖的，身上穿运动衣……"警察和他一起绕活动室一圈，找出他说的那个幼儿，说："这是你的朋友吗？"若找对了，找朋友的人就说：“对，对，谢谢您！”找错了，就重找，直到找到为止，然后幼儿调换角色进行游戏。

教学提示：

教师要注意找朋友的人讲的某一名幼儿的特征是否正确，如不恰当，应注意纠正。

｛资料来源：全国幼儿园教材编写组. 幼儿园教材：语言［M］. 北京：人民教育出版社，1983.｝

二、在听说游戏中提高幼儿积极倾听的水平

听和说是口语表达不可分割的两方面，要想说得好，必然离不开积极的倾听。听说游戏顾名思义就是发展幼儿听和说的能力。游戏中幼儿能有效地说，首先就要认真地听；同时，听说游戏不同于其他的语言活动形式，它是以游戏形式进行的语言教学活动，幼儿在活动中的主动性、自主性、参与性较其他活动形式高，这有利于提高他们积极倾听的水平。

教师在引导幼儿进行听说游戏时，可从以下三个方面提出明确的要求，提升幼儿在游戏中积极倾听的能力。

第一，听懂教师的讲解，理解游戏规则。教师在听说游戏开始前，总是要向幼儿提出一定的要求，布置活动任务，讲解、示范游戏规则。为了确保游戏顺利进行，幼儿必须努力听清楚、听明白，虽然这对幼儿的倾听能力是一个挑战，但能帮助幼儿提升在不同交往场合中的倾听水平。

第二，听懂游戏的指令，把握游戏进程。要求幼儿在游戏过程中，随时需要把握游戏中传出的指令信息，并做出相应的反应。

第三，准确把握和传递有细微区别的信息，提高倾听的精确度。这要求幼儿把倾听的重点放在准确把握和传递信息上，要听清楚、听准确。

案例："小鸡吃东西"（小班）

活动目标：

能正确、响亮地发出"鸡、吃"的字音。

活动准备：

小鸡头饰（或胸卡）若干（与本班幼儿人数相等）。

玩法：

1. 教师扮演母鸡，手拿几个小鸡头饰，走到一名幼儿面前，问："我的小鸡在哪里？"这名幼儿就发出"叽叽叽"的叫声，教师说："你是我的小鸡。"并将头饰给幼儿戴上。然后，用同样的方法给每名幼儿戴上头饰。

2. "母鸡"带"小鸡"去找食。教师说："小鸡吃米。"幼儿从座位上出来，到场地中间，蹲下身子做吃米状，并发出"吃吃吃，吃吃吃"的声音。教师说："小鸡回家了。"幼儿就发出"叽叽叽"的叫声回座位坐好。

3. 游戏继续进行时，可以调换吃食，如"小鸡吃虫""小鸡吃菜"。如果教师说："小鸡吃木头。"幼儿就不能做吃的动作，也不能发出声音。

教学提示：

1. 在做游戏前，教师可以轮流走到每名幼儿前面，给"小鸡"喂食，让幼儿逐一练习"吃吃吃"的发音。

2. 游戏时，可先请部分幼儿做小鸡，然后再请全体幼儿做小鸡。

3. 游戏可逐步加深要求，当教师说"小鸡吃米"时，小朋友可说："吃吃吃，小鸡吃米。"

｛资料来源：全国幼儿园教材编写组. 幼儿园教材：语言［M］北京：人民教育出版社，1983.｝

案例分析

"小鸡吃东西"是一个通过角色扮演练习发音，训练小班幼儿专注听的游戏。因为涉及角色扮演，小鸡的头饰会分散幼儿的注意力，因此，教师在每个游戏环节开展之前，都必须向全体幼儿介绍清楚要求和游戏规则。这体现了"听懂教师的讲解，理解游戏规则"的要求。

游戏玩法的前两点，都要求教师扮演"鸡妈妈"的角色，通过语言提示，引发幼儿相应的语言或动作反应。这体现了"听懂游戏的指令，把握游戏进程"的要求。

游戏的第三个环节是"调换吃食"，当教师提示语言中出现的不是小鸡的食物时，幼儿不能做出反应。这一内容体现了"准确把握和传递有细微区别的信息"的要求。

三、培养幼儿在语言交往中的机智性和灵活性

听说游戏作为特殊的语言教育活动形式，它为幼儿提供了一种独特的语言交往场合，对幼儿语言运用的机智性、灵活性有要求，尤其是带有竞赛性质规则的游戏。为了赢得游戏胜利，幼儿首先要迅速理解游戏的规则，并快速调动个人已有的语言经验进行内在语言编码，同时还要迅速以符合规则的方式进行表达。教师如在听说游戏设计组织中注意以上三点，幼儿在语言交往中的机智性和灵活性必然可以得到锻炼。

四、听说游戏在各年龄班运用的注意事项

（一）听说游戏各年龄阶段的目标

1. 小班（3～4岁）

（1）乐于参加游戏活动，在游戏中大胆地说话。

（2）发准某些难发的音，初步掌握方位词及人称代词，学习正确运用动词。

（3）在游戏中尝试按照规则，运用简单句说话。

（4）养成在集体活动中倾听别人讲话的习惯，能听懂并理解较简单的语言游戏规则。

2. 中班（4～5岁）

（1）在游戏中巩固、练习发音，正确运用代词、方位词、副词、动词、连词和介词等。

(2) 能说简单而完整的合成句。
(3) 能听懂并理解多重游戏规则。
(4) 学习较迅速地领悟游戏中的语言规则，并能及时做出相应的反应。

3. 大班（5～6岁）

(1) 在游戏中学习正确运用反义词、量词和连词等，并能说完整的合成句。
(2) 养成积极倾听的习惯，迅速把握和理解游戏中较复杂的多重指令。
(3) 不断提高倾听的精确度，准确掌握和传递有细微差别的信息。
(4) 在游戏中按照规则迅速调动个人已有语言经验进行内在语言编码，并迅速进行语言表达。

（二）听说游戏在各年龄班运用的注意事项

由于各阶段幼儿年龄特点不同，语言教育的目标也有所不同，所以各年龄班的听说游戏也各有自己的侧重点。

小班的语言教学以发音、正音和丰富词汇为主，因此该年龄班的听说游戏应以发音游戏和词汇游戏为主，教师设计组织听说游戏时，可侧重幼儿听音、发音能力及词汇运用能力的语言教育目标。在游戏中，教师可以直接参加，担任游戏的重要角色，为幼儿示范、提供模仿榜样的同时，又可调控游戏，实现游戏的语言教育目标。

中班和大班的语言教育目标是以丰富词汇、会说完整句和提高口语表达能力为主，因此听说游戏以词汇游戏、句子游戏和描述性游戏为主。在幼儿掌握了游戏的玩法和规则后，教师一般作为观察者和环境、材料的提供者进行间接的指导和调控。

导入案例分析

导入案例中的张老师，她在设计"开汽车"的听说游戏时，语言教育目标是明确的，并充分考虑了小班幼儿活动的特点，为游戏的开展做了充分的准备，包括准备道具、排练情景表演，还运用直观形象的方法向幼儿介绍游戏的玩法和要求。但为何游戏的进程却不如张老师所愿呢？主要的问题在于张老师未能根据游戏内容及其语言教育目标，制定有效的游戏规则。"开汽车"这一游戏能吸引小班幼儿的原因就在于模仿司机开车的过程。张老师预备了玩具方向盘，本意是为了提高游戏的趣味性，但她忽略了这一道具对孩子的吸引力，结果是没人去关注"司机"和"乘客"之间的对话了。虽然张老师不断强调规则"对话说完后汽车才能开动"，但规则对整个游戏进程并没有起到有效的制约作用，因此，游戏的整个过程就无法保证语言教育目标的实现。

建议张老师在设计游戏活动时，多考虑游戏规则和语言目标之间的关系，制定的游戏规则应在玩法和语言目标之间有唯一关系（即若不用"你""我"等代词进行表达，就无法进行游戏）。可以考虑设置角色"售票员"和道具"车票"，扩大"售票员"和"乘客"之间的对话内容，如："你好！我是售票员，请问你要去哪里？""你好！我是乘客，我要去……"对话完成后才可获得车票，然后上车，开始游戏。

幼儿园语言教育活动指导

学习反馈

姓名：　　　　　　班级：

（1）什么是听说游戏？请概括幼儿园听说游戏的特点。

（2）听说游戏的游戏规则有何意义？请自选一则听说游戏，根据游戏目标及玩法，尝试为它制定游戏规则

任务内容	任务描述	你的收获

小组评价：

教师点评：

项目二 听说游戏的设计与组织

> **导入案例**

小班听说游戏"可爱的小动物"（教师教学实录）（节选）

活动目标：

1. 能正确说出小动物的名称，能准确发出"嘎""叽""喵""汪"等的字音，并能协调模仿小动物的动作。

2. 基本掌握游戏方法，遵守游戏规则，能认真倾听教师的讲解。

3. 喜欢参加集体活动，能大声响亮地在集体面前说话。

活动过程：

1. 导入活动，出示背景图。

师：今天有很多小动物到我们班做客，小朋友看看谁先进来？

2. 游戏"小动物来做客"。

（1）出示小鸭教具。

师：这是谁？（幼儿回答）

师：对，是小鸭。小鸭身上的毛是什么颜色的？（幼儿回答）嗯，小朋友答对了，是黄色的。

师：那它的嘴巴长什么样子？（幼儿回答）对，小鸭的嘴巴是扁扁的。（教师做"小鸭扁嘴巴"的手势）

师：小朋友知道小鸭有什么本领吗？（幼儿回答）（教师做"小鱼游"的手势）小朋友真棒，对，小鸭能抓小鱼。

师：但小朋友知道小鸭怎么叫的吗？可以学给老师听吗？（幼儿模仿小鸭叫）对！是"嘎嘎嘎"地叫的。（教师一边发音一边做"小鸭扁嘴巴"的手势）

师：好了，现在我们请小鸭去草地玩一会儿吧。（把小鸭粘在背景图上）

（2）出示小鸡教具。

……

（教师仿照"小鸭"的方式，逐一出示"小鸡""小猫""小狗"的教具，引导幼儿观察并回答小动物的特点，模仿动物的叫声）

3. 游戏"可爱的小动物"。

师：老师教小朋友一首儿歌，儿歌的名字叫《可爱的小动物》。

师：大家还记得小鸭怎样叫吗？（指示小鸭的教具）跟老师一起朗读："小鸭子嘎嘎嘎。"（边读边做动作）

……

幼儿园语言教育活动指导

（教师以同样的方式带领幼儿分句学习朗读儿歌）

师：老师请小朋友上来扮演小动物，一起来表演儿歌。（请幼儿上前，以小组的形式朗读儿歌）

4. 游戏"动物汽车"。

（播放音乐，并出示玩具方向盘）

师：小朋友，你们看，这是什么？我们一起来开动物汽车吧。

（教师示范做司机，小朋友扮演小动物上车，要求小朋友模仿所扮演的小动物的叫声）

师：谁愿意上来做小鸡？小鸡怎样叫？（用同样的方法请出其他幼儿）

（播放音乐并带领幼儿绕场一周）

师：动物汽车到站了。请小动物下车，回到自己的位置上坐好。

5. 活动结束。

师：今天小朋友玩得开心吗？我们下次再玩游戏。今天的课就到这里。小朋友再见！

初步探究

纵观整个活动过程，教师比较关注幼儿的发音训练以及对小动物名称的掌握，但作为一个听说游戏，活动中游戏特点却不明显。虽然教师也强调"玩""游戏"这些字词，可从过程实录中我们却感受不到幼儿游戏的快乐，发音及词汇的练习明显是在教师的要求下进行的，幼儿的自主参与活动的程度比较低。请思考：

（1）在保证听说游戏语言目标实现的前提下，如何确保听说游戏活动的趣味性及游戏性？

（2）如何根据听说游戏特点设计和组织听说游戏活动？

导　读

听说游戏具有游戏性和活动性的双重性质，所以它的设计、组织与实施具有较强的规律。按一定的思路、策略设计和组织，把握设计、组织及实施的指导要点，可能会使听说游戏产生更好的教育效果。

任务分解

我们可以将论题分解为以下三个方面。

（1）依据听说游戏的特点，设计和组织听说游戏时有哪些基本结构？

（2）为确保听说游戏的语言教育效果，我们在设计和组织听说游戏时应把握哪些指导要点？

（3）为提升游戏的趣味性，听说游戏设计时有哪些策略？

在回答这三个方面问题的过程中,我们将对设计和组织听说游戏有一个较为清晰的认识。

任务一 掌握听说游戏设计与组织的基本结构及指导要点

一、听说游戏设计与组织的一般步骤

听说游戏的设计与组织,有其特殊的规律,一般而言,可按如图5-2所示基本结构进行设计。

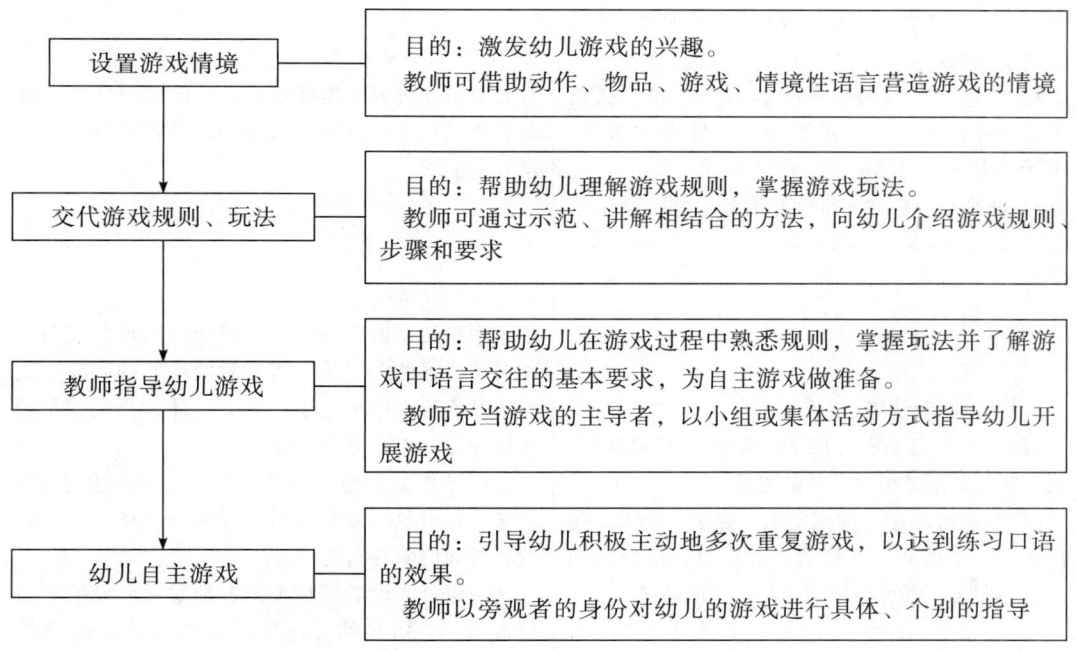

图5-2 听说游戏设计与组织的结构图

二、听说游戏设计与组织的具体指导要点

关于听说游戏设计与组织的指导要点,我们将结合以下的活动案例进行分析说明(见表5-1)。

案例:"不说黑和白"(中班)

表 5-1 听说游戏设计与组织指导要点案例分析说明

活动案例:听说游戏"不说黑和白"①	案例分析说明
活动目标: 1. 积极倾听别人说话,并学习用比喻的方法,学会正确使用连词"像、同、和、跟",学说连贯、完整的语句。(认知) 2. 积极参与游戏,体会游戏愉快的气氛,能与同伴分享快乐,有集体荣誉感。(情感与态度) 3. 能较快地领悟游戏规则,在语言交往中有灵活性。(操作技能)	听说游戏的活动目标,应从认知、情感、能力三方面考虑。 认知目标应凸显该听说游戏的语言练习要求,语言练习的内容应具体、明确。 情感目标应涉及幼儿在此次活动中兴趣、态度及价值观等方面的变化。 能力目标的确定应体现听说游戏对幼儿口语表达能力发展的特殊作用。 活动目标建议从幼儿的角度进行表述
活动准备: 1. 黑色、白色的多种实物若干,如一张白纸、一件白衣服、一张黑纸、一件黑衣服等。可爱图案(如海绵宝宝)贴纸若干。 2. 教师与一名幼儿排练好游戏	根据游戏进程的需要选择、设计游戏材料(教具、学具),同时必须满足幼儿自主游戏环节对教学具的需求
活动过程: 1. 创设游戏情境。 (1)首先将全班幼儿分成两组,然后教师以展示实物的形式引起幼儿的兴趣。 (2)教师出示"海绵宝宝"贴纸:今天,我们要玩一个游戏。注意听,答得对,得分高的那组小朋友,都可以得到一张可爱的贴纸	创设游戏情境的三种方法。 ①用物品创设游戏情境:教师使用与游戏内容相关的具体物品、玩具等,激发幼儿的兴趣。注意物品本身应对幼儿有吸引力。(本次活动就是运用这种方式创设游戏情境的) ②用动作创设游戏情境:教师借助动作表演,引导幼儿想象出游戏的角色或游戏的场景,从而营造游戏情境的气氛。 ③用语言创设游戏情境:教师通过形象生动的语言描述,引导幼儿想象游戏的角色及所处的环境

---

① 资料来源:根据中班语言教案"不说黑和白"编写,小精灵儿童网站 http://new.060s.com/article/2013/05/07/749969.htm。

续上表

活动案例：听说游戏"不说黑和白"	案例分析说明
2. 交代游戏名称"不说黑和白"。 （1）介绍游戏名称"不说黑和白"。 （2）教师采用示范、讲解的方法让幼儿明白游戏的玩法和游戏规则。 ①出示黑色和白色的物件，提问： 这××是什么颜色的？（提醒幼儿注意句式） ②教师说明回答要求：不能用"黑"或"白"这两种颜色直接回答，必须用"像、同、和、跟"这样的连词，用比喻的方法来描述物体。回答正确的小朋友可以得到一个可爱的"海绵宝宝"。回答必须和别人不一样，否则就不能得到"海绵宝宝"。 ③教师与排练过的幼儿示范游戏玩法，引导幼儿理解游戏规则。 出示一块白色的手表，提问： 这是什么颜色的手表？（幼儿示范回答：这块手表的颜色和牛奶的颜色一样。教师根据幼儿的回答，再次强调回答颜色时不能直接说"白色"，要想出和它颜色一样的东西，用打比方的方法来回答）	交代游戏规则这一步骤，是教师对幼儿布置任务，讲解要求，帮助幼儿了解游戏开展顺序的过程。教师在进行该步骤时，应注意： ①讲解的语言要简单明了，交代游戏规则时，语速要慢，尤其是那些带有示范性质的说明，一定要保证幼儿听清楚，帮助幼儿理解规则要点。 （案例中，教师在说明回答要求"不能用'黑'或'白'这两种颜色直接回答，必须用'像、同、和、跟'这样的连词，用比喻的方法来描述物体"时，必须用强调的语气，语速缓慢地表达，引起幼儿关注） ②讲解规则要点时必须让幼儿基本明白说什么和怎样说。 （案例中教师借助实物，请排练过的幼儿一同示范、讲解游戏规则，能有效地帮助幼儿理解规则，知道按规则要求如何进行游戏） ③讲解游戏开展顺序时，应帮助幼儿清楚了解游戏开展的顺序，知道先做什么、后做什么、什么角色做什么、说什么
3. 教师引导幼儿游戏。 教师提问、启发、鼓励幼儿用"像、同、和、跟"说出比喻句。 出示黑色的袋子，提问： 这个袋子是什么颜色的？想一想还有什么东西和它的颜色一样？请你用"像……一样""和……一样""跟……一样"的句子来回答。（鼓励幼儿说出各种答案，如"这个袋子的颜色像我的头发一样"或"这个袋子的颜色和黑板的颜色一样"等。提醒幼儿注意倾听别人的回答，不能重复别人说过的答案） 出示白色的杯子，提问： 这个杯子是什么颜色的？回答时不能用"白色"这个词，想一想可以怎么说？（引导幼儿进一步掌握游戏的规则）	教师引导幼儿开展游戏的环节是在幼儿初步理解游戏规则的基础上，教师以主导者的身份指导幼儿游戏的过程。这一过程有利于幼儿在活动进程中熟悉游戏规则，进一步把握游戏的程序，知道在游戏过程中语言交往的要求，为下一步独立进行游戏做好准备。 具体操作的方法是： 教师可以带领一组幼儿开展游戏，其他幼儿观察熟悉，然后轮换；也可由教师带领全体幼儿参与游戏，待幼儿熟悉后再自主进行游戏。 （案例中，教师充当游戏的主导者，通过提问的方式，引导全体幼儿按游戏的玩法和规则进行问答，能有效、准确、快捷地帮助幼儿掌握游戏的方法，并清楚游戏的规则，确保游戏语言教育目标的实现，同时为下一步游戏的进程做好准备）

续上表

活动案例：听说游戏"不说黑和白"	案例分析说明
4. 幼儿自主游戏。 （1）请一名能力较强的幼儿当提问者，与全体幼儿开展竞赛游戏。 　　全体幼儿分成两组。提问者提问后，两组幼儿分别回答，回答正确并且不重复别人答案的幼儿可得一分，反之不能得分，最后以得分高的一组为胜。胜利的小组每人获得一张贴纸作为奖励。 （2）幼儿两两自由组合，一问一答开展游戏。教师巡回观察了解幼儿的游戏情况，根据幼儿的情况及时给予指导、帮助。 活动延伸： 1. 鼓励幼儿摆脱实物的限制，根据经验进行提问，练习正确使用比喻句。 2. 游戏内容可以转换"红、绿"等其他颜色进行练习	幼儿自主游戏的阶段，教师可以放手让幼儿自己开展活动。教师从旁观察，对不熟悉规则、玩法的幼儿给予个别具体的指导，并随时处理游戏中出现的矛盾与纠纷。幼儿自主游戏的整个过程，教师必须在现场，及时给予帮助、鼓励和赞许，保持幼儿参与游戏的兴趣。 （案例中，教师首先请能力较强的幼儿带领集体做游戏，然后才让幼儿自由组合，一问一答进行活动。这样处理，重视同伴间的模仿，并可借助个别幼儿的示范，再次强化幼儿对游戏规则、玩法的掌握）

任务二　掌握听说游戏活动的设计策略

教师在实际的工作中，根据幼儿语言练习的需要设计听说游戏时，通常能找到的是听说游戏的玩法，但还不能称之为一个活动设计。教师需要根据幼儿的实际水平及游戏的具体玩法，对游戏的素材进行加工处理，将其设计成一个有效的听说游戏活动，引导幼儿在反复多次的练习中复习、巩固语言学习的内容。在此建议教师可以从以下两个策略入手，进行游戏活动的设计。

一、设计完整的游戏情境

教师可根据游戏的玩法和语言目标，寻找游戏主题和玩法之间的内在有机联系，设置完整的游戏情境，引导幼儿在有关联的游戏情节中代入角色，主动而积极地反复练习相应的语言内容。

案例："娃娃过生日"（中班）

"娃娃过生日"游戏素材

语言目标：

正确使用量词"双、个、顶、件、条、本"等。

准备:

娃娃一个,给娃娃穿的衬衣、裤子、裙子、鞋子和戴的帽子,苹果,饼干,糖,图书等。

玩法:

教师说:"今天是娃娃的生日,我准备了一些礼物,请小朋友送给娃娃。"

出示实物,请幼儿注意说出实物的名称。

游戏开始,请幼儿每人挑选一件礼物,并说出我送什么给娃娃,如:"我送一件衬衣给娃娃。"注意正确使用量词。说对了,就把礼物放在娃娃面前。

教学提示:

1. 一定要正确使用量词,说对了才能拿礼物,说错了,教师要注意纠正。
2. 礼物的件数应与幼儿人数相等,让每个幼儿都有练习的机会。

"娃娃过生日"活动设计

活动目标:

1. 根据具体的对象,能正确运用数量词进行表达。
2. 积极、大胆地参与活动,愿意与同伴合作交流。

活动准备:

1. 玩具娃娃、小鼓、鼓槌、花球各一样。
2. 衣服、裤子、小鞋、彩色笔、图片若干。

活动过程:

1. 教师向幼儿介绍活动的名称,引出课题:今天是娃娃的生日,老师准备了一些小礼物,等会儿请小朋友送给小娃娃。
2. 组织幼儿进行游戏。

(1) 游戏"这是什么礼物?"

引导幼儿逐一辨认并用正确的数量词表达各种实物,帮助幼儿复习相应的数量词。

指导语:娃娃要过生日啦,我准备了一些礼物,请小朋友帮我送给娃娃。看看我准备了什么礼物?

提问:

这是什么?(引导幼儿回答后,教师正确示范量词的使用方式)

(2) 游戏"给娃娃送礼物"。

①教师简单说明并示范游戏规则:送礼物之前要告诉小朋友你送什么礼物给娃娃,说对了才能送,还要祝娃娃生日快乐。

②幼儿逐一给娃娃送礼物,教师注意进行个别辅导,帮助幼儿正确使用量词进行表达。

(3) 游戏"娃娃请我吃点心"。

出示各种点心,提问:

娃娃谢谢小朋友的礼物,她说要请大家吃点心。我们该对娃娃说什么话呢?(引导幼儿运用礼貌用语进行表达后,请幼儿品尝点心)

请你告诉老师,娃娃请你吃了什么?(鼓励幼儿大胆使用量词进行表达)

(4) 游戏"我和娃娃玩游戏"。

①出示小鼓、花球,教师引导:娃娃请小朋友和她一起做游戏,她请老师敲鼓,请小朋友把花球一个一个传下去,鼓声停止的时候,花球在哪个小朋友的手上,就请这个小朋友到前面来翻一张图片,然后告诉大家图片上画着什么。

②组织幼儿进行游戏,指导幼儿用正确的数量词表达图片的内容。

(5) 引导幼儿同唱《生日歌》,祝娃娃生日快乐。

3. 幼儿自主进行游戏,教师巡视,进行个别指导。

案例分析

以上案例中,游戏的素材只是提供了游戏的名称和游戏的基本玩法和规则。教师在进行游戏活动设计时,根据游戏名称以及幼儿的生活经验,设计了一个完整的游戏情境"娃娃过生日",由"这是什么礼物?""给娃娃送礼物""娃娃请我吃点心""我和娃娃玩游戏"几个情节组成,每个情节都需要幼儿练习使用量词,并有相应的游戏规则限定,比如"送礼物之前要告诉小朋友你送什么礼物给娃娃,说对了才能送"等。幼儿在参与游戏过程中,身临其境,真实的情境能更有效地激发幼儿参与游戏的积极性,从而达到反复练习语言的效果。

二、设计多种的玩法

教师可根据听说游戏的内容,提供不同的教具、学具,引导幼儿变换玩法,在保持游戏积极性的前提下达到反复练习的效果。

案例:"看谁说得好"(中班)

活动目标:

1. 运用学过的形容词来描述图片,并编成一句完整的话,注意用词恰当。
2. 认真倾听别人的描述,掌握游戏规则,积极参与游戏。

活动准备:

各种形态的大树、老奶奶、猴子、小弟弟等的图片若干套。

活动过程:

1. (出示图片)利用语言,创设游戏情境。

教师用语言激发幼儿游戏的兴趣:小朋友,今天老师带来了许多好看的图片。你们想不想得到它们?现在我们来玩一个游戏,游戏的名字叫"看谁说得好",谁说得好,做完游戏后,我就把图片奖给谁。

2. 介绍游戏规则及玩法。

(1) 出示"小弟弟"图片,提问:

这是谁?这是一个什么样的小弟弟?(要求幼儿用学过的形容词来描述图片内容)

这个可爱的小弟弟在做什么?(要求幼儿根据图片内容说一句完整的话)

(2) 做摸卡片的游戏,示范游戏的玩法。

让幼儿任意摸出一张图片，并根据图片内容编成一句话，在这句话里要说清楚是谁，他是什么样的，在做什么。（如：这是一只顽皮的猴子，这只顽皮的猴子在爬树）

（3）教师强调游戏规则：图片只能任意抽拿，不能挑选；说出的句子必须完整，不可以重复其他幼儿的说法。

3．教师以游戏参与者的身份与全体幼儿进行游戏，帮助幼儿进一步理解和掌握游戏的玩法和规则。

教师引导幼儿游戏，可以让一名幼儿任意抽取一张图片按要求说一句完整的话。教师在引导的同时，注意观察、提醒幼儿遵守游戏规则、倾听别人的回答，不重复别人的说法。

4．幼儿自主进行游戏。

（1）请几名能力较强的幼儿当提问者，幼儿分组开展游戏活动，教师巡回观察，进行个别指导。

（2）教师组织幼儿进行讲评，将部分卡片奖给描述恰当、表达有创意的幼儿。

｛资料来源：张加蓉，卢伟．学前儿童语言教育活动指导［M］．上海：复旦大学出版社，2005．｝

案例分析

案例的语言学习目标是"运用学过的形容词来描述图片，并编成一句完整的话"，教师根据这一目标，准备了各种内容的图片若干，在游戏中，引导幼儿抽图说话。因为图片内容不同，幼儿每次练习的内容也不同。这也是设计听说游戏活动的一种方法，能达到帮助幼儿反复练习的效果。

导入案例分析

导入案例中，教师虽然非常重视这次游戏活动语言目标的达成，却忽略了游戏的趣味性，游戏俨然演变成教学活动，听说游戏在语言教育中的特殊作用得不到体现。

这次游戏的题目是"可爱的小动物"，认知目标是"能正确说出小动物的名称，能准确发出'嘎''叽''喵''汪'等的字音"。因此，教师导入的环节可以采用"捉迷藏""猜一猜""变魔术"等有趣的形式，以小动物的声音或身体的某个特征，激发幼儿对游戏内容的兴趣；在游戏环节中，教师可借助类似《我爱我的小动物》等歌曲，引导幼儿在唱歌表演过程中促进认知目标的达成……

其实，"可爱的小动物"这个听说游戏还有很多进行的方式，教师要根据幼儿的具体情况和需要进行相关设计，但不能偏离听说游戏的特点，要把握好听说游戏设计和组织的要点，善用游戏设计的策略，才能确保目标的实现同时又不失游戏的本色。

幼儿园语言教育活动指导

学习反馈

姓名：　　　　　　班级：

（1）写出听说游戏设计与组织的一般步骤，并概括指导要点。
（2）根据教师提供的听说游戏素材，设计一个听说游戏

任务内容	任务描述	你的收获

小组评价：

教师点评：

单元小结

　　幼儿园听说游戏是用游戏的形式组织的语言教育活动，具有游戏性和活动性双重性质，可以将幼儿学习的因素和游戏形式相结合。为了有效吸引幼儿参与到学习活动中，提高幼儿学习语言的积极性，真正实现语言教育目标中对听、说能力的要求，教师应关注听说游戏的特点，并以此把握好听说游戏设计与组织的操作要点，学习有效的听说游戏设计、组织策略，以确保听说游戏取得期望的效果。

思考与练习

（1）请根据听说游戏的特点，对以下的观点进行判断，并说明原因。

①听说游戏就是语言游戏。

②听说游戏也可以称为"听说游戏活动"。

（2）请根据以下素材，设计一个幼儿园听说游戏活动。

"小蚂蚁搬豆"（小班）

游戏目的：

1．能听懂指令，并按指令做出相关动作。

2．有注意倾听的态度和习惯。

游戏玩法：

教师将幼儿带到事前准备好的场地中，让幼儿戴上头饰扮演蚂蚁，并听指令做出相应的动作：

1．小蚂蚁，快快爬；

2．小蚂蚁，慢慢爬；

3．小蚂蚁，去搬豆；

……（指令可以根据活动需要进行变更）

游戏规则：

幼儿必须听到指令后才能行动。

单元六
幼儿园语言教育中的文学活动

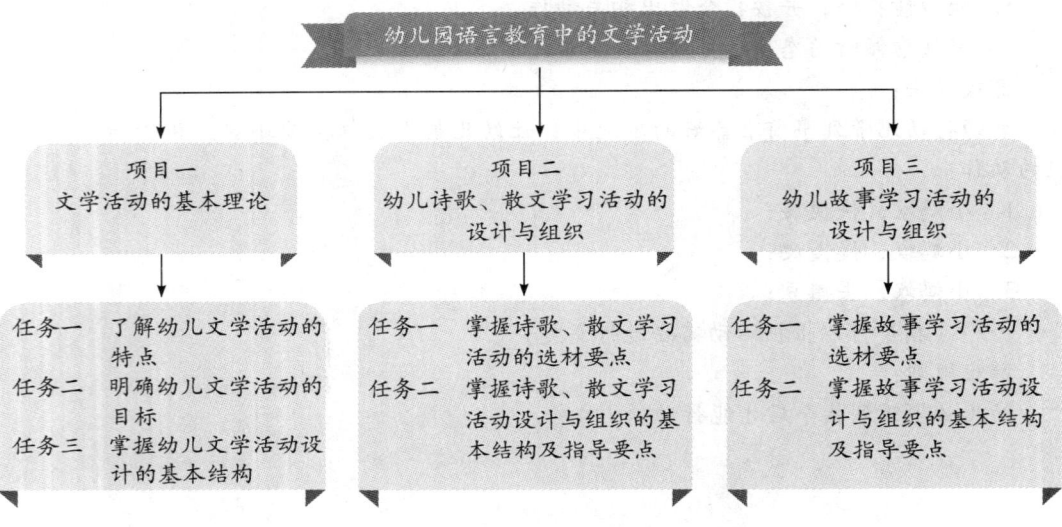

图6-1 单元六思维导图

学习目标

理解幼儿文学活动的基本特点及目标。

掌握幼儿文学活动设计的基本结构。

能尝试进行幼儿园诗歌教学、散文教学及故事教学的设计与组织。

学习重点

幼儿文学活动的基本特点及目标，幼儿文学活动设计的基本结构，幼儿园诗歌教学、散文教学及故事教学的设计与组织。

学习建议

借助案例进行分析、归纳，理解幼儿文学活动的基本特点及基本结构，掌握幼儿文学活动设计及组织的基本方法。

单元六 幼儿园语言教育中的文学活动

项目一　文学活动的基本理论

导入案例

大班的幼儿学习儿歌《小熊过桥》（见图6-2），王老师引导幼儿依次走过活动室门口临时搭起的简易"小竹桥"。进入活动室后，王老师让幼儿讨论自己过桥的感受，说一说自己还了解什么样的桥。接着出示课件，引导幼儿观察并创造性地讲述儿歌内容。然后利用图片，引导幼儿尝试用规范的句子来编诗歌并学习儿歌《小熊过桥》。之后王老师利用小竹桥的道具，和幼儿根据诗歌的内容进行现场表演。最后，引导幼儿根据诗歌内容，集体制作图书。

图6-2　小熊过桥

初步探究

1. 本来是一个幼儿文学学习活动，王老师为什么开展了各种各样形式的活动？
2. 幼儿文学活动具有什么特点？它的目标是什么？
3. 幼儿文学活动设计的基本结构是什么样的？

导读

  幼儿文学活动，是以幼儿文学作品为基本教育内容而设计组织的一系列语言教育活动。它从文学作品入手，围绕这个作品组织一系列相关的主题活动，帮助幼儿学习、理解、体验作品的内容；通过开展一系列与作品主题一致的经验迁移活动，让幼儿获得的间接经验与现实生活相结合，帮助幼儿认识周围的世界，发展完整的语言。

任务分解

  我们可以将论题分解为以下三个方面。
  (1) 幼儿文学活动的主要特点是什么？
  (2) 幼儿文学活动的语言教育目标有哪些？
  (3) 幼儿文学活动设计的基本结构可以分为哪几个层次？
  对这三个方面问题的回答，将使我们对幼儿文学活动的开展有一个较为清晰的认识。

任务一　了解幼儿文学活动的特点

  幼儿对儿歌、故事、儿童诗歌等文学作品充满浓厚的兴趣，围绕这些文学作品开展一系列相关的活动，为幼儿提供全面的语言学习机会，体会语言艺术的美，可以潜移默化地促进幼儿的语言发展。幼儿文学活动主要具有以下特征。

一、围绕文学作品开展活动

  幼儿文学学习活动的突出特征之一，就是从文学作品入手，围绕作品教学开展系列活动。幼儿文学活动中，幼儿学习的内容是具体的文学作品。幼儿文学作品是指那些与0~6岁儿童的心理发展水平及接受能力和阅读能力相适应的各类文学作品的总称，包括寓言、童话、儿童故事、儿歌、儿童诗歌、谜语诗、绕口令、儿童散文、儿童小说等多种体裁。这些文学作品所蕴含的丰富而独特的信息，表征着幼儿已知及未知的人、事、物概念，综合呈现幼儿所需要了解的社会生活现象。如《老鼠嫁女儿》《三只小猪》，都向幼儿展示了生动的形象及丰富有趣的情境事件。由于文学活动中幼儿的活动对象具有形象生动、信息丰富的特点，幼儿与之相互作用的首要任务，就是学习和理解文学作品。文学作品呈现的是书面的语言信息，幼儿需要一个中介方式将书面语言信息转化为口头语言信息，需要通过聆听、诵读、阅读图画、观看动画等多种方式理解文学作品所传递出的信息。因此，幼儿文学活动都必须围绕一个具体的作品开展活动，让幼儿完全理解文学作品中蕴含的丰富、有趣的信息。

二、包含文学活动的审美目标

幼儿文学作品的首要价值是审美价值：语言美、形象美、心灵美、意境美。儿童诗歌及儿歌，集中体现了文学语言的语言美的特征，如节奏感、韵律感、形象性、对称、均衡或错落有致的整体结构等。故事、童话有丰富有趣的情节，有拟人、夸张、象征的表现手法，一般都具有美的形式与真、善、美的内容高度统一的特征。所以，幼儿文学活动的主要目标应该是培养幼儿感受美、理解美、表现美的能力，而不仅是进行知识教育和道德教育。

三、整合相关的学习内容

正如案例"小熊过桥"展现的那样，幼儿园的文学活动从文学作品出发，常常整合与其相关的其他领域的活动，使幼儿有更多的机会认识某一个文学作品中展现的社会生活内容，促进他们对作品的感知与理解。这是幼儿园文学活动的另一个基本特点。

学习一首儿童诗歌或一则故事，对幼儿而言，不仅仅是获得语言知识，也是在借助文学作品认识周围的世界。例如，学习散文《蒲公英》，幼儿首先要聆听、阅读这个文学作品，理解其具体的语言符号及其代表的各个概念，学习一些新的词语和句子，如"飞扬""轻盈地降落"等；其次，透过文学作品里表现的社会、自然生活去认识周围的世界，借助文学作品去认识蒲公英的花、种子以及生活的环境，认识大自然；最后，幼儿在学习语言符号和概念，认识文学作品所表现的社会、自然的同时，还可以体验用不同的方式去表达自己获得的经验，除了用语言描述蒲公英的形象外，还可以借助绘画的方式展示对作品的理解。

文学作品本身综合了语言知识、认知知识和社会知识，任何一个文学作品的学习，都为幼儿提供了扩充这三个方面经验的机会。因此，我们在设计幼儿文学活动时，从语言角度出发，根据具体的文学作品整合相关的学习内容，既促进幼儿对文学作品的理解，也有利于幼儿其他方面的发展。

四、提供多种与文学作品相互作用的途径

幼儿语言的发展，是通过自身与环境中各种语言和非语言信息相互作用逐步实现的。因此，幼儿文学活动，应当着重引导幼儿积极地与文学作品交互作用，在这一过程中，通过多种操作途径让幼儿得到发展。用活动的形式来组织幼儿文学教育过程，使幼儿在动口、动眼、动耳、动手、动脑等多种途径的学习中获得直接经验，即调动幼儿的多种感官参与到文学活动中，使之获得更全面的体验。

案例：儿歌《伞可以做什么》（中班）

伞可以做什么

陈淑惠

伞可以做什么？遮太阳。

伞可以做什么？避风雨。

伞可以做什么？当拐杖。

伞还可以做什么？

看不见了，遮住你。

活动目标：

1. 学习用富有感情的语调朗诵儿歌，并感受儿歌的情趣。

2. 在了解儿歌句式特点的基础上，尝试用替换词语的方式仿编儿歌。

3. 感受运用语言和想象所带来的乐趣。

活动过程：

1. 展示幼儿带来的各种伞，并引导幼儿观察，启发幼儿思考：伞可以用来做什么？鼓励幼儿大胆地讲述，如下雨的时候可以遮雨……

2. 幼儿看图欣赏儿歌《伞可以做什么》，讨论画面中有趣的地方，并学念儿歌。

3. 请幼儿想象伞的特别作用。

（1）教师：伞的用处可真大呀！如果你有一把伞，你会用它做什么呢？如果小动物有一把伞，它们会用伞做什么呢？

（2）教师可出示小动物的图片，进一步拓展幼儿的思路，鼓励幼儿大胆地进行合理想象。

（3）教师重点引导幼儿观察伞的不同，如伞柄的不同（有柄的可以钩东西）、伞的不同摆放方式（柄朝上的可以当小船、做鸟窝）等。

（4）教师将幼儿的想象记录在纸张上。

4. 组织幼儿朗诵儿歌《伞可以做什么》。

5. 引导幼儿借助教师的记录，用想象的内容替换儿歌原有的词句，尝试仿编儿歌。

例如：

伞可以做什么？做挂钩。

伞可以做什么？当鸟窝。

……

6. 可以根据本班幼儿的水平，进一步引导幼儿适当变换儿歌句式进行仿编。例如：

伞可以做什么？

小鸟说，伞是我的大树。

伞可以做什么？

松鼠说，伞是我的小船。

……

7. 幼儿编好儿歌后，教师可以采取小组接龙的方式，让幼儿表演自己组内仿编的儿歌，然后请幼儿用贴星星的方法评选出自己比较喜欢的小组作品。

单元六 幼儿园语言教育中的文学活动

活动延伸：

1. 美工活动区：投放绘画材料，如纸、笔、伞的图样、剪刀等，幼儿可以画出想象中的伞，并且可以剪下伞的轮廓，进行剪贴画游戏。

2. 语言活动区：投放与伞有关的图画书，让幼儿自由阅读。

3. 可以在日常活动中，请幼儿继续仿编儿歌《伞可以做什么》。

4. 请家长与孩子一起仿编儿歌，并将儿歌记录下来，与大家一起交流、分享。

[资料来源：周兢. 幼儿园语言教育活动指导［M］. 北京：人民教育出版社，2009.]

案例分析

从本案例可以看出，幼儿文学活动是围绕文学作品开展活动的。教师围绕儿歌《伞可以做什么》开展了一系列的活动，包括看图欣赏、讨论儿歌、认识伞的作用的活动、仿编活动、表演活动、美工活动等。通过围绕伞这一主题进行的一系列的活动，幼儿真正认识到作品里伞的作用，了解儿歌的句式特点，理解了文学作品所描述的内容。

《伞可以做什么》是一首充满童真童趣的儿歌，富有节奏感、韵律感及形象性，而且巧妙地运用问答式的结构，描述幼儿日常生活中常见的伞的特点及作用，具有文学作品特有的语言美。幼儿在学习作品主要内容的同时，也在感知和理解儿歌特有的语言美。教师引导幼儿适当变换儿歌句式进行诗歌的仿编，再引导幼儿把编好的儿歌表演出来，这些环节都展现了幼儿用自己的想象去表现美。

儿歌《伞可以做什么》的教学活动设计从文学作品出发，又整合了与之相关的其他领域的活动。教师在美工区投放材料，幼儿可以画伞或剪下伞的轮廓，这是整合了艺术领域中美术的有效途径。不同活动、不同内容的整合，不仅促进幼儿的语言发展，而且还为促进幼儿想象力、记忆力等多种能力的发展提供了机会，使得幼儿有更多机会认识儿歌《伞可以做什么》中表现的内容，促进他们对文学作品的感知，同时也促进他们对周围世界的认识。

任务二　明确幼儿文学活动的目标

幼儿文学活动对于幼儿的发展具有许多方面的发展作用，在这里我们只从语言教育的角度探讨文学活动对幼儿语言发展所产生的影响。幼儿文学活动的语言教育目标主要包括以下几个方面。

一、向幼儿展示成熟的语言，提高幼儿对语言多样性的认识

诗歌、散文、故事或其他的文学作品，为幼儿提供了成熟的语言样本。幼儿通过学习这些样本，能够获得这些方面的认识：理解各种句式，掌握形象化的语言，接触不同风格的语言。

在幼儿语言发展中，最关键的问题是理解各种句式，即理解复杂的语言句法结构并熟练使用这些句法结构。因而他们需要从各个方面来学习不同的句法结构，其主要途径之一就是从幼儿文学活动中学习。另一个途径是幼儿从成人的交谈中学习，相比较而言，在念儿歌、讲故事等文学活动中，我们给幼儿的语言学习增加了接触、理解更为丰富、规范的各种不同句式的机会。文学作品往往使用一些贴切于作品内容的形象化语言，这些语言能够更准确、清楚地表达人对各种人物、事物、情境的观点，幼儿通过学习形象化的语言，能够更好地理解和表达个人及周围的一切。不同的文学作品带有个人、区域、文化的语言特点，这些特定因素，构成了语言风格的多样化，幼儿学习这些文学作品，可以感受除汉语外其他民族及民族语言的特殊韵味，逐渐发展具有交往价值的语言能力。

二、扩展幼儿的词汇量，培养他们自觉获取语言材料的能力

幼儿文学作品是由各种词汇组合起来的语言艺术作品。学习文学作品，是扩展幼儿的词汇，帮助幼儿掌握语言内容的重要途径。幼儿是通过文学作品的上下文来理解和学习新词的。教师给幼儿讲故事，故事中有些词语幼儿并不熟悉，但是他们在听故事时，可以根据上下文和已有的相关经验来学习，能够迅速地把握新词的大概意思。如果教师在活动中注意对新词的提问，幼儿便能掌握这些词语。对于某些词义较为复杂，并且有一定抽象意义的新词，可以通过动作和活动表现出词义，相较于使用语言解释语言的方式，效果更好，更有利于幼儿理解和记忆，也更有利于幼儿运用所学新词。

三、培养幼儿善于倾听的技能

倾听是感知语言的行为表现，也是重要的理解语言的途径。教师在幼儿文学活动中，应当注意培养幼儿听的能力。文学活动的开展，给幼儿提供了有意识的、辨析性的、理解性的、欣赏性的倾听机会，并能使幼儿在实践中培养这几种倾听技能。

有意识倾听即全神贯注地听，是幼儿倾听的基本要求。要达到这样的要求，有两个必备条件：一是倾听的内容具有吸引力，二是幼儿通过听来接收外界语言信息的积极态度。因此，我们要选择的文学作品必须在内容和形式上符合幼儿的发展特点，对幼儿有较强的吸引力。除了文学作品本身的趣味性外，教师的教学方式同样影响幼儿的倾听效果。有经验的教师通常运用提问、面部表情、体态语言或其他的方式调动幼儿的注意力，培养他们有意识倾听的能力。例如，教师在讲童话故事《小兔子找太阳》之前先提出问题："小兔子要找一样东西，它红红的，圆圆的，到底是什么东西呢？"

辨析性倾听即分辨不同语音、语调和语气的倾听。教师绘声绘色地讲述故事，运用不同的语调及语气表现不同的人物形象及情节，为培养孩子辨析性倾听提供机会。

理解性倾听即掌握所听到的主要内容的倾听。教师在组织幼儿文学活动中，经常会根据文学作品的内容对幼儿进行提问，这些问题有些是关于主题的，有些是关于情节的，有些是关于重要细节的。回答诸如此类的问题，幼儿需要联系文学作品的上下文去分析，即在听的过程中理解文学作品，掌握所听到的主要内容。

欣赏性倾听往往产生于对所听内容的赞美态度，并促使倾听者在听的过程中产生愉

悦感。教师在进行文学作品教学时,表现出对美的内容、形式等的赞美态度,同样能使幼儿获得自然欣赏艺术作品的能力。

四、提高幼儿灵活而富有创造性地运用语言的能力

幼儿是在与人和环境相互作用中创造性地学习语言的。在幼儿语言发展的关键期内,鼓励幼儿创造性地运用语言,有着重要的意义。

幼儿创造性地运用语言,常常是从积极地投入语言游戏开始的。他们在词的重新组合、语义的重新调整中,发现节奏的变化、语义的幽默感、语言的形式变化给他们带来快乐。而童话、故事等文学作品里有不同的人物形象和不同的故事情境,情境不同,人物的对话也不同。幼儿在学习这些作品时,他们理解了不同的语境,也逐渐掌握了在不同的语境中恰当运用语言的能力。

案例:故事《最好听的声音》(中班)

活动目标:

1. 了解故事内容,理解词语"寂寞""孤零零",学说短句"我来陪陪你"。
2. 运用探究、表演等方法,感受小动物们与老公公之间的情感。
3. 体验给别人带来快乐时的愉悦心情,学习关心别人。

活动过程:

1. 教师出示教学挂图,激发幼儿听故事的兴趣。

(1) 提问:

这个小院子里住着谁?找一找,有没有住着其他人?

老公公一个人住在院子里,他的心情怎么样?

从哪里看出他不高兴?(理解词语"孤零零")

老公公一个人孤零零地住在小院子里很不快乐,你有什么好办法使老公公快乐起来呢?

(2) 幼儿自由讲述。

(3) 教师小结:刚才,小朋友想了许多办法使老公公快乐起来,下面我们来听听故事里的老公公是怎么快乐起来的。

2. 教师讲述故事,并通过提问鼓励幼儿讲述。

(1) 教师讲述故事的前半部分(从开头到"老公公再也不觉得自己孤零零了,他很高兴")。

提问:

小鸟和小猫是怎样关心老公公的?他们对老公公说了些什么?(学说短句"我来陪陪你")

老公公是怎么快乐起来的?可是,天天听小鸟、小猫的叫声,日子久了也会听腻,怎么办呢?

(2) 请幼儿自由讲述,教师对回答正确的幼儿给予表扬和鼓励。

提问:

小鸟想出什么办法使老公公更加快乐了呢?

(3) 教师指图讲述故事的后半部分(从"过了些日子"到结束)。

提问:

图上有哪些小动物?他们是怎么唱歌的?

从故事中的哪些话可以听出来老公公很快乐?小鸟和其他小动物看到老公公很高兴,它们自己觉得快乐吗?为什么它们也会觉得很快乐呢?

教师小结:帮助和关心别人是一件快乐的事情。你有过这样的感受吗?谁来谈一谈?

3. 集体完整地欣赏故事。

教师边指图边完整地讲述故事。

4. 师幼共同表演故事。

教师扮演老公公,幼儿自选角色,创造性地进行故事表演游戏。

活动建议:

教学变式:故事的后半部分可以让幼儿自己创编,并用绘画的形式记录下来,再进行讲述活动。

区角活动:将故事中的角色制作成头饰放在表演区,供幼儿表演时使用。

[资料来源:赵寄石,唐淑. 幼儿园渗透式领域课程:健康·语言·社会·教师用书·中班(下)[M]. 2版. 南京:南京师范大学出版社,2009.]

案例分析

故事《最好听的声音》给幼儿提供了更为丰富、规范的语言句式。幼儿在倾听这样一个故事时,增加了接触、理解不同句式的机会,如学说短句"我来陪陪你"等。句式的学习由简单句到复合句,在日积月累的文学活动中,逐渐掌握各种不同结构的句式。同时通过倾听故事幼儿可以学习故事中一些形象化的语言,如"没儿没女,也没有老伴,自己孤零零地住在一个小院子里。'唉!小院子太安静了,除了刮风下雨,听不到一点声音,冷冷清清多寂寞呀!'"这些语言形象地描述了老公公孤零零的生活,他非常需要别人的关心、陪伴,当有小动物来陪伴老公公时,老公公充满了幸福感,这些描写可以使幼儿体验到帮助、关心别人可以给别人带来快乐。

故事《最好听的声音》里,幼儿需要学习理解的新词是"孤零零"。可能在听故事前,他们并没有掌握这个词语,但是在听故事的时候,幼儿能够根据上下文和自己已有的经验,了解"孤零零"的大概意思。这个时候教师提问:"这个小院子里住着谁?找一找,有没有住着其他人?老公公一个人住在院子里,他的心情怎么样?从哪里看出他不高兴?"通过这些问题,幼儿便能迅速地掌握词语"孤零零"。

讲故事前,教师出示教学挂图,并提问:"这个小院子里住着谁?找一找,有没有住着其他人?"问题可以调动幼儿的好奇心,激发他们听故事的兴趣,使他们能够集中注意力去听故事。教师在指图讲述故事的后半部分时,提出这几个问题:"从故事中的哪些话可以听出来老公公很快乐?小鸟和其他小动物看到老公公很高兴,它们自己觉得快乐吗?

为什么它们也会觉得很快乐呢?"回答这类问题,就要求幼儿在听的过程中理解文学作品的主要内容,联系文学作品的上下文去分析。在这样的引导下,幼儿培养了各种倾听的能力。

在这个故事里,有不同的形象,有小鸟、小猫、青蛙、小狗、山羊、公鸡、小马,还有不同形象之间的对话,这些为幼儿理解不同的语境提供了学习机会。在师幼创造性地进行故事表演游戏的环节,幼儿可以发挥自己的想象,创造性地运用语言。

任务三　掌握幼儿文学活动设计的基本结构

幼儿文学活动往往是围绕文学作品开展的一系列活动,是可以与课程主题、单元内容形成网络的活动。

案例:诗歌《我是三军总司令》(中班)

活动目标:

1. 欣赏诗歌,会用富有感情的语调朗诵诗歌,感受诗歌的情趣。
2. 大胆表演,能用适当的表情和动作,表达自己对诗歌的理解。
3. 初步了解诗歌的句式特点,学习利用象征物仿编诗歌。

活动准备:

1. 幼儿事先看过有关军事武器装备、兵种等方面的录像,对相关的军事知识有一定的了解。
2. 配合诗歌内容的幻灯片;象征物图片,如蜻蜓——直升机、大象——消防队、蝙蝠——降落伞等。

(点评:本活动需要幼儿事先了解解放军打仗、训练活动和各种武器的特征、功能等。这样既有利于幼儿理解和表现该文学作品,也可以开阔幼儿眼界,为幼儿仿编诗歌提供经验。)

活动过程:

1. 学习诗歌。

(1) 教师有感情地朗读一遍诗歌,激发幼儿学习的愿望。

(2) 运用幻灯片引导幼儿观察、欣赏后,教师再朗诵一遍诗歌,加深幼儿对诗歌的印象。也可以让幼儿说说诗歌里讲了些什么,要求幼儿用诗歌里的语言回答。

(3) 组织幼儿谈论。提问:

为什么诗歌里把小鸟当作飞机?把小龟当作坦克?把小鱼当作军舰?

(点评:这是第一层次的活动,引导幼儿运用多种感官去感受作品。活动中,教师调动了幼儿的视觉、听觉等感官,帮助幼儿去聆听去观察比较。在这个过程中,教师第一次朗读诗歌的效果至关重要,可以有效地激发幼儿的学习兴趣。再次朗诵诗歌时,教师边朗诵边演示幻灯片,还可以让幼儿跟读、做动作。教师可鼓励幼儿扮演自己喜欢的角色,在幼儿对诗歌有了初步的理解后,再组织幼儿讨论小鸟与飞机、小龟与坦克、小鱼与军舰的象征关系。)

2. 理解和体验诗歌内容。

(1) 请幼儿仔细听教师朗读一次诗歌,体会和讨论一下这首诗歌有什么特点。教师帮助幼儿归纳出这首诗歌的特点:有节奏,押韵,句子在各段落中可以重复等。

(2) 请幼儿选择扮演的角色,一部分幼儿做"司令",其余的幼儿分别做鸟妈妈、龟妈妈和鱼妈妈。教师与扮演"司令"的幼儿一起说"鸟妈妈问我",鸟妈妈的扮演者接下去说"小鸟哪儿去了?",然后扮演"司令"的幼儿又接着说"我说小鸟做了我的飞机……"

在诗歌的表演中,教师需要注意指导幼儿做出相应的表演动作。例如,"鸟妈妈"飞过去询问"司令",而"司令"则边做飞行动作边回答。

(点评:这一层次的诗歌表演有两方面的作用:一是通过角色的扮演,帮助幼儿进一步理解诗歌,包括对诗歌语言的理解、对画面的理解、对思想情感的感知和对特殊表现方式的感知;二是可将自己的某些经验在游戏中表现出来,实现作品经验和自己的直接经验的对接。如幼儿对小鸟、小龟、小鱼的动作模仿,对鸟妈妈、龟妈妈、鱼妈妈语气语调的表现等。)

3. 迁移作品的经验。

鼓励幼儿大胆想象,用他们熟悉的小动物象征军队。教师可以提出以下问题:

除了小鸟能当飞机、小龟能当坦克、小鱼能当军舰外,还有哪些小动物可以当飞机、坦克和军舰?

如果你是三军总司令,你愿意谁当你的军队和武器呢?

(点评:这一层次很重要,起到承上启下的作用。一方面使幼儿积极调动有关小动物和军事知识的已有经验,另一方面可以帮助幼儿在小动物和兵种、武器、军事工具之间建立某种联系,找到两者之间的某一共同点,为下一层次的仿编打下基础。)

4. 仿编诗歌。

(1) 出示图片,进行象征物揭示及仿编诗歌的示范。教师可将幼儿在讨论"用什么动物当军队"时提出的象征物,用图片呈现出来,如蜻蜓——直升机、大象——消防车、蝙蝠——降落伞等。然后教师选择其一变出诗句:"蜻蜓妈妈问我,小蜻蜓哪儿去了?我说小蜻蜓做了我的直升机。"

(2) 让幼儿利用图片上的象征物试编诗歌。如幼儿可编:"象妈妈问我,小象哪儿去了?我说小象做了我的消防车。"

(3) 继续鼓励幼儿将自己想象的军事象征物按照诗歌的格式仿编出来。幼儿可以脱离教师图片的示范,编出公鸡——号手、小狗——军犬、长颈鹿——云梯等。

(4) 总结。将全班仿编的诗句串起来,最后用原诗的结尾段结束。

(点评:仿编活动是在前三个层次活动的基础上,进行创新的过程。组织幼儿朗诵和表演,目的是引起幼儿对诗歌的回忆,调动幼儿参与仿编活动的积极性。出示图片是减轻幼儿想象压力,起示范作用。脱离教师图片的帮助进行仿编,这是高层次的要求,并不是每名幼儿都能达到的,教师应注意适度把握。)

附诗歌：

我是三军总司令（中班）

小 鹿

鸟妈妈问我，
小鸟哪儿去了？
我说：
小鸟做了我的飞机。

龟妈妈问我，
小龟哪儿去了？
我说：
小龟做了我的坦克。

鱼妈妈问我，
小鱼哪儿去了？
我说：
小鱼做了我的军舰。

三位妈妈一起问我：
你是谁？
我说：
我是陆海空三军总司令。

{资料来源：周兢，余珍有. 幼儿园语言教育 [M]. 北京：人民教育出版社，2004.}

从案例中可以看到，文学活动的组织结构具体可以分为以下四个层次。

一、学习文学作品

文学教育活动的首要环节就是要将文学作品传授给幼儿。教师可以根据文学作品内容的难易程度和幼儿的实际水平，运用多种不同的方式组织教学。可以使用图片、幻灯片等比较直观形象的方式辅助教学；可以调动孩子的已有经验帮助理解文学作品；可以通过情景表演等再现文学作品的内容。如果文学作品内容比较浅显易懂，则可以直接由教师朗读，减少烦琐的程序。

在学习文学作品这一个环节中，应当将学习的重点放在幼儿的理解上。在幼儿首次接触作品时，教师需注意不要重复讲述作品内容，以免幼儿对作品失去兴趣。故事类作品应以讲述两遍为宜。不要强迫幼儿机械背诵文学作品内容，而应将幼儿的注意力集中在学习过程中对文学作品的理解和思考上。用提问的方式组织幼儿讨论，帮助他们掌握作品的名称、情节、人物和主题，尤其是要注意用联系幼儿个人经验的问题引导幼儿深入思考和想象。

二、理解体验作品

在学习文学作品的基础上，教师还有必要进一步组织与作品相关的活动，帮助幼儿理解作品内容，体验作品所展示的情感心理和精神世界。教师可根据作品主题设计和组织相关活动，如组织专门的讨论，加深幼儿对作品的理解；适当采用观察走访、观看视频等方式，让幼儿了解作品所表现的自然、社会生活；运用绘画、情景表演等方式引导幼儿表达和表现文学作品内容。不管采用哪种活动方式，都必须以引导幼儿理解体验文学作品为出发点。

三、迁移作品经验

在帮助幼儿深入理解作品的基础上，教师还可以进一步引导幼儿迁移作品的经验。文学作品向幼儿展示的是建立在幼儿生活经验基础上的间接经验，这种间接经验常让幼儿感到既熟悉又新奇。但是，仅仅让幼儿的学习停留在理解这些间接经验的基础上是不够的，还要充分地将这些间接经验与幼儿的直接经验联系起来。因此，需要进一步组织与作品重点内容相关的活动，让幼儿在活动中将文学作品内容纳入自己的生活经验范畴，与自己已有的直接经验实现双向的迁移。这样做不仅可以使幼儿加深对作品内容的理解，还可以进一步为幼儿扩展想象和语言表述打下基础。

四、创造性想象和语言表述

创造性想象和语言表述活动是在已学的文学作品内容的基础上进行的。通过前面三个层次的活动，幼儿对文学作品的学习、理解和体验已经达到较好的程度。教师可以进一步创设机会，让幼儿扩展自己的想象，并创造性地运用语言去表达自己的认识和想象。在这一层次活动中，教师可以开展仿编、续编、创编、表演及讲述等让幼儿尝试艺术性结构语言的活动。

导入案例分析

儿歌教学《小熊过桥》根据幼儿文学活动的特点，按文学活动组织的基本结构学习文学作品→理解体验作品→迁移作品经验→创造性想象和语言表述，通过情境创设、活动体验→观察讨论、分段学习→角色扮演、儿歌表演→语言活动区拓展迁移、创造性表演等一系列活动，围绕儿歌《小熊过桥》层层递进，并结合其他领域渗透，帮助幼儿把作品经验整合到自己的经验里去表演，创造性地运用语言、表情或动作等方式表现对儿歌内容的认识与想象。如果再结合歌曲《小熊过桥》、绘画，将节奏朗诵、歌曲表演、绘画舞台布景整合起来，就可以帮助幼儿完成一部不错的舞台剧。

学习反馈

姓名：　　　　　班级：

（1）幼儿文学活动的主要特点是什么？
（2）幼儿文学活动的语言教育目标有哪些？
（3）幼儿文学活动设计的基本结构可以分为哪几个层次？

任务内容	任务描述	你的收获

小组评价：

教师点评：

幼儿园语言教育活动指导

项目二　幼儿诗歌、散文学习活动的设计与组织

导入案例

陈老师是一名刚参加工作的新教师，每次组织幼儿开展语言活动时，她都认真设计、精心准备、反复修改活动计划，活动过程注意运用多种手段、多种方法。幼儿对陈老师组织的活动充满兴趣，积极主动地参加。可是，当陈老师请小朋友完整地进行诗歌朗诵时，许多幼儿仍不能把刚学的诗歌完整地背诵出来。这种现象让陈老师百思不得其解：她认为活动结束时，孩子能流畅而完整地朗诵整首诗歌应该是本次语言活动必须完成的一个重要目标。于是，陈老师决定加强对幼儿进行记忆诗歌方面的训练：每次活动结束前，让孩子们跟着她反复朗诵诗歌，对能流畅并完整朗诵诗歌的幼儿奖励小红花……

初步探究
1. 陈老师对孩子们能否流畅完整朗诵新学诗歌的看法和做法正确吗？
2. 幼儿园教师应该如何正确地开展诗歌、散文的教学活动？

导　读

在幼儿园开展诗歌和散文学习活动首先要把握作品的特点及内涵，选择适合幼儿年龄特点的学习内容，并根据相关作品及幼儿的年龄特点进行作品分析和教具、环境的准备工作。在此基础上教师还要了解诗歌、散文学习活动的基本程序所包括的具体环节，清楚每个环节教师要完成的具体任务，设计相应的活动内容与指导要点。本项目学习将会通过相关案例分析，帮助大家重点掌握诗歌、散文学习活动的基本程序，并完成每个程序的设计活动，尝试进行诗歌、散文学习活动的组织与实施。

任务分解

我们可以将论题分解为以下六个方面。

（1）幼儿诗歌、散文具有哪些文学特点？为幼儿选择诗歌、散文的总体要求是什么？为不同年龄班幼儿选择诗歌、散文作品的具体要求是什么？

（2）教师应从哪些方面对诗歌、散文进行作品分析？教师如何为幼儿创设良好的诗歌、散文学习环境？

（3）诗歌、散文学习活动的基本程序包括哪几个基本环节？每个环节的主要任务是什么？

（4）如何设计诗歌、散文学习活动的导入环节？这一环节的指导要点是什么？

（5）诗歌、散文学习活动的活动过程环节包括哪几个部分？每部分要完成的具体任务是什么？帮助幼儿理解诗歌的具体教学方法有哪些？运用时要注意哪些问题？

（6）诗歌、散文学习活动的结束环节与拓展活动的具体要求是什么？

以上六个问题的答案，将帮助我们了解幼儿诗歌、散文学习活动的选材、分析教材、设计具体教学活动方面的问题，指导我们在幼儿园顺利开展幼儿诗歌、散文的学习活动。

任务一 掌握诗歌、散文学习活动的选材要点

一、了解幼儿诗歌、散文的文学特点

（一）幼儿诗歌的文学特点

幼儿诗歌是以幼儿为主体接收对象的诗歌，它包括儿歌、儿童诗、浅显的古诗、散文诗、绕口令、谜语等。

1．儿歌的文学特点

学前期是一个人语言发展的关键时期。从小培养幼儿良好的语言能力，儿歌是不可缺少的教育手段，背诵儿歌可以促进幼儿的语言发展。我们先来看两首儿歌。

案例：

排排坐（小班）

排排坐，吃果果，
幼儿园里朋友多，
你一个，我一个，
小华没来留一个。

五指歌（中班）

一二三四五，
上山打老虎，
老虎打不到，
打了小松鼠，
松鼠有几只，
让我数一数，
数来又数去，

一二三四五。

{资料来源：全国幼儿园教材编写组. 幼儿园教材：语言 [M]. 北京：人民教育出版社，1983.}

案例分析

儿歌《排排坐》一共四句，就将分享、礼让的道理清楚明了地呈现给幼儿，使幼儿在诵读中潜移默化地形成良好习惯。《五指歌》每一句都是五个字，与五根手指的数量一样，幼儿数着手指头，口里念着儿歌，儿歌朗朗上口，幼儿兴趣盎然。将知识、道理、教训编入儿歌，对幼儿起到增长知识、明辨是非、接受教育的作用。

儿歌具有以下文学特点。

（1）内容浅显，主题单一。

一首儿歌，一般只单纯地、集中地描写或讲述一件事物，简单明了地说明一个道理，使幼儿在学习儿歌的过程中受到教育。

（2）篇幅简短，结构简单。

由于幼儿的理解力、记忆力都还没有充分发展起来，所以，儿歌都比较短小，结构简单，易于记忆。

（3）节奏明快，朗朗上口。

幼儿一般对节奏比较敏感。一首好的儿歌，读起来必须朗朗上口，易诵易唱，才便于幼儿的学习。

2．儿童诗的文学特点

儿童诗能反映儿童的生活内容，符合儿童的心理和审美特点，作品经过精心的艺术构思，结合儿童的年龄特点展开联想和想象，是具有较高艺术性的文学语言。幼儿在听赏、吟诵诗歌时，不仅语言能力得到了发展，道德品质、思想情操、想象力、思维能力等方面也得到了提高。尤其是在培养幼儿健康的审美意识和艺术鉴赏力上，儿童诗发挥着自己独特的作用。我们来看看下面两首儿童诗。

案例：

摇 篮

黄庆云

天空是摇篮，摇着星宝宝，
白云轻轻飘，星宝宝睡着了。

大海是摇篮，摇着鱼宝宝，
浪花轻轻翻，鱼宝宝睡着了。

花园是摇篮，摇着花宝宝，
风儿轻轻吹，花宝宝睡着了。

妈妈的手是摇篮，摇着小宝宝，
歌儿轻轻唱，小宝宝睡着了。

悄悄话

柯 岩

路边上，开了两朵小白花，
可白啦，可亮啦，
上面还有露水啦，
呀，漂亮极了的小白花！

咱们两人快跑吧，
跑去摘下它！
插在老师花瓶里，
可不许你告诉她。

呵——
听见吗？听见吗？
可不许你告诉她……

〔资料来源：全国幼儿园教材编写组. 幼儿园教材：语言［M］. 北京：人民教育出版社，1983.〕

案例分析

儿童诗《摇篮》的句式整齐，音律和谐，语言清新优美，情景交融。作者运用拟人、比喻等艺术手法，将"天空""大海""花园""妈妈的手"这些美好的事物比喻成摇篮，将它们和谐地连接在一起，展现给幼儿一种宁静、温馨的意境，使他们陶醉在如歌、如诗、如画的情境中，不仅艺术语言得到了发展，还在听赏吟诵的过程中发展了想象力、思维能力，对妈妈的爱、对大自然的爱也在学习诗歌的过程中得到了萌发。

儿童诗《悄悄话》从幼儿心理和幼儿特有的思维逻辑角度来观察认识世界，充满幼儿的生活情趣。幼儿在现实生活中最喜欢说悄悄话，有自己的小秘密，而且还以为自己的小秘密大人是不知道的。作品极易引起幼儿的共鸣。运用叙事性的写作手法更增强了诗歌的情趣，使幼儿在听赏吟诵的过程中充满了兴趣，也萌生了关爱老师的情感。

儿童诗具有以下文学特点。

（1）情感饱满，富感染力。

抒情是诗歌反映生活的根本方式，儿童诗也不例外。由于学习儿童诗的幼儿群体具有年龄阶段特殊性，因此更要求诗歌的情感必须从幼儿心灵深处抒发出来，逼真地传达出他们那种美好的感情、善良的愿望、有趣的情致，才能真正感染幼儿和影响幼儿。

（2）想象丰富，构思新巧。

幼儿是富于想象和联想的，他们总是用自己创造性的想象来认识并诠释世界上的一切事物。在幼儿想象和诗化的世界里，一切都是美好的，同时依赖这些想象的新巧构思，使平凡的生活现象变成一种儿童式的神奇，充满了魅力。可见，也只有想象丰富、构思新巧的儿童诗才能真正引起幼儿的共鸣。

(3) 语言凝练，富于美感与童趣。

诗歌是语言的艺术。深刻的思想、鲜明的形象只有用凝练、形象并具有表现力的语言来表达才能成为诗，儿童诗应该为幼儿学习驾驭语言提供良好的条件，让幼儿在优美的语言环境中学习语言，丰富词汇，提高他们驾驭语言、鉴赏语言的能力，同时得到美的享受。

(4) 意境优美，情景交融。

感情与形象的结合构成了诗的意境，意境同样是儿童诗应该刻意创造的。具有一定童趣或优美意境的诗歌作品，更易使幼儿情不自禁地进入到诗歌的美好意境或有趣情境中，享受学习的快乐。

(二) 幼儿散文的文学特点

幼儿散文有别于其他体裁的幼儿文学作品，它既可以像儿童诗那样抒情写意，而不必讲究音律节奏；又可以像童话、故事那样记人叙事，而不必拘泥于情节结构的完整。因此，幼儿散文在内容上更广泛，在行文上更自由，想象方面更大胆，使幼儿有更大的想象空间，更自由开阔的境界。散文写人写事都是表面现象，从根本上说写的是情感体验，是作者情之所至的产物，幼儿散文同样如此。同时，幼儿散文还要符合幼儿的年龄特征，用幼儿的思维去观察世界，富于幼儿情趣，引发幼儿情感上的共鸣。我们来看看下面的散文。

案例：

我 想 摸 摸 天 空 （大班）

天，蓝蓝的。云，白白的。白白的云把蓝蓝的天擦得干干净净。

晚上，天变黑的时候，星星亮起了闪闪的灯。

我真想爬上大树，伸手摸摸天空，看看它是软的？还是硬的？是冷的？还是热的？

也想摸摸星星，是方的？是圆的？还是长着角的？

大人总说：天冷了，天热了；天亮了，天黑了……

天，真的会变吗？

{资料来源：周兢. 幼儿园语言教育活动设计与组织 [M]. 北京：人民教育出版社，1996.}

案例分析

幼儿散文《我想摸摸天空》虽然只有100多字，但作者却给幼儿呈现出一个美丽而奇妙的天空。散文通过描述一个热爱自然、富有想象的幼儿凝望天空时的所见、所想，揭示出幼儿认识、探索大自然的强烈愿望，洋溢着纯真的童趣。整篇散文语言浅显、明了，直接地表达出幼儿对天空充满好奇，充满探索欲望的情感，使幼儿在学习散文的过程中也激发起细心观察、探究周围世界的兴趣与好奇心。

幼儿散文具有以下文学特点。

（1）内容贴近幼儿的生活，形式多样。

散文的内容广泛而自由，但都与幼儿的生活息息相关，写作的方式也不拘一格，构思立意新颖独特。

（2）形散神不散的结构。

幼儿散文同样遵循散文"形散""神不散"的特点。"形散"指散文运笔自如，不拘成法，没有诗歌的音域节奏束缚和故事的情节结构的限制，表现手法确实可以自由洒脱。"神不散"则强调散文的脉络清楚，结构单纯集中，中心明确，这一点对于幼儿来说尤为重要。

（3）意境优美，充满想象，富于儿童情趣。

幼儿散文不像儿歌那样朗朗上口，也不像故事那样情节生动有趣，它像诗歌那样靠意境和情绪来引起幼儿心灵的共鸣。只有具备了童心、童趣的散文作品才能真正感染和影响幼儿。

二、诗歌、散文学习活动的选材要点

（一）总体要求

幼儿诗歌、散文首先要体现文学作品作为艺术品的审美价值——"语言美、形象美、心灵美、意境美"这一总体要求。具体体现在情感洋溢，想象丰富，语言含蓄而凝练，并能集中体现诗歌和散文所特有的文学语言形式美的特征。幼儿诗歌、散文还要具有教育价值，并且是孩子喜欢及容易理解的。

（二）不同年龄班选材的具体要求

1. 小班

（1）主要选儿歌作品。

（2）儿童诗应选择主题单一、篇幅短小、画面简单的内容为宜。

2. 中班

（1）仍以儿歌作品为主，但作品的长度可适当增加。

（2）可适当选择儿童诗、散文，但注意结构简单，篇幅不宜过长。

3. 大班

（1）可欣赏篇幅较长，表现形式较多的诗歌和散文。

（2）可较多地考虑作品的"形式美"。

当然，根据不同年龄班幼儿的水平选择教材只是一个大致要求，作为教师还要考虑本班幼儿的实际水平，为他们选择合适的教材进行教学。

任务二　掌握诗歌、散文学习活动设计与组织的基本结构及指导要点

一、诗歌、散文学习活动前的准备工作

（一）分析教材

1. 分析诗歌、散文的主题

主题可以简单地理解成是作者在文学作品中力图表现的思想，而这种思想是指作品的中心思想而非全部思想。

2. 找出诗歌、散文的重点

作品的重要内容是指在作品中最能突出表现主题的段落或句子，也是教师在诗歌、散文教学时应重点帮助幼儿理解的内容。

3. 找出诗歌、散文的难点

幼儿的认知能力和生活经验会制约着他们对作品中一些内容、句子、词语的理解，这些幼儿难以理解的段落、句子、词语属于诗歌、散文教学的难点，教师要找出这些难点内容，思考并帮助幼儿理解难点的具体方法。

4. 确定幼儿应该学习的音、词、句

教师应根据《指南》及《纲要》确定幼儿在语音、词语、句式的学习内容。

案例：诗歌《小白兔过桥》（中班）

小白兔过桥

小白兔，过小桥，
走到桥上瞧一瞧；
山羊公公过来了，
摇摇摆摆走上桥。
小白兔，往回跑，
站在桥头把手招：
"山羊公公，您走好！
山羊公公，您先过桥。"
河水听了哗哗笑，
小鱼听了蹦蹦跳，
都夸白兔有礼貌。

{资料来源：全国幼儿园教材编写组. 幼儿园教材：语言［M］. 北京：人民教育出版社，1983.}

请思考：诗歌《小白兔过桥》的主题思想是什么？重点、难点在哪里？需要正音的字或词有哪些？新学习的词语有哪些？

案例分析

《小白兔过桥》的主题思想是：赞扬小白兔主动谦让山羊公公先过桥的行为，教育小朋友要向小白兔学习做一个有礼貌的好孩子。作品集中反映了这一主题思想的具体段落和诗句就是诗歌的重点部分。"小白兔，往回跑……山羊公公，您先过桥。"该段落直接描写了小白兔如何让山羊公公先过桥，属于重点的段落。"都夸白兔有礼貌。"该句子直接赞扬小白兔的礼貌行为，属于重点的句子。需要正音的字是"您""礼"。根据中班幼儿语言发展的特点：在语音方面，对相似音的发音存在困难。n 和 l 是相似音，需要教师通过朗诵诗歌的活动帮助幼儿练习发准这两个相似音。重点学习的新词语主要是"摇摇摆摆""蹦蹦跳"。因为这些词语是幼儿能理解，并且在生活中可以运用的、语言价值较高的词语。

5. 分析诗歌、散文的语言特点，研究如何有感情地朗读诗歌

因为诗歌、散文是用高度凝练的语言，形象表达作者的丰富情感，集中反映作者对社会生活的认识，而且诗歌还具有一定节奏和韵律，所以教师首先要分析诗歌、散文的文学语言的特点。在此基础上，教师还要认真领会诗歌、散文的思想情感，进入作品的意境，根据作品内容，思考朗诵时的声音、语调、语速等。

（二）准备教具材料，创设诗歌学习活动的情境

诗歌、散文的文学体裁，决定了不少作品的意境会出现只可意会不可言传的情况，因此，教师应结合诗歌内容，创设情境，让幼儿有一种身临其境的氛围，自然、迅速地融入诗歌学习的活动。创设诗歌学习活动的情境帮助幼儿感受诗歌的意境，体验诗歌的情感，是诗歌教学活动重要的一步。这样的情境主要包括：视听情境——诗歌、散文内容通过画面与音乐结合，实景或模拟场景——通过教具材料创设与诗歌、散文相符的情境。同时，教师为了帮助幼儿理解作品内容，突出重点，解决难点还应选择或制作一定的教具材料，如挂图、头饰、桌面教具、木偶等。在教具制作时应注意与作品内容相符，实用性强，避免过多的教具分散幼儿的注意力。我们来看看下面的诗歌。

案例：

伞 （中班）

公路边的大杨树，是小喜鹊的伞。
池塘里的大荷叶，是小青蛙的伞。
山坡上的大蘑菇，是小蚂蚁的伞。
下雨了，大家都有一把伞。

{资料来源：张加蓉，卢伟. 学前儿童语言教育活动指导［M］. 2 版. 上海：复旦大学出版社，2009.}

活动目标：

1. 充分理解诗歌内容，知道事物之间是彼此联系的，学会用艺术的眼光观察感受周围世界，正音：伞、树。
2. 会有感情地朗读诗歌，尝试根据诗歌的格式仿编诗句。
3. 体验发现与创作的快乐，萌发对大自然的热爱。

活动准备：

1. 四张背景图分别是：公路、大杨树，池塘、荷叶，山坡、蘑菇，下雨的情景。
2. 贴绒教具：小喜鹊、小青蛙、小蚂蚁、小鸭子、画眉鸟、百灵鸟、小乌龟、小蟋蟀等动物形象若干。
3. 多媒体课件：能呈现诗歌内容优美画面及配乐的诗朗诵课件。
4. 提供幼儿绘画所需要的相关材料。

案例分析

教师准备与诗歌内容相关的背景图，以及视听结合的多媒体课件，帮助幼儿理解诗歌内容，融入诗歌的情境。为了帮助幼儿理解大自然万物之间彼此联系这一重点内容，教师为幼儿们准备了反映事物相互关系的图片及贴绒教具。如背景图：公路、大杨树，池塘、荷叶，山坡、蘑菇；对应的贴绒教具：小喜鹊，小青蛙，小蚂蚁。同时，结合教学目标"尝试根据诗歌的格式仿编诗句"的要求，在教具准备中，教师为幼儿学习仿编诗句准备了其他小动物的贴绒图片如小鸭子、画眉鸟、百灵鸟、小乌龟、小蟋蟀等动物形象若干。幼儿先根据教师提供的动物形象尝试找出对应的图片内容进行仿编，然后再进行创造性的想象和创编活动。教师为了实现教育目标"学会用艺术的眼光观察感受周围世界"，还给幼儿提供画画用的材料，让幼儿把观察到的景物画下来，再进行创编活动。可见，教师准备教具材料、创设学习活动情境等一系列的工作都是指向本次诗歌学习的活动目标，都是为了更好地实现诗歌学习的活动目标。

二、幼儿园诗歌、散文学习活动的基本流程（见图6-3）

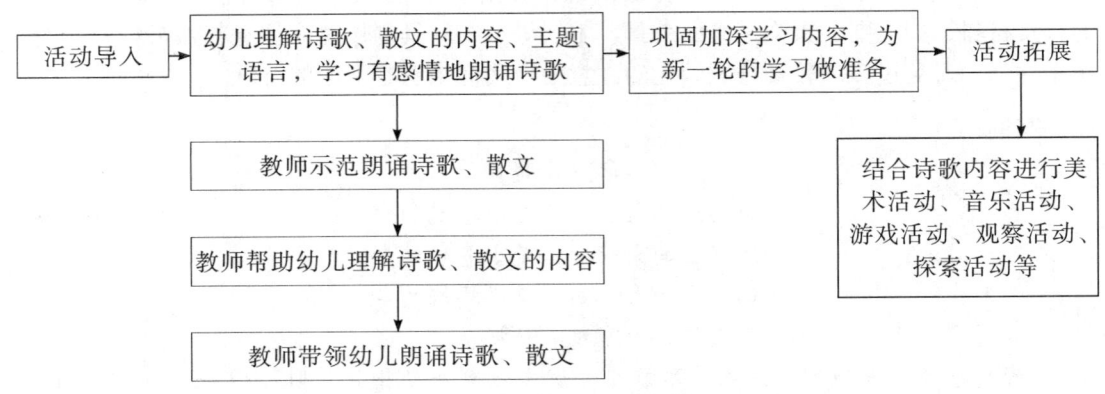

图6-3 幼儿园诗歌、散文学习活动的基本流程

单元六 幼儿园语言教育中的文学活动

1. **活动导入**

引起幼儿学习的兴趣，集中幼儿的注意力。

2. **活动过程**

重点帮助幼儿理解诗歌、散文的内容、主题、语言，学习有感情地朗诵诗歌、散文。

（1）教师示范朗诵诗歌、散文。

（2）教师帮助幼儿理解诗歌、散文的内容。

（3）教师带领幼儿朗诵诗歌、散文。

3. **活动结束**

巩固加深幼儿对学习内容的认识或为下一轮的学习活动做准备。

4. **活动拓展**

通过幼儿园的其他活动，如美术活动、音乐活动、游戏活动、观察活动等，丰富诗歌学习的内容，拓宽幼儿的视野，迁移诗歌学习获得的经验，继续加深对诗歌的理解。

我们结合以下的活动案例（见表6-1）进行分析说明。

案例：诗歌教学《风儿在哪里》（中班）

表6-1 诗歌教学活动案例

活动案例：诗歌教学《风儿在哪里》	案例分析说明
活动目标： 1. 能理解诗歌的内容，感受诗歌的语言美，感受大自然的奇妙现象。 2. 尝试学习用优美的语调朗诵诗歌，体验诗歌的情感。正音：彩、筝。 3. 对大自然的现象——风，充满兴趣，萌生了解、探究的欲望	诗歌活动的目标，应从情感、认知、能力三方面考虑。 （1）情感目标应涉及幼儿在此次活动中兴趣、态度及价值观等方面的变化。 （2）认知目标应凸显诗歌学习的语言练习要求，语言目标的内容具体、明确。 （3）能力目标的确定应体现诗歌学习对幼儿口语表达能力发展的特殊作用
活动准备： 1. 反映诗歌内容的图画。 2. 配有优美音乐的诗歌录音带	（1）结合诗歌、散文内容录制音乐优美的诗歌录音带，创设视听环境。 （2）制作反映诗歌内容的图画教具，帮助幼儿理解作品内容
活动过程： 1. 幼儿感受风在哪里。 （1）感受风。 幼儿闭上眼睛，教师在幼儿的脸旁扇风，并提问： 你的脸有什么感觉？你是怎么知道有风的？（引导幼儿说出自己的感觉，如脸感觉很凉快等）	教师首先结合诗歌内容，组织幼儿感受风，体验风的存在，并通过启发性提问"你怎么知道有风？哪里还有风？"激发幼儿对本次诗歌学习活动的兴趣

续上表

活动案例：诗歌教学《风儿在哪里》	案例分析说明
（2）感受周围的风。 带幼儿到户外去，感受周围的风，并提问： 教室（操场、花园等）外面有风吗？你是怎么知道的？（引导幼儿说出眼睛看到的、身体感觉到的现象） 你还知道哪里有风吗？（引导幼儿回忆平时在家、公园、大街上等地方也能感觉到有风，学习句子："周围到处都有风。"）	
2. 理解诗歌。 （1）欣赏诗歌。 欣赏前提问： 有一首讲风儿的诗歌，小朋友听一听风儿在哪里。 教师朗诵诗歌后再让幼儿欣赏配上音乐的诗歌朗诵录音。 欣赏后提问： 你听见诗歌里的风儿在哪里？谁告诉你的？喜欢这首诗歌吗？ （2）理解诗歌。 （出示画有诗歌内容的图画）教师再次朗诵诗歌。 朗诵后提问： 风儿在哪里？花儿怎么说？（引导幼儿用诗歌的语言回答） 风儿在哪里？彩旗怎么说？（引导幼儿用诗歌的语言回答） 风儿在哪里？风筝怎么说？（引导幼儿用诗歌的语言回答） 为什么花儿跳舞的时候，风儿正从花儿身边走过？（引导幼儿回答："因为有风儿吹过，花儿就会轻轻地摇晃，好像在跳舞一样。"） 为什么风儿是彩旗的朋友？（引导幼儿回答："因为风儿让彩旗飘起来，没有风彩旗就飘不起来，所以风儿是彩旗的朋友。"） 为什么风筝轻轻往上飞时，风儿在和风筝玩耍？（引导幼儿回答："有风了，风筝才会飞，没有风，风筝就不会飞，所以风儿和风筝就像在一起玩耍一样。"） （3）游戏"风儿和我做朋友"。 玩法：幼儿自由扮演诗歌中的角色——花儿、彩旗、风筝等，大胆想象，模拟角色被风吹时的情境并做出各种动作，根据教师的语言"大风吹吹吹，微风吹吹吹，风儿停了"来改变自己的动作进行游戏	（1）教师朗诵诗歌，向幼儿展示本次诗歌学习的语言内容。教师在活动前提出问题，目的是引导幼儿带着问题听诗歌，使幼儿听的活动更具目的性。 幼儿欣赏配上音乐的诗歌朗诵录音，在教师创设的良好视听环境下，进一步感受诗歌的优美意境。 第一次朗诵后，教师提出的问题侧重于帮助幼儿简单回忆听到的内容，请幼儿讲出听诗歌时的感受，引导幼儿感受诗歌的情感。 （2）教师结合诗歌内容再次朗诵诗歌后，提出了一系列的问题，重点帮助幼儿理解诗歌的内容。如："风儿在哪里？花儿怎么说呢？风儿在哪里？彩旗怎么说？风儿在哪里？风筝怎么说？"通过提出帮助幼儿回忆诗歌内容的问题，使幼儿对诗歌的语言有了一定的理解和记忆。在此基础上，教师还提出了帮助幼儿思考主题的问题，如："为什么花儿跳舞的时候，风儿正从花儿身边走过？为什么风儿是彩旗的朋友？为什么风筝轻轻往上飞时，风儿在和风筝玩耍？"通过一个又一个的为什么，使幼儿领悟到了风在大自然中到处都有，帮助幼儿逐步理解诗歌的主题。 （3）游戏"风儿和我做朋友"使幼儿在游戏中进一步体验诗歌的内容，通过动作的改变把作品学习获得的认识与经验迁移到自己的经验中，加深对作品的理解

续上表

活动案例：诗歌教学《风儿在哪里》	案例分析说明
3. 学习朗诵诗歌。 （1）教师朗诵诗歌，幼儿小声跟读。 （2）教师播放录音，幼儿边欣赏边跟读。 （3）幼儿分小组进行朗诵表演	教师指导幼儿运用多种形式学习朗诵诗歌，使幼儿在朗诵的过程中进一步理解诗歌。同时，幼儿在吟诵诗歌的过程中潜移默化地受到诗歌所特有的文学语言的熏陶，习得高质量的艺术语言
（三）结束活动。 提问：我们平时还要注意观察身边的环境，找一找，说一说，你在哪里发现了风。为什么你说有风？	教师通过提问："我们平时还要注意观察身边的环境，找一找，说一说，你在哪里发现了风。为什么你说有风？"引导幼儿注意观察周围环境，感知风的存在以及风与周围物体的关系，使诗歌学习活动不仅仅是一次活动，而是引导幼儿继续迁移作品的认识与情感，为后面的拓展活动做准备
（四）活动拓展。 1. 引导幼儿平时注意观察寻找风，做小实验，研究风的形成等。 2. 组织幼儿进行绘画活动"××和风是好朋友"，然后让幼儿介绍图画内容，引导幼儿创编一句诗歌	教师拓展组织了与本次诗歌学习内容相关的活动，如观察活动、小实验、绘画创编活动等。在幼儿充分认识诗歌的基础上引导幼儿仿编新的诗句，完成了创造性想象和语言表述活动

附诗歌：

风儿在哪里

风儿在哪里，花儿说："当我轻轻跳舞的时候，风儿正从我身边走过。"
风儿在哪里，彩旗说："当我轻轻飘扬的时候，风儿是我的朋友。"
风儿在哪里，风筝说："当我轻轻往上飞的时候，风儿和我一起玩耍。"

三、诗歌、散文学习活动的指导要点

（一）导入活动的设计和指导要点

人们常说兴趣是最好的老师。那么，我们应该怎样激发幼儿学习诗歌、散文的兴趣呢？不同的作品内容引起幼儿学习兴趣的方法又有什么不同？

为了使幼儿迅速对诗歌、散文学习活动产生兴趣和积极性，我们可以采用一些有效的方法，下面介绍其中的几种导入方法。

幼儿园语言教育活动指导

1. 结合诗歌、散文内容，提出有悬念的问题导入活动

案例：儿歌《桌上一瓶花》（中班）

桌上一瓶花

桌上一瓶花，
妹妹桌旁抱娃娃。
一回身，手一碰，
"咕噜噜，啪啦啦——"
花瓶打碎啦！

妹妹摸着手，
眼睛只眨巴；
姐姐伸舌头，
心里挺害怕。
妈妈走过来，
妹妹说了话：
"不是姐姐不当心，
是我把花瓶碰碎了。"

｛资料来源：全国幼儿园教材编写组. 幼儿园教材：语言［M］. 北京：人民教育出版社，1983.｝

导入活动写法参考：

结合诗歌内容，提出问题，导入诗歌教学。

（1）播放打碎花瓶的声音。

提问：

猜一猜听到的是什么声音？

（2）出示花瓶打碎的视频。

提问：

什么东西打碎了？

为什么花瓶会被打碎？花瓶被谁打碎了？怎么打碎的？

你们想知道吗？现在我们就来学一首新的儿歌《桌上一瓶花》。

案例分析

教师根据儿歌素材，寻找出"花瓶被打碎"这一最具悬念的内容，设计有启发性的问题，引发幼儿疑问，激发幼儿的学习兴趣。

指导要点：运用此方法时，要求作品具有一定的悬念，且教师要找准作品最具悬念的问题。同时，还要注意与教具相配合。

2. 根据诗歌内容，组织幼儿开展与诗歌内容相关的活动，导入诗歌教学

案例：诗歌《我被亲了好几下》（大班）

我被亲了好几下

阳光亲日历一下，
白云亲大山一下，
风亲蒲公英一下，
雨滴亲花儿好几下。

篮球亲天花板一下，
车子亲墙壁一下，
布娃娃亲奶瓶一下，
遥控器亲电视好几下。

鞋尖亲石头一下，
屁股亲地上一下，
小手亲泡泡一下，
嘴巴亲冰激凌好几下。

爸爸亲我一下，
妈妈亲我一下，
好朋友亲我一下，
我被亲了好几下。

导入活动写法参考：

组织幼儿在歌曲《爱我你就抱抱我》的伴奏下亲一亲、抱一抱班上的教师和小朋友，导入活动。

（1）体验拥抱。

播放歌曲《爱我你就抱抱我》，提问：

小朋友你听到了什么？我们也来亲一亲、抱一抱我们的好朋友吧。（教师首先主动去拥抱班上的小朋友）

（2）交流感受。

提问：

你刚刚亲了谁？抱了谁？

刚才的活动开心吗？为什么开心？有什么感觉？

案例分析

教师根据诗歌内容，抓住"亲"这个动作，组织幼儿开展与诗歌内容相关的活动，让幼儿亲一亲、抱一抱班上的教师和小朋友。让幼儿在活动中感受、体验诗歌的情感，激发学习的兴趣，很好地导入了诗歌的学习活动。

指导要点：教师可根据诗歌内容开展各种活动，如观察活动、音乐活动、游戏活动

等,但注意活动的时间不宜过长,以免影响理解作品的学习时间。

3. 结合诗歌或散文的内容,以实物、图片、玩具等引出诗歌、散文的学习内容,激发幼儿的学习兴趣。

案例:儿歌《布娃娃》(小班)

布娃娃

布娃娃,布娃娃,
大大的眼睛黑头发。
一天到晚笑哈哈,
又干净来,又听话。
我来抱抱你,
做你的好妈妈。

{资料来源:全国幼儿园教材编写组. 幼儿园教材:语言 [M]. 北京:人民教育出版社,1983.}

导入活动写法参考:

出示玩具布娃娃,提出问题,导入诗歌教学。

(1) 出示玩具布娃娃,提问:

谁来了?布娃娃长什么样子?

你喜欢布娃娃吗?为什么喜欢?

今天我们来学一首新的儿歌《布娃娃》,看看儿歌里面的布娃娃又是长什么样子的?

……

案例分析

从儿歌内容可知,这首儿歌没有什么悬念,也没有什么很能引起幼儿参与的活动。为了激发幼儿的学习兴趣,教师以布娃娃入手,通过出示教具来吸引幼儿,使幼儿的注意力一下子被抓住,顺利完成了导入活动。

指导要点:运用教具导入时,教师选择的教具一定要能吸引幼儿,而且,在出示教具时还应提出启发性的问题。

诗歌的导入方法有很多,上面介绍的只是其中几种,希望同学们在今后的学习和工作设计出更多的能有效地引起幼儿学习兴趣的好方法。

(二) 活动过程的设计与指导要点

从诗歌《风儿在哪里》的案例分析可知,感知、理解诗歌的过程主要包括以下三个部分:①教师示范朗诵诗歌、散文;②教师帮助幼儿理解诗歌、散文;③幼儿学习朗诵。下面我们重点学习帮助幼儿理解诗歌、散文的具体方法及指导要求。

帮助幼儿理解诗歌、散文的主要方法有谈话法、活动法、图画法、情景表演法、讲解法等,下面我们会对每种方法进行具体分析。

1. 谈话法

教师围绕诗歌内容，结合直观教具，提出帮助幼儿理解诗歌内容、主题及一些重点词、句的问题。它是以教师问，幼儿答的形式来进行的。

案例：诗歌《爸爸的鼾声》（大班）

爸爸的鼾声

阎 妮

爸爸的鼾声，
就像山里的小火车，
它使我想起美丽的森林。

爸爸的鼾声，
总是断断续续，
让我担心火车是不是出了毛病。

咦，
爸爸的鼾声停了，
是不是火车到站了？

活动设计写法参考：

活动目标：

1. 欣赏诗歌，交流、表达同伴间的生活经验并学习大胆想象。
2. 学习关爱亲人，感恩父母，萌发对亲人的热爱之情。
3. 丰富词语：鼾声、断断续续。

活动准备：

1. 拍摄爸爸和小宝宝睡觉的小视频，视频要能清楚听见爸爸的打鼾声。
2. 反映诗歌内容的多媒体课件，以及配乐诗朗诵的录音。

活动过程：

1. 播放录音和视频，引发幼儿生活经验的回忆，导入诗歌教学。

(1) 播放一段事先录制的爸爸打鼾的录音。

提问：

你听到了什么？（鼓励幼儿想象，并大胆说出自己的想象）

(2) 播放视频，为幼儿解开声音的谜团。

提问：

到底是什么声音？

(3) 理解"打鼾"，学习新词"鼾声"。

"打鼾"就是平时说的打呼噜。

提问：

你听过谁打鼾？

2. 帮助幼儿理解诗歌。

(1) 教师示范朗诵诗歌，帮助幼儿初步感知诗歌。

提问:

你们刚刚听到了什么?想到了什么?

(2)分段朗诵诗歌,帮助幼儿深入理解诗歌。

①教师充分出示教具,朗诵第一自然段。

提问:

爸爸的鼾声像什么?爸爸的鼾声为什么像小火车?

什么是鼾声?你听过谁打鼾?

打雷的声音叫什么?下雨的声音叫什么?打鼾的声音叫什么?(学习词语"鼾声")

②引导幼儿玩开小火车的游戏,体验诗歌的情感。

提问:

火车经过大山,还会经过什么地方?(引导幼儿大胆想象)

③教师结合教具,朗诵第二自然段。

提问:

什么是断断续续的声音?(教师运用多媒体课件比较火车发出的连贯声音,火车出毛病时发出断断续续的声音,帮助幼儿理解新词:"断断续续")

谁能发出"断断续续"的鼾声?(请小朋友尝试发出"断断续续"的鼾声,以加深对"断断续续"的理解)

④教师充分出示教具,朗诵第三自然段。

提问:

火车到站了会发生些什么事情?(激发幼儿像小作者一样大胆想象)

3. 引导幼儿学习朗诵诗歌。

(1)教师朗诵诗歌,鼓励会读的幼儿一起朗诵。

提问:

人为什么会打鼾?

教师介绍有关人打鼾的健康知识,请小朋友们把关于打鼾的一些健康小知识告诉家里会打鼾的人(如:爸爸、爷爷、奶奶、外公……),请他们关注自己的身体健康。

打鼾的声音太大也是一种疾病,想一想应该怎样关心他们(爸爸、妈妈、爷爷、奶奶等)?

(2)幼儿学习有感情地朗诵诗歌。

4. 结束部分。

鼓励幼儿向小作者学习,大胆想象思考问题。向幼儿提出问题:"小作者说爸爸的鼾声像小火车,你觉得爸爸的鼾声除了像小火车,还像什么?"

5. 拓展活动:引导幼儿继续寻找人打鼾的原因,以及对身体健康的影响。

(资料来源:广州市荔湾区多宝路幼儿园罗婧老师的教学活动实录,有改动。)

思考:什么是谈话法?如何用谈话法帮助幼儿理解诗歌?采用谈话法时要注意什么问题才能更好地帮助幼儿理解诗歌?

案例分析

教师在帮助幼儿理解诗歌的活动中运用了谈话法。首先，根据诗歌内容设计了帮助幼儿回忆诗歌内容的问题，如："你听到了什么？""爸爸的鼾声像什么？"幼儿只需要根据听到的诗歌内容来回答就可以。同时在理解诗歌内容的基础上，教师提出了理解主题的问题，如为了启发幼儿的想象力，教师提出："爸爸的鼾声为什么像小火车？""火车经过大山，还会经过什么地方？""火车到站了会发生些什么事情？"为了启发幼儿积极关爱身边的人，教师提出："人为什么会打鼾？""打鼾的声音太大也是一种疾病，想一想应该怎样关心他们（爸爸、妈妈、爷爷、奶奶等）？"这些问题在诗歌中没有现成答案，需要幼儿积极思考才能回答，幼儿在思考的过程中加深了对诗歌主题的理解。为了完成词语"打鼾""鼾声""断断续续"的学习，教师针对以上词语也提出了帮助幼儿理解词语的问题。如："什么是断断续续的声音？""谁会发出'断断续续'的鼾声？"通过提问帮助幼儿理解词语"断断续续"。

谈话法的指导要点如下。

第一，幼儿初步感知诗歌、散文时，教师提出简单的问题。如针对诗歌或散文的名字、角色、简单的内容来设计问题。

第二，幼儿再次感知作品时，教师提出进一步帮助幼儿回忆诗歌或散文内容的问题，理解主题的问题，学习语言的问题。

第三，在运用谈话法的过程中，教师还要注意结合诗歌内容，组织幼儿进行相应的游戏、观察、操作实践等活动，使幼儿通过多种形式理解作品。如在诗歌《爸爸的鼾声》的学习过程中，教师让幼儿玩"开火车"的游戏，不仅能调动幼儿的积极性还能让幼儿在活动中进一步体验作品的内容和情感。

2．活动法

教师先组织幼儿开展与诗歌或散文内容有关的活动，让幼儿根据活动中的体验去感知、理解学习材料。

案例：诗歌《狼来了》（大班）

狼来了

狼来了，快回家，
小乌龟，说不怕，
缩进硬壳躲开它。
狼来了，快回家，
小刺猬，说不怕，
竖起尖刺刺痛它。
狼来了，快回家，
小猎人，说不怕，
拿起猎枪对准它。

活动设计写法参考：

活动目标：

1. 理解诗歌内容，知道遇到困难要动脑筋，想办法解决，懂得保护自己，学习新字：缩、竖、刺。

2. 初步学会有表情地朗读儿歌。

3. 乐于参与表演，大胆表达自己的意见。

活动准备：

1. 背景图一幅，磁吸角色教具（狼、乌龟、刺猬、猎人）各一个。

2. 头饰（狼、乌龟、刺猬、猎枪）若干，数量与幼儿人数相当。

活动过程：

1. 引导幼儿分别扮演乌龟、刺猬、猎人进行情景游戏，初步感知诗歌内容。

游戏前提问：遇上大灰狼时该怎么办？（引导幼儿分组讨论对付大灰狼的办法）

（1）扮演小乌龟的幼儿进行情景游戏。

听音乐，引导幼儿扮演乌龟到草地上晒太阳、玩耍。另一名教师扮演大灰狼从树后窜出。

提问：

小乌龟，大灰狼来了，我们该怎么办？（鼓励幼儿讲出自己的办法后，小结用"缩进硬壳"这个又快又安全的办法，并模仿动作）

扮演小乌龟的幼儿做出类似"缩进硬壳"的动作，大灰狼吃不到小乌龟就跑了。

（2）扮演刺猬的幼儿进行情景游戏。

听音乐，引导幼儿扮演刺猬到山上采果子。大灰狼跳出来。

提问：

小刺猬，大灰狼来了，我们该怎么办？（引导幼儿讲出小刺猬对付大灰狼的办法后，小结用"竖起尖刺刺痛它"，并模仿动作）

扮演小刺猬的幼儿做出类似"竖起尖刺刺痛它"的动作，刺得大灰狼落荒而逃。

（3）扮演小猎人的幼儿进行情景游戏。

听音乐，引导扮演小猎人的小朋友去山上打猎。然后，大灰狼来了。

提问：

小猎人，大灰狼来了，我们该怎么办？（引导幼儿讲出用猎枪打死大灰狼的办法并模仿猎人开枪的动作）

扮演小猎人的幼儿做出类似举起猎枪的动作，并发出砰砰砰的声音，大灰狼被小猎人打死，扮演大灰狼的老师倒地躺下，做出类似大灰狼死亡的样子。

2. 引出诗歌，帮助幼儿理解诗歌内容。

（1）教师介绍诗歌题目，并有表情地示范朗读诗歌。

提问：

诗歌的题目是什么？诗歌中有谁？

（2）出示图片，教师再一次朗诵诗歌，帮助幼儿进一步理解诗歌内容。

提问：

小乌龟、小刺猬、小猎人遇到狼时，害怕吗？他们想了什么办法对付大灰狼？

怎样是"缩"的动作？我们一起学一学小乌龟缩进硬壳的动作。（学习新字：缩）

你会做小刺猬"竖起尖刺刺痛它"的动作吗？（学习新字：竖、刺）

这首诗歌告诉我们遇到危险时应该怎么办？（引导幼儿理解诗歌主题）

3. 教幼儿学习朗读诗歌。

教师完整地朗诵诗歌，小朋友小声跟读。

4. 诗歌表演，加深幼儿对诗歌的理解。

（1）引导幼儿选择角色，分组进行表演，边表演边学习朗读。

提问：

小刺猬、小乌龟、小猎人遇到大灰狼都不害怕，你觉得该用怎样的动作表演？

（2）交换角色表演。

拓展活动：

音乐活动：播放《动物狂欢曲》音乐，引导幼儿模仿动物动作进行表演。

美术活动：引导幼儿画出自己喜欢的小动物。

思考：什么是活动法？如何用活动法帮助幼儿理解诗歌？采用活动法时还应结合什么方法才能更好地帮助幼儿理解诗歌？

案例分析

教师在帮助幼儿理解诗歌的活动中主要运用了活动法和谈话法。首先，教师运用了活动法，根据诗歌内容具有活动性强的特点，先组织幼儿开展与诗歌内容有关的活动，让幼儿扮演小乌龟、小刺猬、小猎人，教师扮演大灰狼，创设"大灰狼来了"的情境，引导幼儿思考对付大灰狼的办法，并通过动作表现出来，让幼儿在活动中亲身体验、理解作品内容，达到了初步感知理解作品的效果。在幼儿已初步感知作品的基础上，教师才出示诗歌，运用谈话法，帮助幼儿进一步理解诗歌。教师根据诗歌内容设计帮助幼儿回忆诗歌内容的问题，如："诗歌的题目是什么？""诗歌中有谁？""小乌龟、小刺猬、小猎人想了什么办法对付大灰狼？"幼儿只需要根据听到的诗歌内容就可以回答教师的问题。在幼儿对诗歌内容有了一定理解的基础上，教师继续提出理解诗歌主题的问题，如："这首诗歌告诉我们遇到危险时应该怎么办？"这些问题在诗歌中没有现成答案，需要幼儿积极思考才能回答，在思考的过程中又加深了对诗歌主题的理解。为了完成动词"缩、竖、刺"的学习，教师针对动词的特点提出了"怎样是'缩'的动作？我们一起学一学小乌龟缩进硬壳的动作。""你会做小刺猬'竖起尖刺刺痛它'的动作吗？"等问题，幼儿根据教师的提问做出相应的动作，加深了对动词词义的理解。

活动法的指导要点如下。

第一，教师通过组织幼儿进行与诗歌相关的活动帮助幼儿完成初步感知诗歌的工作。教师在选择使用活动法时，必须考虑诗歌的内容是否具有活动的特征，还要思考活动的组织与指导是否能有效地帮助幼儿感知、理解诗歌。只有这样才能避免运用活动法时，陷入为活动而活动，幼儿瞎忙乎而收效甚微的后果。

第二，活动法的运用必须与谈话法相结合。从案例可知，在运用活动法的过程中，教师需要设计提问环节帮助幼儿思考活动出现的问题；教师朗诵诗歌后，教师需要提出帮助幼儿理解诗歌内容和主题、学习新词和新句方面的问题。因此，活动法必须与谈话法有机结合，才能更好地完成教学目标。

第三，运用活动法时一般不用专门设计导入活动。活动法最大的特征就是组织幼儿进行与诗歌相关的活动。在活动中，幼儿的学习兴趣会随着参与活动自然萌发，因而教师不需要为幼儿学习兴趣的萌发专门设计一个导入环节，只需用简单的语言激发起幼儿参与活动的兴趣就可以了。

3. 图画法

教师先出示与诗歌或散文内容有关的图片，帮助幼儿在理解图片内容的基础上，理解诗歌内容。

案例：儿歌《虫虫虫虫爬》（小班）

虫虫虫虫爬

虫虫虫虫爬，
爬到蝴蝶家；
蝴蝶蝴蝶飞，
飞到青蛙家；
青蛙青蛙跳，
跳到鱼儿家；
鱼儿鱼儿游，
游到谁的家？

（1） （2）
（3） （4）

图 6-4 虫虫虫虫爬

活动设计写法参考：

活动目标：

1. 积极观察图画内容（见图 6-4），了解儿歌中小动物们的活动特征。
2. 学习动词：爬、飞、跳、游。

3. 扮演角色表演儿歌内容，体验学习的快乐。

活动准备：

1. 根据儿歌的内容准备相应的图画4幅。
2. 虫虫、蝴蝶、青蛙、鱼儿的头饰若干。

活动过程：

1. 教师提出启发性问题，激发幼儿的兴趣，导入儿歌学习活动。

提问：

池塘里面住着什么小动物？

今天，池塘里面可热闹了，看看发生了什么事情？

2. 出示图片，引导幼儿观察、思考，初步感知诗歌。

（1）（出示第一幅图）提问：

图上有谁？它在干什么？它要去找谁？

它怎样去找蝴蝶？我们一起做爬的动作。（学习动词：爬）

（2）（出示第二幅图）提问：

蝴蝶也去找朋友？它去找谁？

蝴蝶是怎样去找青蛙的？我们一起学一学蝴蝶飞的动作。（学习动词：飞）

（3）（出示第三幅图）提问：

小青蛙也去找朋友，它会去找谁？

它怎么去找鱼儿的？我们一起来学一学青蛙跳的动作。（学习动词：跳）

（4）（出示第四幅图）提问：

鱼儿也去找朋友，它要去找谁？

鱼儿是怎么去找朋友的？我们一起来学一学鱼儿游的动作。（学习动词：游）

3. 引出儿歌内容，帮助幼儿理解儿歌。

提问：

老师把刚才的图画编成了一首儿歌，听一听儿歌里面有哪些小动物？

它们要去干什么？它们是怎样找朋友的？（不要求幼儿能准确回答）

4. 教师再一次朗诵儿歌，加深幼儿对儿歌的理解。

提问：

虫虫怎样去找朋友？虫虫爬到谁的家？

蝴蝶怎样去找朋友？蝴蝶飞到谁的家？

青蛙怎样去找朋友？青蛙跳到谁的家？

鱼儿怎样去找朋友？鱼儿游到谁的家？

（引导幼儿模仿儿歌说出新的句子，如：游到蜻蜓家，游到小虾家……）

5. 游戏活动：我来说，你来做。

玩法：教师说出动物的名称，小朋友要边做出这种动物的动作，边说出这个动词。如，老师说："青蛙青蛙。"幼儿就要边做动作边说："跳跳跳。"

注意：动物的名称可以是儿歌里出现的动物，也可以是一些小朋友熟悉的小动物。继续加强对动词"爬、飞、跳、游"的学习。

6. 幼儿扮演角色，表演儿歌内容。

请小朋友扮演喜欢的角色，戴上头饰，进行儿歌表演。

7. 结束部分。

简单小结今天的学习内容。请小朋友以后注意观察周围环境中还有什么小动物，学一学它们的动作。

拓展活动：

1. 组织幼儿扮演诗歌里的小动物玩做客游戏，使幼儿在游戏中加深对儿歌的理解。
2. 创设游戏环境，提供更多的动物头饰引导幼儿玩做客游戏，模仿诗歌的语言。

（资料来源：广州市幼儿师范学校附属幼儿园梁旭雅老师的教学活动实录，有改动。）

思考：什么是图画法？如何用图画法帮助幼儿理解诗歌？采用图画法时还应结合什么方法才能更好地帮助幼儿理解诗歌？

案例分析

教师在帮助幼儿理解儿歌的活动中主要运用了图画法和谈话法。教师根据这首儿歌具有很强的画面效果的特点采用了图画法，即先引导幼儿观察图片内容，初步感知这首儿歌。在此基础上，教师才出示儿歌，并结合谈话法，提出帮助幼儿进一步理解儿歌内容和主题、学习动词的问题。如："听一听儿歌里面有哪些小动物？它们要去干什么？它们是怎样找朋友的？"

图画法的指导要点如下。

第一，教师先出示与诗歌或散文内容有关的图片，指导幼儿通过观察、思考、理解图片来完成初步感知诗歌的工作，而不是通过朗诵诗歌的方式让幼儿感知诗歌。所以教师在选择使用图画法时，必须考虑诗歌内容是否有较强的画面效果，如果诗歌内容的画面效果不强，就不建议使用图画法。

第二，图画法的运用必须与谈话法相结合。从案例可知，图画法运用过程中，教师需要设计帮助幼儿观察、思考画面的问题，幼儿进一步理解诗歌时，教师需要设计帮助幼儿理解诗歌内容和主题、掌握学习新字词的问题。因此，图画法必须与谈话法有机结合，才能收到更好的教学效果。

第三，运用图画法时，教师组织导入活动的重点是引起幼儿对观察图画的兴趣。

4. 情景表演法

一些有情节而又适合表演的诗歌，可由教师和幼儿（或完全由幼儿）扮演角色进行表演，让幼儿在观看表演或自己表演的过程中理解诗歌内容。

案例：散文诗《捉迷藏》（大班）

捉迷藏

黑夜用长长的手帕，
把太阳的眼睛蒙起来了。
趁着他还在数：
一、二、三、四、五、六、七、八……

颜色们赶快找一个,
自己喜爱的地方,
静悄悄地,躲在里面。

绿色太多了,挤不下,
有的躲在树叶里,
有的躲在小草里;
黄色躲在菊花里;
白色躲在云朵里;
蓝色躲在天空里;
红色躲在玫瑰里。

大家都躲好了,
黑夜就把手帕解开,
太阳睁开眼睛,一下子,
就把他们全都找出来啦。

活动设计写法参考:
活动目标:
1. 理解散文诗的内容,学习用艺术的眼光观察周围世界,学习新字:蒙、挤、解。
2. 学习朗读散文诗,并尝试仿照散文诗的格式仿编一段诗歌。
3. 感受散文诗中的情趣,乐于在众人面前表达,喜欢进行仿编活动。
活动准备:
1. 背景图一幅及场景布置,贴绒角色及各种颜色的头饰、黑纱布。
2. 菜园、果园、花园、海底世界的图片各一张。
3. 组织个别幼儿排练表演内容。
活动过程:
1. 导入:交代观看表演要求。
2. 观看表演,引导幼儿初步理解散文诗的内容。
(1) 观看表演:
①几名幼儿分别戴着太阳、黑夜、蓝色、黄色、红色、绿色、白色的头饰,依次进行自我介绍。
②太阳和各种颜色玩"捉迷藏"。
(2) 提问:
刚才的表演说了一件什么事?
你听到了什么?看到了什么?
3. 引出散文诗,并引导幼儿理解。
(1) 教师引出散文诗:老师把你们刚才看到的表演编成了一首好听的散文诗,名字叫《捉迷藏》。
(2) 教师有表情地完整示范朗读。

提问：

黑夜把谁的眼睛蒙起来了？请小朋友做一做"蒙"的动作。（学习新字：蒙，引导幼儿表演动作）

散文诗里谁和谁在捉迷藏？

颜色们都躲到哪里去了？（学习新词：躲、静悄悄，引导幼儿表演动作）

大家都躲好了，黑夜和太阳是怎样做的？（学习新词：解开，引导幼儿表演动作）

（3）教师示范朗读第二次，引导幼儿进一步理解、欣赏散文诗。

（出示教具）教师配乐朗读散文诗。

提问：

黑夜用长长的手帕把太阳的眼睛蒙起来了，这应该是什么时候？

散文诗中为什么说绿色躲在树叶、小草里？

散文诗中的其他颜色也躲到了不同的地方，颜色们为什么要这样躲？

黑夜解开手帕，太阳睁开眼睛又是什么时候？

太阳为什么能一下子就把它们都找出来了呢？（引导幼儿根据自己的经验讨论后，教师小结：晚上我们看不到美丽的颜色，就好像他们都找了个自己喜欢的地方躲起来；白天到了，我们一下就能看到所有漂亮的颜色）

你喜欢这首诗歌吗？为什么？

4. 引导幼儿学习朗读散文诗。

（1）教师指导幼儿看着图片，跟着录音机轻声学习朗读。

（2）教师指导幼儿听着音乐，用好听的声音将散文诗朗读一次。

5. 结束活动。

引导幼儿到园外和郊外去寻找各种颜色的景物。

拓展活动：引导幼儿仿编散文诗。

（1）游戏活动：幼儿扮演太阳，教师扮演黑夜，用黑纱将幼儿的眼睛蒙上，并把他们带到事前布置好的场景中（海底世界、果园、花园、菜园），引导幼儿把不同场景中漂亮的颜色找出来。

（2）仿编活动：要求幼儿边找边和同伴自由交流，注意运用句式"××颜色躲在××里"。

思考：什么是情景表演法？如何用情景表演法帮助幼儿理解诗歌？采用情景表演法时还应结合什么方法才能更好地帮助幼儿理解诗歌？

案例分析

教师在帮助幼儿理解儿歌的活动中主要运用了情景表演法和谈话法。教师根据这首散文诗具有一定的情节、一定的场景、角色丰富的特点而运用情景表演法，创设情境，组织幼儿扮演散文诗角色，进行表演，让幼儿在观看表演或自己表演的过程中初步感知作品的内容。通过表演，幼儿更容易理解和记忆作品的内容。在此基础上，教师才出示散文诗，并结合谈话法，根据散文诗的内容设计了进一步帮助幼儿理解内容和主题、学

习动词的相关问题，如"黑夜用长长的手帕把太阳的眼睛蒙起来了，这应该是什么时候？散文诗中为什么说绿色躲在树叶、小草里？"帮助幼儿进一步加深对散文诗的理解。

情景表演法的指导要点如下。

第一，教师先组织幼儿扮演诗歌的角色，进行表演，指导幼儿通过观看表演和自己表演来完成初步感知诗歌、散文的工作，而不是通过朗诵诗歌的方式让幼儿感知诗歌。所以教师在选择使用情景表演法时，必须考虑诗歌内容是否适合表演，如果诗歌、散文的内容情节性不强，角色活动不够丰富，场景变化不多就不建议使用情景表演法。

第二，情景表演法必须与谈话法相结合。从案例可知，在运用情景表演法的过程中，教师需要设计提问环节帮助幼儿观看表演；教师朗诵诗歌后，需要设计帮助幼儿理解诗歌内容和主题、掌握学习新词的问题。因此，情景表演法必须与谈话法有机结合，才能收到更好的教学效果。

第三，运用情景表演时，教师组织导入活动的重点是激发幼儿观看表演的兴趣。

5. 讲解法

教师对幼儿难以理解的诗歌、散文内容或词句等进行必要的解释，称为讲解法。

教师运用讲解法时，要注意语言生动形象，同时，讲解尽量与实物、教具相结合。如大班儿歌《小熊过桥》中出现的"小竹桥"，对于许多幼儿来说是很陌生的，但是，如果对小竹桥缺乏认识，幼儿又很难体会小熊害怕的心情，这时就需要教师通过讲解的方法帮助幼儿解决这一难点问题。教师向幼儿解释小竹桥就是用竹子搭建的桥，找来竹子，让幼儿感知竹子比较柔软的特点，小朋友就比较容易理解竹子搭的桥走上去会不稳当，所以小熊才会害怕。当然，教师如果有条件用竹子搭建起一座小桥，让幼儿在桥上走一走，效果更好。

（三）教幼儿学习朗诵诗歌、散文的操作要点

1. 整首教

幼儿整首学习诗歌、散文朗诵的方式，可以保持诗文的意境和情感的完整，利于幼儿在学习中整体感知诗歌。

2. 分句教

当幼儿在朗诵诗歌时，如果出现读音不准或读错音的情况，教师应把相关的句子抽出来指导幼儿单独练习，这时幼儿就需要分句来学习朗诵了。

注意：在教幼儿朗诵诗歌、散文时，应坚决杜绝教师读一句、幼儿读一句这种鹦鹉学舌的方式。因为这种学习方式，使得幼儿机械地记忆学习内容，而不是完整地感知、理解诗歌、散文。

（四）结束活动的指导要点

教师不应把诗歌学习活动的结束部分看成是诗歌学习的结束，而是应该巩固加深幼儿对学习内容的认识为拓展活动做准备。结束活动主要可采用以下两种方法。

（1）用简单的语言小结本次活动的主题，引导幼儿在生活中体验迁移诗歌的情感、

思想或行为。（参考大班案例诗歌《爸爸的鼾声》结束部分设计）

（2）提出启发性问题，为下一轮的创造性表达和讲述活动做准备。（参考大班案例诗歌《风儿在哪里》结束部分设计）

（五）拓展活动的指导要点

《纲要》语言领域所提出的具体内容与要求是：引导幼儿接触优秀的儿童文学作品，使之感受语言的丰富和优美，并通过多种活动帮助幼儿加深对作品的体验和理解。根据这一要求在幼儿园开展诗歌、散文学习活动时，应从诗歌、散文作品入手，整合与其相关的其他学科内容，提供多种途径让幼儿与诗歌、散文的学习内容相互作用，在诗歌、散文学习活动的过程中，促进幼儿的全面发展。主要方法有以下几种。

（1）组织幼儿进行体验诗歌、散文的活动，带着作品的眼睛去看，带着作品的耳朵去听，围绕已学的文学作品去思考。如反映诗文内容的表演游戏、配乐朗读、绘画、观察等。（参考案例儿歌《虫虫虫虫爬》的拓展活动设计）

（2）提高幼儿运用语言能力的活动，如诗文的仿编或改编活动。（参考案例散文诗《捉迷藏》的拓展活动设计）

（3）引导幼儿把从诗文中获得的经验运用于生活中，如开展和诗文主题相关的实践活动等。（参考案例诗歌《风儿在哪里》的拓展活动设计）

导入案例分析

导入案例中，陈老师在每次组织语言活动时，事先做好了充分的准备工作：认真设计活动计划，为孩子精心创设环境和材料，并对活动设计进行反复修改，在活动过程中运用多种手段、多种方式引导孩子积极主动地学习等。以上这些做法都非常正确。但是，陈老师在活动结束时，认为幼儿不能流畅完整地背诵诗歌就是没有完成活动目标的想法就失之偏颇。《纲要》对语言领域所提出的具体要求是：引导幼儿接触优秀的儿童文学作品，使之感受语言的丰富和优美，并通过多种活动帮助幼儿加深对作品的体验和理解。根据《纲要》的精神，教师组织幼儿开展语言活动的重点应放在设计多种多样的活动上，以帮助幼儿感受和体验文学语言的丰富和优美。综上可见，陈老师对幼儿语言教育活动目标、内容及要求缺乏正确的认知。要求幼儿短时间内把学习的诗歌完整流畅地朗诵出来，既不符合幼儿年龄发展的特点，也不符合《纲要》的指导精神，还打击了幼儿学习的兴趣与积极性。在案例中，陈老师为了强化幼儿记忆诗歌方面的训练，在每次活动结束前，她都让孩子们跟着她反复朗诵诗歌并对能够流畅而又完整地朗诵诗歌的幼儿奖励小红花。这些做法只会令幼儿鹦鹉学舌，不求甚解，还会影响幼儿的自我认知：能完整朗诵诗歌的孩子才是好孩子，才是老师喜欢的孩子。这样的价值判断将带来错误的行为指引，对幼儿身心发展极为不利。

针对幼儿不能完整流畅地进行诗歌全文朗诵的问题，建议陈老师把关注点放在幼儿感受、理解诗歌的环节上，组织多种活动帮助幼儿加深理解与体验作品，只有幼儿真正理解了作品,他们的记忆与背诵才有意义。

诗歌作为语言学习的具体内容知识,只是幼儿学习的载体,关键的问题是教师如何通过这个知识载体,促进幼儿在情感、态度、能力、知识方面得到全面提升,而不应简单把幼儿能否完整流畅地朗诵诗歌作为评价幼儿诗歌学习活动是否成功的一项重要评价标准。

学习反馈

姓名:　　　　　班级:

选取一首诗歌,进行诗歌教学活动的设计

任务内容	任务描述	你的收获

小组评价:

教师点评:

项目三　幼儿故事学习活动的设计与组织

导入案例

幼儿故事教学观摩之反思

在日常幼儿园教学观摩活动中,教师在教育教学中经常使用的教育方式方法有图片教育、游戏教育、讲故事教育等教学方式。其中讲故事是幼儿最喜爱的一种活动形式,通过故事教学培养幼儿良好的品德,帮助幼儿发展语言能力。

以下是笔者与幼儿教师就故事教学问题进行访谈时提到的一些问题。

(1) 故事教学活动怎样提高幼儿倾听的积极性?

某幼儿园的王老师说:"我在故事教学活动中,往往不是只讲一遍,而是要讲很多遍,每一遍都要注意方式的变换,才能促进幼儿倾听的积极性。"

(2) 教具应该如何使用,才能做到激发幼儿兴趣但又不分散幼儿的注意力?

某幼儿园的张老师提到:"我在讲《狐假虎威》这个故事的时候,第一遍时就直接用上了教具,发现幼儿开始把注意力集中到了挂图上,对故事内容本身兴趣不高,在给幼儿讲第二、第三遍的时候,还是简单地用了挂图,并没有变化方式,以至于孩子们的注意力更加不集中,有的孩子甚至开始说话,整个效果不是很好。其实现在看来,在讲第一遍的时候,不用教具可能效果会好一点,因为直观的教具反而容易分散幼儿的注意力,不利于培养幼儿倾听的习惯。"

(3) 故事学习活动中如何提问?

在故事中穿插提问,有利于帮助幼儿对故事的理解,开放性的问题有时能激发幼儿语言的创造性运用。有的老师提到,在实际的故事学习活动中,她们不知道什么样的问题才是孩子真正能理解的,有时觉得自己的提问过于简单,有时觉得提问过于复杂,与孩子的实际理解有出入。对于提问类型、提问的内容以及在提问过程中如何引导孩子理解问题,教师们都有着自己的见解。

初步探究

(1) 在教学观摩反思中提到了故事学习活动的哪些注意要点?
(2) 我们应该为幼儿选择怎样的故事?故事学习活动有什么特点?
(3) 如何组织故事学习活动呢?

导读

幼儿故事有广义、狭义之分，广义的幼儿故事一般包括童话故事、神话、历史故事、传说故事、民间故事、成语故事、幼儿生活故事和笑话等多种形式的故事。幼儿园故事活动一般采用的是狭义的幼儿故事，即内容偏重于写实，适合幼儿欣赏的童话故事、幼儿生活经验故事等。幼儿故事学习活动的首要问题是选材，根据选材，教师进行相应的活动准备，其次就是根据各年龄班的特点进行故事学习活动的设计与组织等。

任务分解

我们可以将论题分解为以下三个方面。
（1）故事如何选材，故事选材的要点是什么？
（2）教师应该进行哪些方面的活动准备？
（3）幼儿故事学习活动的具体过程如何设计并组织？
对这三个问题的回答，将使我们对幼儿故事学习活动有一个较为清晰的认识。

任务一　掌握故事学习活动的选材要点

一、幼儿故事的选材

幼儿故事学习活动的首要问题是故事的选材。如何选择一个好的故事，既符合幼儿年龄特点，又是幼儿喜欢的，并且具有教育意义，还可以给幼儿的生活与成长带来启发作用？故事的选材除了要遵循文学作品的文学性、教育性等一般特点以外，还要考虑故事本身的一些条件。综合故事选材需要注意以下几点。

（一）主题单一明确，有一定的教育意义

幼儿故事活动中所选用的作品，主题应只有一个，且简单明确，易于幼儿理解，作品内容健康明朗，对幼儿有一定的教育意义。比如《鹅大哥出门》《蛤蟆爷爷的秘诀》。

（二）故事的情节具体生动有趣，有起伏，按一般顺序记叙

《胖嫂回娘家》《三只小猪》等故事，情节就比较生动有趣。故事还要有针对性，针对本班幼儿的实际情况，关注本班幼儿的思想状况，及时选择相关主题的故事进行教育。如发现幼儿在分享玩具方面需要进行引导，可以选择《金色的房子》。与此同时，故事

的内容最好是幼儿熟悉的或能在生活中体验感知的，比如《小蝌蚪找妈妈》《小鸡和小鸭》。

（三）故事应留给幼儿发挥想象的空间

《梨子小提琴》《会动的房子》等故事，篇幅适中，语言简洁，故事中使用了许多比喻、拟人的修辞手法，给予孩子许多的想象空间。

（四）人物形象鲜明突出，易于幼儿理解、喜欢

比如《鸭妈妈找蛋》里粗心糊涂的鸭妈妈。

案例：故事《鸭妈妈找蛋》节选

鸭妈妈叹了一口气说："唉！我忙得很哪，要游水，要捉小鱼小虾，还要下蛋……一忙，就记不清蛋生在哪儿了。"

黄牛说："你说你忙，我呢？耕地，拉车，磨面，可不像你那样丢三落四的。"

母鸡说："我也生蛋呀，我都生在窝里，可不像你天天要找蛋。"

山羊说："你呀，做事不用脑子！"

鸭妈妈拍了拍脑袋，说："啊，啊，不是我不用脑子，一定是我的脑子有毛病！"

山羊、黄牛和母鸡一起劝鸭妈妈："你别着急，好好儿想一想：你今天到过哪些地方？到底在哪里生了蛋？"

鸭妈妈低下头，从大清早出窝想起——池塘边吗？没生过蛋。草地上吗？也没生过蛋。小树林里吗？根本没去玩过。

"啊，啊！"鸭妈妈想起来了，她可难为情了，低着头说，"今天，今天，我还没生过蛋！"

（资料来源：人民教育出版社中学语文室. 听话和说话：第二册［M］. 北京：人民教育出版社，2005.）

案例分析

《鸭妈妈找蛋》向幼儿展示了一个丰富有趣的情景事件，故事内容与幼儿的认知心理和情绪特征相吻合。它不仅能够陶冶幼儿的性格，提高审美趣味，催发想象力，发展感受力，同时又能让幼儿开阔视野，增长知识，给幼儿以思想道德的启迪和教育。故事里的动物是幼儿比较常见的，同时故事里的人物形象是鲜明生动的，比如鸭妈妈是做事粗心、没有头脑，母鸡、老山羊、黄牛则是可爱、善良、憨厚的。故事的情节是生动有趣的，能吸引幼儿的注意，有教育意义，让幼儿明白做任何事情都是要动脑筋的。

二、不同年龄班幼儿故事的选材要点

（一）小班

小班幼儿喜欢以动物为角色的故事。幼儿容易情绪化，常常把自己和故事角色混在一起，自然地把自己融进故事，所以故事内容应该与他们的生活经验相匹配。小班幼儿还喜欢故事中有声音，所以选择故事时应该注重故事中是否有动词、象声词及简单的对话，比如《小羊吉米》《小兔乖乖》等。

（二）中班

中班幼儿更喜欢故事中夸张的情节。文学表现上应多一些形容词、动作词、重叠句、比喻句等，比如《小公鸡学吹喇叭》《没有牙齿的大老虎》等。

（三）大班

大班幼儿已经具备对人对事外显行为进行评价的粗浅能力，应增添真人真事的故事；大班幼儿还喜欢情节奇特的故事，可增添神话、科幻故事；文学表现上可增加反问、疑问、感叹等方面的感受，比如《没有水的消防车》等。

案例：故事《蛇偷吃了我的蛋》（中班）

有一天，鸡妈妈在草丛中孵蛋，坐得腿有点酸了，她就站起来到河边去散步，突然"嗖"的一声，一条蛇爬了过来，肚子圆鼓鼓的。

"啊呀，不得了啦！"鸡妈妈喊道。"鸭妈妈，蛇偷吃了你的蛋。""你怎么知道？"鸭妈妈问。"因为它的肚子鼓得像鸭蛋那么大。"鸭妈妈赶紧回家数蛋。"一、二、三、四、五，一个也不少。"

"哦，我想起来了。"鸭妈妈说。"鹅妈妈，鹅妈妈，蛇偷吃了你的蛋。""哦，你怎么知道？""因为它的肚子鼓得像鹅蛋那么大。"鹅妈妈赶紧回家数蛋。"一、二、三、四、五，一个也不少。"

"我知道了。"鹅妈妈说。她赶紧去找乌龟妈妈："乌龟妈妈，乌龟妈妈，蛇偷吃了你的蛋。""你怎么知道？""因为它的肚子鼓得有乌龟蛋那么大。"乌龟妈妈赶紧回家数蛋。"一、二、三、四、五，一个也不少。"

乌龟妈妈的蛋一个也不少。鹅妈妈的蛋一个也不少。鸭妈妈的蛋一个也不少。乌龟妈妈、鹅妈妈、鸭妈妈一齐说："鸡妈妈，蛇是不是偷吃了你的蛋？"

鸡妈妈赶紧跑回家数蛋。"一、二、三、四，啊，不得了啦，蛇偷吃了我的蛋。"

{资料来源：周兢. 幼儿园语言教育活动指导［M］. 北京：人民教育出版社，2011.}

案例分析

幼儿对于有重复情节和对白的故事，总是感到兴趣盎然，因为他们能预测故事的

发展情节，而从中得到成就感与满足感。故事中的蛇，肚子鼓得像一个蛋那么大，鸡妈妈看见了紧张地去问鸭妈妈。鸭妈妈数数自己的蛋，一个也不少。于是她紧张地去找鹅妈妈……故事中的悬疑气氛，能引起幼儿的好奇心，这也正是故事的趣味所在。教师不妨在揭开谜底之前，让幼儿猜猜看，到底蛇偷吃了谁的蛋。开放式的结尾，也是另一个故事的开始，可以激发幼儿的想象力，创造出更多的趣味和欢乐。

任务二　掌握故事学习活动设计与组织的基本结构及指导要点

一、熟悉故事学习活动前的准备工作

（一）教师对故事进行精细阅读，分析文本，熟悉故事

在对故事进行精细阅读时，教师要仔细分析故事中的角色特点，把握故事的内涵，理解故事主题。

（二）对故事进行再创作

教师要对书面幼儿故事进行再创作，将其转化成幼儿喜爱的口头文学作品，要仔细琢磨如何处理故事中的叙述性语言，如何对故事中人物的语言进行拟音处理，如何设计和使用态势语等，力求做到教学时能够驾驭自如。

案例：《鸭妈妈找蛋》故事教学活动准备案例

《鸭妈妈找蛋》故事请看前文。

1. 精细阅读，分析文本，熟悉故事。

人物形象： 故事中的动物是幼儿比较常见的，鸭妈妈这个人物的缺点是做事粗心，没有头脑，母鸡、老山羊、黄牛则是可爱、善良、憨厚的。

故事内涵： 做任何事情都要动脑筋。

熟悉故事： 记住故事的题目，把握鸭妈妈及其他动物的特点及其所处的环境；熟记故事情节和角色语言。

2. 对故事进行再创作。

处理好叙述性语言。 用声自然、平稳，基本语气是富有风趣，带有善意讽刺。

处理好人物语言。 鸭妈妈说话时要表现出找蛋着急的状态，鸭妈妈的语言重复，要仔细体现她在不同阶段的内心活动，通过语调、音量、速度等变化来表现。母鸡、老山羊、黄牛的语言更多的是表现出可爱、善良、憨厚，讲述时要通过运用不同的音色、语调、语气和语速来体现。

适度进行态势语设计。如讲到"谁见了都说:'啊,多么可爱的鸭蛋哟!'"可设计为鸭妈妈高傲地抬起头,不停地拍动翅膀,乐得"呷、呷、呷"地叫。讲到鸭妈妈又忘了在哪儿生的蛋了,可以低着头寻找,并焦急地在院子里跑来跑去。讲到"今天,今天,我还没生过蛋"时,脸上要流露出恍然大悟、随即难为情的表情。

{资料来源:王宿东. 幼儿园故事教学设计与实施[J]. 家教世界:创新阅读,2015(10):11.}

案例分析

教师根据故事特点,对故事进行了有效的把握,比如对故事中的每个动物的形象特点的把握,比如对故事主题、内涵的把握。在此基础上,教师要对故事进行再创作,比如对故事讲述语言的设计,如鸭妈妈的语言设计以及各种态势语设计。

(三)准备教具,书写活动设计

教师要准备教学用的教具,如多媒体课件、挂图、立体教具等,并根据幼儿的年龄特点与故事活动的特点进行活动方案的撰写工作。

二、掌握故事学习活动设计与组织的基本结构

幼儿园故事活动设计的基本流程(见图6-5)。

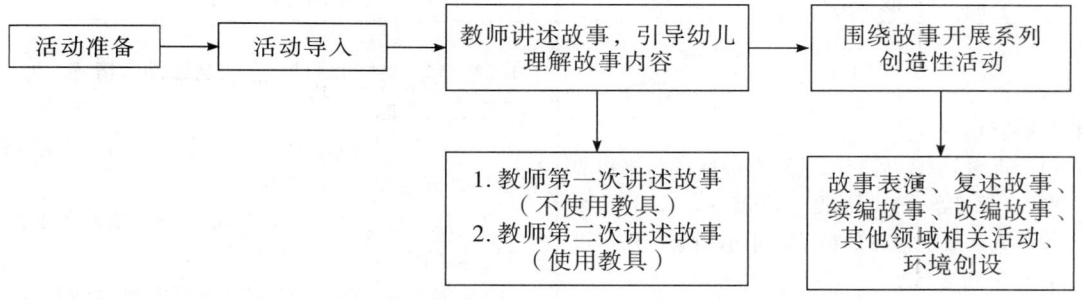

图6-5 幼儿园故事活动设计基本流程

1. 活动导入

设计方法可参考"诗歌、散文学习活动的指导要点"中的"导入活动的设计和指导要点"。

2. 教师讲述故事,引导幼儿理解故事内容

(1)教师第一次讲述故事时:

教师第一次讲述故事(不使用教具),讲述过程可使用插问。

①讲到重点情节处,为引起幼儿注意,可插入问题,让幼儿重述一遍或教师自问自答。

②讲到关键情节处,插入问题,启发幼儿想象故事情节的发展。

（2）教师第一次讲述故事后：

教师第一次讲述故事后，提问，帮助幼儿记住故事的名称、角色、主要情节。

（3）教师第二次讲述故事（使用教具）后：

教师第二次讲述故事（使用教具）后，按照故事情节的发展顺序，详细提问，引导幼儿记忆、理解故事的内容，掌握主题，并学习新词句。

3．围绕故事开展系列创造性活动

（1）故事表演游戏。

（2）复述故事。

（3）续编故事。

（4）改编故事。

（5）与故事内容相关的其他领域活动，如绘画、音乐、手工、游戏、参观等。

（6）环境创设。

三、故事学习活动设计与组织的指导要点

关于故事教学活动设计与组织的具体指导要点，我们将结合以下的活动案例（见表6-2）进行分析说明。

案例：神奇的小火车（大班）

表6-2 故事教学活动案例

活动案例：故事活动《神奇的小火车》	案例分析说明
活动目标： 1．理解故事内容，感受火车的神奇和事物的变化。学习新词：湿漉漉。（认知） 2．喜欢故事神奇的情节，乐于想象，乐于表达。（情感与态度） 3．能根据想象进行续编。（能力与技能）	1．故事教学的活动目标，应从认知、情感、能力三个方面考虑。 （1）情感目标应涉及幼儿在此次活动中兴趣、态度及价值观等方面的变化。 （2）认知目标凸显故事学习的语言学习要求，语言目标的内容具体、明确。 （3）能力目标的确定应体现故事活动对幼儿口语表达能力发展的特殊作用。 2．活动目标建议从幼儿的角度表述
活动准备： 1．立体小火车一列，核桃、桃子、鸡蛋、小鸡、青虫、蝴蝶、托托、大胡子叔叔的卡片各一张。 2．有关火车的音乐三段	1．活动准备过程中要准备好活动需要使用的具体教具、学具。 2．同时教师还需要做好对故事的解读与再创作

续上表

活动案例：故事活动《神奇的小火车》	案例分析说明
活动过程： 1. 导入：激发兴趣，引出课题。 　小朋友你们听，谁来了？（播放火车启动的音乐）对，就是火车来了，这还是一列神奇的火车呢！为什么说是神奇的火车呢？听听故事你们就知道了。请听故事《神奇的小火车》	故事导入有许多种方法（具体方法见"诗歌、散文学习活动的指导要点"中的"导入活动的设计和指导要点"）。本次故事采用的是音乐导入的方法，导入时间控制在三分钟左右，主要目的是激发幼儿的兴趣
2. 初步感受作品。 　（1）教师有表情地从开头讲到"还是一只鸡蛋吗？"插问：下车的还是一只鸡蛋吗？如果不是，又会是谁？ 　（2）接着讲至"神奇的火车停下来了"，插问：第四个下车的会是谁？ 　（3）再接着讲完。 　提问：这是一列怎样的火车？火车上有哪些乘客？	文学作品学习的第一层次是初步感受文学作品，是对作品的初次体验。 　（案例中，教师在第一次讲述故事的时候没有使用教具，通过自己有表情的讲述让幼儿集中注意力，初次感受故事，中间可以穿插提问，激发幼儿对故事情节发展的兴趣）
3. 理解故事，体会事物的变化。 　（1）（操作立体教具）教师完整讲述故事，以提问、引导的方式，帮助幼儿理解事物的变化。 　提问： 　第一次上车的是谁？它下车时变成了什么？ 　第二次上车的是谁？它下车时变成了什么？ 　第三次呢？下车时它们变成了什么？小青虫怎么会变成花蝴蝶？ 　第四次上车的是谁？他变成了什么？他还可能变成什么？ 　托托变成大胡子叔叔后怎么啦？他为什么哭？这可怎么办？请小朋友帮他想想办法吧。 　这列火车和一般的火车一样吗？它是一列什么样的火车？为什么说它是神奇的火车？（亲自体验，想象变化） 　（2）教师通过语言，引导幼儿根据故事情节进行想象。 　提问： 　神奇的小火车真有趣，小朋友想不想乘坐这列小火车？那就请你们坐上这列小火车，想想你下车时会变成什么？（播放火车开动的音乐，鼓励幼儿想象，但不要求幼儿回答）	在故事教学活动中，教师需要在讲述的基础上，通过提问、引导来帮助幼儿理解故事。第一次讲述故事后的提问与第二次讲述故事后的提问要求不一样。 　教师第一次讲述故事后，提问的内容主要是帮助幼儿记住故事的名称、角色、主要情节。 　（案例中，教师第一次讲述后的提问是这样的："上车的是谁？下车时变成了什么？""第三次上车的是谁？下车时它变成了什么？"在这里，使用得更多的是描述性的提问方式，除了一些分析性提问，大多是结合故事的角色、情节来进行提问，帮助幼儿加深对故事的理解与记忆）

续上表

活动案例：故事活动《神奇的小火车》	案例分析说明
神奇的火车停了，请你说说自己变成了什么？（启发思考，引发想象） 提问：这列火车真神奇，能使里面的乘客发生变化，你们已坐过这列神奇的火车了，大家想想看，还会有谁乘坐这列神奇的火车呢？下车时又会变成什么？（启发幼儿充分展开想象，大胆描述自己的想象） （3）鼓励幼儿把想象的内容画成一幅画。（播放轻快的火车音乐，让幼儿在火车音乐的激励下进行绘画）	教师第二次讲述故事（使用教具）后，按照故事情节的发展顺序，详细提问，引导幼儿记忆、理解故事的内容，掌握主题，并学习新词句。 （案例中，教师提问："这列火车和一般的火车一样吗？它是一列什么样的火车？为什么说它是神奇的火车？""神奇的小火车真有趣，小朋友想不想乘坐这列小火车？"在这里，教师更多地使用创造性的提问方式，激发幼儿的想象力与创造力，达到借助文学作品激发幼儿进行创造性想象的目的）
活动延伸： 幼儿继续绘画并自由组合相互介绍自己的绘画作品。 准备一些积木、插塑、指偶等材料，让幼儿在活动区拼搭神奇的小火车，操作指偶，讲述和创编故事	活动延伸的部分主要是围绕故事活动开展的一系列创造性活动，活动形式可以多样化。 （本案例是结合绘画活动进行活动延伸，并将本次语言故事活动的内容延伸到幼儿的区域活动中，让幼儿能在自由的区域活动中对故事活动进行进一步的深化）

附故事：

神奇的小火车

神奇的小火车开过来了！

"呜——呜——"蓝色的神奇小火车一边开心地唱着歌，一边喷着彩色的烟雾。

小核桃蹦蹦跳跳地上了车，当了神奇小火车的第一位乘客。

小火车带着小核桃，绕着草地转了一圈，然后慢慢地停下来。

奇怪！从车上下来的，不是一个小核桃，而是个粉红色的水灵灵的大桃子。

骨碌碌，不知从哪儿滚过来一只圆头圆脑的鸡蛋，它成了神奇小火车的第二位乘客。

猜猜看，这只鸡蛋下车时，还是一只鸡蛋吗？

当然不是。

下车了，是只毛茸茸湿漉漉的小雏鸡！

接下来是一群小青虫，它们排着队，一扭一扭地上了车。

当神奇的小火车第三次停下来的时候，从车窗飞出许多漂亮的花蝴蝶！

多么有趣的小火车！正在草地玩皮球的男孩托托也很开心地爬了上去。

"呜——呜——"蓝色的神奇小火车一边开心地唱着歌，一边喷着彩色的烟雾。

神奇的火车停下来了。一个大胡子叔叔从车上走下来了。这个胡子叔叔坐在草地上，伤心地哇哇大哭："我不要当叔叔！我要当小朋友，我还没当够哪！"

好心的神奇小火车带着大胡子叔叔倒着开了一圈。瞧，大胡子叔叔又变成胖乎乎的小托托！

托托抱起他的红皮球，连蹦带跳地跑了。

当个男孩真开心！

（资料来源：故事选自《婴儿画报》2001年第23期。）

幼儿园故事教学活动作为文学作品学习的其中一种方式，对幼儿的语言理解与表达能力有着重要的意义。本项目内容中，我们对故事学习活动的选材、故事学习活动的准备活动以及故事学习活动的一般步骤与具体操作要点进行了详细的阐述。

导入案例分析

导入案例中教师们提到的关于故事教学的相关问题，如故事教学活动中对幼儿听的能力的培养、教具的使用、故事教学活动中提问的设计等，都是故事教学活动过程中的指导要点。幼儿语言学习规律指出，幼儿的语言学习从听开始。儿童心理学关于幼儿注意发展的理论指出，幼儿的注意力容易转移、分散，有意注意的时长有限。我们在幼儿故事教学过程中，要注意结合这些幼儿语言学习的基本理论，重视导入活动的设计，利用导入活动激发幼儿的兴趣，注意故事的语言讲述，尽量积极调动幼儿的听觉器官，同时，在教具的使用中注意以不分散幼儿注意力为主。

导入案例中，教师们提到故事教学过程中的提问设计，提问可以帮助幼儿回忆故事的主要角色、情节发展，同时一些开放式问题的设计还有助于幼儿在故事学习活动中发展逻辑思维能力、分析能力和语言能力。

学习反馈

姓名：　　　　　　　班级：

故事教学活动的选材应注意哪些要点？故事活动的准备如何做？故事活动设计与组织的一般步骤是什么？请在下面的任务书上进行概括

任务内容	任务描述	你的收获

小组评价：

教师点评：

单元小结

纵观本单元所述，我们初步了解了幼儿文学活动的特点、幼儿文学活动的语言教育目标、幼儿文学活动教学的基本结构，并且学习了幼儿诗歌、散文、故事等几种特殊活动形式的设计、组织结构与指导要点，但要设计和组织好一次优质的幼儿文学学习活动，还需要不断学习，深入思考，尤其要灵活地整合各种教学方法，模仿体验，操作练习，反思优化教学过程，学会选择、调整、重组适合幼儿的活动设计与结构。

思考与练习

（1）幼儿文学活动的特点与目标是什么？

（2）幼儿文学活动设计的基本结构包括哪几个方面？

（3）观摩幼儿园的文学活动，并运用本单元所学的内容进行分析。

（4）下面是一首适合中班幼儿学习的诗歌，请你根据内容，按照诗歌学习活动的基本程序尝试进行活动设计并试教，写出自己的教学反思。

小雨点

唐邑丰

小雨点，

沙沙沙，

落在花园里，

花儿乐得张嘴巴。

小雨点，

沙沙沙，

落在鱼池里，

鱼儿乐得摇尾巴。

小雨点，

沙沙沙，

落在田野里，

苗儿乐得往上拔。

（5）请根据以下素材，设计一个幼儿园故事教学活动。

城里来了大恐龙

大恐龙来到了城里，它觉得这个地方比它以前到过的任何地方都热闹。

大恐龙"啪哒啪哒"地走在马路上，可是它的身体太大，交通给堵塞了，汽车排起了长队，响起了喇叭。

大恐龙"啪哒啪哒"地走在铁路上，大恐龙的身体太重，铁路被踩得"吱哩吱哩"直响，火车也被震得跳起了舞。

大恐龙"啪哒啪哒"地走在胡同里,它闻到了人家厨房里飘出的阵阵香味,忍不住把头伸进窗户,可是大恐龙脖子太长,把人家的房顶都掀翻了。大恐龙心里真难过。城里的人感到,大恐龙给他们带来了危险。

这时一个聪明的小孩说:"大恐龙走了许多路,一定是饿了。"他带着许多小朋友在马路上撒青草,大恐龙沿着这条青草路边吃边走,吃饱了就在十字路口打起了瞌睡。

马路被堵住了,汽车从大恐龙身上、身下开过,大恐龙变成了立交桥。大恐龙身上痒痒的,睁开眼睛一看,想不到自己还有这么大的用处呢!大恐龙觉得自己应该为城里人多做一点事,因为它是多么喜欢这个地方啊!

一辆辆大卡车、面包车、小汽车从大恐龙身下开过去,一辆辆自行车、摩托车、三轮车从大恐龙身上骑过去,一群群大人、小孩从大恐龙身上走过……城市的马路畅通了,大家都说,大恐龙立交桥真好!

{资料来源:人民教育出版社中学语文室. 幼儿文学作品选读 [M]. 北京:人民教育出版社,2005.}

单元七
幼儿园语言教育中的早期阅读活动

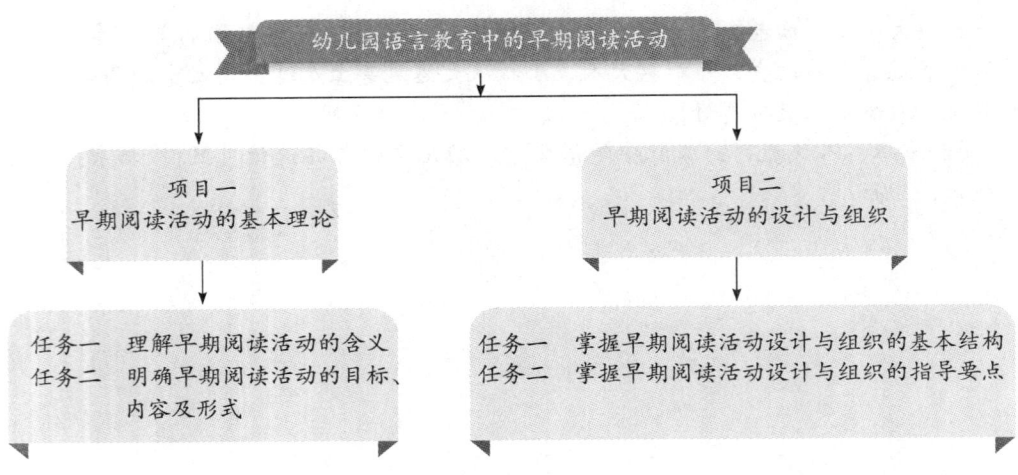

图7-1 单元七思维导图

学习目标

理解早期阅读活动的概念、意义。
明确早期阅读活动的目标、内容及形式。
掌握早期阅读活动设计与组织的基本结构。
掌握早期阅读活动设计与组织的指导要点。

学习重点

早期阅读活动的目标、内容及形式，早期阅读活动的基本结构，早期阅读活动的设计与组织。

学习建议

借助案例进行分析、归纳、释疑，明确早期阅读活动的目标、内容及形式，掌握早期阅读活动设计及组织的基本方法。

单元七 幼儿园语言教育中的早期阅读活动

项目一 早期阅读活动的基本理论

导入案例

某中班小朋友通过自己探索，发现并选择自己喜欢的偏旁部首进行归类识字。教师也选择常见的、有意义的偏旁进行引导，例如草字头、足字旁、三点水等。活动期间有些幼儿自己发现了提手旁、绞丝旁等，做成卡片贴在纸上或墙上。然后教师带领幼儿来到阅读区，打开报纸、杂志、图书等，找出这些材料上带有刚才选择的偏旁部首的字，并尝试用铅笔把它们画出来；在废旧的报纸和广告上也找出来，剪下来，贴在相应的位置上。在此过程中幼儿特别兴奋，而且他们每找出一个相对应的字就特别自信，因为通过自己的观察贴到相应位置，就会得到教师和同伴的表扬，活动中比赛谁找得更多，更是调动了积极性。（按偏旁部首归类识字游戏——《找找它》）

初步探究

（1）在这个活动中教师为什么要让幼儿选择自己喜欢的偏旁部首去找对应的字？早期阅读活动的意义是什么？

（2）这是一个完整的早期阅读活动吗？它包括哪些内容？活动设计的形式和基本结构是什么？

导 读

近些年，我国幼教界对幼儿早期阅读活动非常关注，教育理论工作者和一线教师从不同角度提倡应重视幼儿早期阅读，但仍存在许多争议，没有达到共识。

任务分解

我们可以将论题分解为以下两个方面。

（1）什么是早期阅读活动？为什么要开展早期阅读活动？早期阅读活动的意义何在？

（2）早期阅读活动的目标如何设置？早期阅读活动的内容包括什么？以什么形式开展活动？

对这两方面问题的回答，将使我们对早期阅读有一个较为清晰的认识。这是一个即将步入幼教生涯的学习者必须了解的问题。

幼儿园语言教育活动指导

任务一　理解早期阅读活动的含义

一、早期阅读活动的概念

对于幼儿早期阅读的概念，目前幼教专家仍有甚多争论。我们应在大教育观的指导下全面认识和实践"早期阅读"教育活动，注重在活动中渗透阅读教育，注重以阅读能力的发展带动其他能力的发展，将幼儿的和谐发展放在首位。人们认为幼儿早期阅读活动是以幼儿自身经验为基础，在适当情境中，通过幼儿对文字、符号、标志、图片、影像等材料的认读、理解和运用，对幼儿身心所施加的一种有目的、有组织、有计划的影响活动。

其实，早期阅读活动不是单纯的看书、识字活动，而是一种结构相对完整、体系相对独立、能促进幼儿全面和谐发展的活动，是幼儿接触书面语言的重要途径。

综上所述，我们将早期阅读活动定义为：早期阅读活动是幼儿以自身经验为基础，教师在适当情境中通过引导幼儿对材料的理解及运用从而促进幼儿全面和谐发展的活动。

二、早期阅读活动的意义

在了解早期阅读活动概念的基础上，如果对早期阅读活动的意义解读存在误区，那也是束缚活动开展的一大因素。近年来很多教育工作者存在认识误区，认为早期阅读能开发幼儿潜能，提前书写必然促进幼儿的学习能力，因此很多人强调书写的重要性。事实上，早期阅读活动最大的意义在于促进人一生发展的学习动机、态度，而不是掌握读写算的基础知识和技能。幼儿通过接触书面语言获得与书面语言有关的态度、期望、情感和行为，培养认识世界的基本能力，发展其终身学习的能力。有些教师正是因为过于强调幼儿的规范书写，而忽略了对幼儿态度及情感行为的正确引导，结果适得其反。由此可见，早期阅读活动的意义体现在对幼儿所产生的作用上。

从导入案例中可以看出教师非常尊重孩子的创造力，让幼儿对待偏旁部首如同对待他探索而来的秘密一样，幼儿找出来之后非常自信。让幼儿选择自己喜欢的，则体现教师特别尊重幼儿。幼儿在早期识字的阅读活动中享受了极大的乐趣，足以看出早期阅读的意义之重大，而且体现在幼儿身上特别直观。

（一）早期阅读活动使幼儿突破现实，走向想象

在幼儿眼里，文字符号与手势、自己创造的书面符号、自己手工捏出来的物品符号意义，都可以表达自己的经历、感情和想法，超越时空地创造自己想象的世界。因此，早期阅读实则扩大幼儿生活和学习的范围，从面对面的交流扩大到通过图画、文字符号这个中介，实现幼儿与作者的间接交流，使幼儿突破现实，走向想象的天地。

（二）早期阅读活动使幼儿克服畏惧，共筑自信

幼儿从玩走迷宫、画画等读写游戏开始早期阅读活动，随心所欲地看自己喜欢的图片、写自己想写的字，编造自己的故事等。早期的阅读经验与技巧，有助于建立幼儿的自信心，增长幼儿学习读写的欲望，使幼儿在正式学习书面语言时不会感到畏惧，而是充满信心和动力，更渴望去接受一些学习上的新挑战。

（三）早期阅读活动使幼儿恰当表达，积极交往

幼儿是生活在社会中的人，他们的语言发展，包括了对多样化语言的适应力、理解力和运用力。从小接触各式各样的语言，才能使他们逐渐地发展起具有交往价值的语言能力。在阅读文学作品时，幼儿不仅可从故事、童话和诗歌中学习汉语、感受中国少数民族及世界儿童文学的特殊韵味，还能培养使用恰当的语言与人交往的能力。

（四）早期阅读活动使幼儿为正式阅读打好基础，做好准备

早期阅读活动的意义在于培养幼儿良好的阅读习惯，因此早期阅读让幼儿逐步了解书面语言的特点，增长有关知识和规则，为正式阅读、正式书写打好基础，实现从不知图画和文字到了解并运用，是具有积极意义的。

（五）早期阅读活动使幼儿快乐阅读，享受乐趣

现在很多幼儿园制订相关计划，有步骤地进行早期阅读活动，给幼儿提供了很好的集体阅读平台和环境，教师可以帮助孩子获得较好的阅读效果，特别是分享阅读的快乐，大大提高了幼儿的阅读兴趣。早期阅读经验，也使幼儿在上学的时候能够更加享受学校生活，甚至每天都会想要去上学，因为孩子们已经克服了阅读的障碍。同时，早期阅读经验也能改善他们的社交，帮助他们更好地和他人相处。

因此，早期阅读活动的意义充分体现在幼儿身上。早期阅读活动是幼儿获得语言发展和学习的一个阶段，对后期阅读，特别是书面语言、情感发展是一个重要的关键点。

任务二 明确早期阅读活动的目标、内容及形式

一、早期阅读活动的目标

早期阅读活动是为幼儿正式阅读做准备的。因此，幼儿早期阅读活动的目标体现在：从情感和态度上，培养幼儿的阅读兴趣；从能力和技能上，培养幼儿学会阅读；从认知的角度上，使幼儿能够自如转换口头语言和书面语言。三维目标应该从培养幼儿的阅读

兴趣开始，使之慢慢掌握技能，培养幼儿的阅读理解能力。如果先强调书面语言的学习，幼儿将失去对早期阅读的兴趣，影响幼儿阅读习惯的养成。

案例："我的名字"（大班）

活动目标：

1. 乐意认读自己和同伴的名字。
2. 学习书写自己的名字。
3. 认识自己1~2个朋友的名字。

活动准备：

1. 利用日常生活引导幼儿认识自己的名字。
2. 有涂写汉字的初步经验。
3. 每名幼儿准备自己的照片一张。
4. 写有幼儿名字的卡片和空白字卡，每人一份。

活动过程：

1. 教师和幼儿一起观看小朋友带来的照片。

（1）每桌小朋友互相分享自己带来的照片，教师巡回指导。

提问：

这张照片上是谁呀？他叫什么名字？（引导幼儿说出照片中小朋友的名字）

2. 玩游戏"我把名字送给你"，引导幼儿认读好朋友的名字。

（1）每个幼儿将自己的名字涂写在空白的字卡上，教师鼓励幼儿自己写名字，如果有些幼儿不会写，提醒其参考写有自己名字的卡片。

（2）请幼儿教邻座小朋友认读自己的名字，并学习认读邻座小朋友的名字。

（3）请幼儿将写好自己名字的卡片送给好朋友。

3. 玩游戏"给字宝宝找主人"，引导幼儿将字卡和小朋友的照片配对。

（1）将全班幼儿的照片贴在绒板上。

（2）请幼儿分别拿着写有朋友名字的字卡，将其放到朋友照片的旁边或下面。

（3）游戏重复进行，幼儿可重新选择朋友，将朋友的名字和照片进行匹配。

[资料来源：中央教育科学研究所早期教育研究中心. 幼儿全面发展活动课程·教师用书·大班上［M］. 北京：教育科学出版社，2011.]

案例分析

从案例可以看出，教师非常注重幼儿的兴趣、态度，让幼儿通过生活经验对自己带来的东西进行观察，同时，教师通过提问，使幼儿自然而然、兴致勃勃地说出小朋友的名字，这样的教学方法体现了对兴趣和态度的保护和培养，也达到了学习目标。在玩游戏的过程中锻炼了幼儿的技能，通过教师的多次鼓励和同伴之间的请教、分享、交流，一层层地达到目标。最后通过由己及人的过程，幼儿逐步认识全部人的名字，既掌握了知识也学会了技能，早期阅读活动的目标最终达成。

通过案例我们可以看出，早期阅读活动的目标是有层次性的，而且是针对幼儿年龄

发展的特点而设定的。早期阅读活动的目标可以具体概括为如下几方面内容。

（一）学习品质目标

浓厚的阅读兴趣、良好的阅读习惯和自觉的阅读态度是幼儿阅读，特别是幼儿早期阅读的重点目标，兴趣、习惯、态度在幼儿阅读教育中属于非智力因素，但却是影响幼儿阅读教育成败的重要因素，对幼儿产生持续终生的影响。

我们追求的幼儿早期阅读教育应能激发起幼儿广泛而持久的阅读兴趣，使儿产生通过书面语言获得信息的强烈求知欲，但具有阅读的兴趣只是求知的开始，养成良好的阅读习惯才是幼儿阅读的最终目标，而且是需要坚持下来的长期目标。自觉的阅读态度是幼儿的主体意识发展的具体表现，是幼儿以自己的感性和理性认识为依据内化成自己判断的基础。在早期培养幼儿学习书面语言的兴趣，要着重帮助幼儿获得两种基本的阅读态度：一是热爱书籍，建立自觉阅读图书和其他阅读材料的良好习惯；二是乐意观察各种符号，对文字有好奇感和探索愿望。

比如，幼儿喜欢与父母一起读图书；通过发声游戏感受语言节奏的快乐和语言游戏的滑稽；表现出对图书和阅读的兴趣；将涂涂写写当成一种有趣的活动；喜欢用自己的方式关注常用词的声母或韵母；喜欢阅读，感受阅读的乐趣；知道看一本书取一本书，看完后能将书放回原处；不撕书、不卷书、不乱扔书等。案例中的目标"乐意认读自己和同伴的名字"正是兴趣目标的体现。

（二）阅读技能目标

早期阅读活动最基本的目标是使幼儿能够掌握阅读的方式，具备阅读能力，而不仅仅是认识具体的字词。阅读能力的培养可以让幼儿自己获取更多的知识营养成分，让幼儿除了掌握课程本身的目标知识，还拓展了知识的框架和内容。这是早期阅读活动的出发点和落脚点。只有懂得了阅读的方法，才能形成独立阅读的能力，才能为其终身学习打下基础。

早期阅读活动中幼儿学习阅读的方法有很多，包括拿书、翻书、指读、浏览以及查找、使用工具书和阅读时的思考、分析、归纳、总结、内化等。幼儿的阅读能力正是在掌握阅读方法的基础上形成的。这种能力包括认读能力、理解能力、评价能力、创造能力、记忆能力等。案例中的目标"认识自己1~2个朋友的名字"体现了幼儿的阅读技能目标。幼儿只有认识了，才说明阅读的过程是幼儿经过观察、思考和内化的，要不然只是一种死记硬背。

比如，幼儿能够指出并认出书本上的事物；对书中的角色进行评论；阅读图书上的图片并且注意到图片是真实事物的一种表现方式；能够辨认周围环境中的一些印刷文字，日常生活中的印刷品，如标志、符号，比如男女厕标志、路牌等；尝试"读出"熟悉的书面语言内容，但不是一字一句地念；能够读出熟悉的书名和作者的名字；能够根据故事的插图或部分情节预测故事的发展或结局；能从封面图文了解该书的内容、书页；能分辨常见图示、标志、符号代表的意思，并能在实际生活中的运用；初步具有收集资料、

捕捉信息和新闻、制作字典和词典的技能；能根据图文提示完成某些事，如折纸、看图拼积木。

（三）认知能力目标

认知目标能够使幼儿获得较丰富的语言知识或其他知识，对提高幼儿的语言水平和文化素养起到启蒙的作用，为正式阅读活动奠定基础。早期阅读活动并不以知识的传授为主，但知识的传递必然是过程中自然达到的结果。要让幼儿学会阅读，培养阅读能力和发展智力，离开了知识必将成为一句空话，但是知识的认识和识记又不是早期阅读的唯一目标和首要目标。

我们通过案例可以知道早期阅读教育中的知识教学的目标是有重点的。它强调的是与幼儿的生活紧密结合的知识。例如认识自己和他人的名字，这是人际交往最基本的要求，也是必要的；又或者在交通标志的学习过程中，幼儿感知的交通标志，掌握的是生活安全意识；在幼儿收集认读各种服装标签的过程中，获得的是洗涤、保存衣物的生活常识。因此认识和知识目标的达成是早期阅读活动的结果，但是幼儿在不断丰富的内容中又提高了阅读的兴趣，因此目标与目标之间又是相互牵连的。

比如，幼儿能够通过封面认识不同的图书；聆听故事时能够将故事里的人和事与自己的真实生活经验联系起来；听完一个故事后，能够正确回答有关的问题；能初步分辨书面语言和口语的不同表达方式；知道书店、阅览室分类藏着许多书；由于认识日常生活中常见的简单符号和标志，因此能用日常生活中的常识解决简单的问题。

（四）智力发展目标

"幼儿的智力发展取决于良好的阅读能力"是伟大的教育家苏霍姆林斯基提出的。由于很多专家存在认识上的差异，盲目认为早期阅读活动能发展幼儿智力。其实，我们应该客观地对待这个发展智力的问题。在上述案例中，我们不能仅仅从幼儿会认识自己的名字和他人的名字就认为他的智力发展了，但是我们也不能否认幼儿通过活动学习和观察并记住了他人的名字，这本身就是一种发展。

早期阅读活动应着重培养幼儿观察事物和认识事物（生活）的能力。对幼儿来说，从阅读中学习观察是开发智力的重要途径。除此之外，我们还应当训练和培养幼儿的记忆力和思维能力等，特别是形象思维能力，这在幼儿阶段显得尤其重要。

比如，幼儿能够敏锐地感知一些故事中事件发展的顺序；能够发现简单句的句式表达错误；能够复述、扮演或表演部分或完整的故事情节；能够读出一些书名和作者名；能够根据故事的插图或部分情节预测故事的发展或结局；感知到书写与规范书写的差别；观察到画面细微的变化；能集中注意力看阅读材料；有观察周围生活中各类事物、现象的兴趣；能理解阅读材料的主题；能想象阅读材料中没有表现的情节、对话与内心活动；能领会阅读材料的情节与简单寓意；能用文字符号表现出自己所感知的生活经验、愿望。其实这也是一种技能的体现，只是强调的侧重点不同，技能包括一些方法的掌握，而智力当然也包括技能提高，但更重要的是强调知识内化的能力。

（五） 阅读教育性目标

早期阅读活动还应该具有教育性目标，那就是培养幼儿高尚的道德情操。一方面，因为幼儿所接触的阅读材料不是文字和符号的简单堆砌，而是人们立场观点、思想认识、审美情操的反映。这就会对幼儿造成一定的影响，长期熏陶浸染、潜移默化也是一种教育。同时，幼儿在集体阅读，亲子阅读，与同伴、教师、亲人分享和交流自己阅读的作品时，体现的就是这一目标。这类活动其实也是一种非常重要的情感沟通，因此教师在组织这些活动的时候往往采用游戏的方式以达到师幼互动、幼幼互动，这明显就是为了这个目标的达成。案例中的游戏"我把名字送给你"，引导幼儿认读好朋友的名字，就是体现此目标。

我们还经常注意到有些目标的表述：注意倾听老师给全班幼儿念的故事；喜欢阅读浅显的童话（寓言、故事），向往童话中美好的情境；喜欢诵读儿歌（童谣和浅显的古诗），获得初步的情感体验，感受儿歌中语言的优美；能与同伴分享自己制作的阅读材料，从中获得成功的愉悦；能运用阅读知识主动和同伴交往等。教育性目标与情感态度价值观目标的区别在于的教育性目标是独立存在的，教育性目标与情感态度价值观不能混淆，因为在早期阅读活动中，教育性目标与情感态度价值观目标的侧重点是不同的。

总而言之，早期阅读活动的目标是一个整体，这五个目标之间是紧密相关、相辅相成的，而不是独立、截然划分的，它们都统一在早期阅读活动过程中，根据幼儿发展需要和活动的特点来整合和调整。

二、早期阅读活动的内容

早期阅读使幼儿开始接触书面语言，因此，早期阅读活动的内容应当是从口头语言向书面语言学习过渡的内容。根据早期阅读活动的目标，为幼儿提供的早期阅读内容包含三个方面的阅读经验，即前阅读经验、前识字经验、前书写经验。这些经验与幼儿将来要进行的正式阅读活动有根本区别，但又是正式阅读的重要基础。

（一） 前阅读经验

相关材料的前阅读经验包括很多，例如图书、报纸、广告、说明书、菜单、账单等。有些专家认为阅读就只是利用给幼儿提供图书的方式来培养其阅读能力，其实幼儿感兴趣的丰富多彩的书面资料很多，可以通过图书报纸等来帮助幼儿学习阅读材料、培养阅读能力，让幼儿的前阅读经验和与生活紧密关联的材料内容相结合，丰富幼儿的前阅读经验，当然其中包括最重要的前图书阅读经验。

案例：《咕噜牛》（中班）
活动目标：
1. 了解故事内容，对阅读有兴趣，享受阅读乐趣。
2. 充分欣赏图片，细心观察、展开想象，再图文结合，加深理解。

3. 懂得遇到生活中的困难时要开动脑筋，想办法解决它。

活动过程：

1. 阅读"小老鼠和狐狸"的内容。

（1）教师用提问的方式，为幼儿提供阅读线索。

提问：

狐狸请小老鼠干什么呀？（引导幼儿把话说完整）

谁能做一下那只狐狸，来邀请一下小老鼠呀？

老师觉得你这个"亲爱的"读得特别好，听上去和小老鼠很亲热呀，谁能更亲热一点？

狐狸这么亲热地邀请小老鼠，小老鼠是不是应该答应？你从哪里看出来的？

狐狸馋得口水直滴答，小老鼠还能不能去呀？可是不去的话，咱们看看，这狐狸这么大，小老鼠这么小，怎么是他的对手呢？去也不是，不去也不是。真为小老鼠担心，看看小老鼠怎么解决这个问题："哦，狐狸，你太客气了，可是很抱歉——咕噜牛约我来吃饭，一会儿就见面。"

"咕噜牛？咕噜牛是谁啊？"狐狸问道。你们知道咕噜牛吗？（来看看小老鼠是怎么说的？）小老鼠说："咕噜牛就是咕噜牛！怎么，你连这也不知道？他有可怕的獠牙，可怕的爪子，可怕的嘴里长满了可怕的牙齿！"

你们看这獠牙可怕吗？怎么可怕？（长长的，尖尖的，能一下子把猎物咬死）又大又尖的牙齿能把猎物咬得粉碎。可怕吗？还有更可怕的呢！

（2）学习小老鼠的对话。

提问：

这下小老鼠可得意了，谁来读读小老鼠的话："这只狐狸真是蠢！什么咕噜牛！难道他不知道，根本就没有咕噜牛？"

2. 阅读"小老鼠和猫头鹰"的内容。

（1）指导幼儿继续阅读。

提问：

这回小老鼠遇到谁了？他会和猫头鹰说什么？会发生什么故事呢？我们自己来读一读吧。

膝盖特别的鼓，脚趾叉特别大，不仅脚趾叉，而且脚也大，能一下子把猎物踩死。毒瘤特别可怕。被这样的毒瘤传染到会怎么样？而且油炸猫头鹰这个菜他最喜欢！

（2）学习小老鼠的对话。

吓得猫头鹰拍拍翅膀就开溜了，现在小老鼠更得意了，他现在要说猫头鹰什么话了？（想象）我们一起来做做小老鼠。（重复上面那段话的句型）

3. 阅读"小老鼠和蛇"的内容。

（1）指导幼儿运用刚获得的语言经验。

提问：

蛇会装模作样地说什么？小老鼠又会想出什么好办法，把蛇吓得开溜了呢？我们一起来想象一下，同桌两个小朋友相互说一说、演一演。一人演小老鼠，一人演蛇。

（2）请幼儿出来表演，分享他们的创编。

提问：

别的小朋友一起来看看，这次小老鼠是不是很勇敢，很聪明，把咕噜牛说得更可怕，把大蛇也给吓跑了？

你们觉得刚才小老鼠的表演是不是很聪明呀？所以大蛇吓得哧溜溜开溜了。好精彩的表演，感谢他们。

（3）学习小老鼠的对话。

你们真了不起，都是一个个的小作家呀。作家真的是这样子写的吗？我们来读一读。教师读出蛇的话，你们读小老鼠的话。

4. 阅读"小老鼠和咕噜牛"的内容。

（1）指导幼儿继续阅读。

提问：

看来来者不善呀！猜一猜，小老鼠会被咕噜牛吃掉吗？看最后一幅图，你看到了什么？密林深处静悄悄，小老鼠捧着榛果美美地嚼。这榛果的味道真是好！

咕噜牛呢？小老鼠是怎么战胜咕噜牛的呢？同桌四个小朋友小组讨论讨论。

（2）肯定幼儿的表现：小朋友们可真是一个个的小作家，这么会编故事，我觉得你们编的故事和作者的一样棒。

（3）出示封面：这就是咕噜牛的故事。巨大可怕的咕噜牛对上瘦小而灵巧的老鼠，可是最终被小老鼠战胜了。你有什么话想对小老鼠说呢？

活动延伸：自制图书

现在我们知道咕噜牛了吗？咕噜牛是小老鼠想象出来的怪物，其实我们每个人的心中有时候也会假想出很多可怕的咕噜牛，有的时候咕噜牛是黑暗，有的时候咕噜牛是超人，现在你会像小老鼠一样用机智和勇敢去战胜它了吗？请用图画表现出你想表达的意思，教师将给你们装订在一起供大家翻阅。

（资料来源：http://www.baby611.com/jiaoan/db/huiben/2014/05/128813.html.）

案例分析

图书是书面语言的载体，案例中的图书是由文字和图画两种符号系统构成，图文并茂，幼儿特别感兴趣，教师借助丰富多彩的图画书来帮助幼儿学习阅读图书，增长阅读的能力。幼儿在活动当中积累了翻阅图书的经验，掌握了阅读规则和方法，也有了读懂图书内容的经验，会观察画面，学会通过人物表情、动作、背景等来理解故事情节。教师在活动过程中提问，引导幼儿通过图书画面、文字与口语的对应关系，积累经验，幼儿自己也尝试讲出画面内容，加深对故事的理解。案例中有大量的信息，需要教师通过不断提问，引导幼儿观察画面发现图画的内容，并尝试说出它们之间的对话。虽然中间也有采取一定的表演、讨论等活动，但是整个活动以阅读图书为主。最后的拓展活动也体现了培养幼儿的图书制作经验，让幼儿尝试做小作家或小画家，把自己想表达的画成一页页，装订成书。早期阅读活动在幼儿园中为幼儿提供的机会，让幼儿的阅读兴趣大增，阅读习惯和能力也得到训练和培养。

（二）前识字经验

正式的阅读活动，主要指幼儿进入小学之后的训练，其中集中、大量、快速地识字是重要学习任务。而早期阅读活动除了阅读之外还有前识字经验，在学前阶段，有计划、有目的的早期阅读活动可以帮助幼儿获得前识字经验，提高幼儿对文字的敏感度，为小学阶段做准备。

案例："'小巧手'是我的好朋友"（大班）

活动目标：

1. 喜欢玩偏旁匹配汉字游戏，体验识字的乐趣。
2. 尝试匹配汉字和图片，感知带"扌"旁的汉字。
3. 能认识1～2个带"扌"旁的汉字。

活动过程：

1. 引导幼儿说一说用手做的事情。

提问：

小朋友，我们的手有什么用啊？

2. 引导幼儿观察教学挂图，整体认读带"扌"旁的汉字。

（1）教师出示教学挂图，提问：

上面的小朋友在干什么？

这些动作都需要我们身体的哪些部位来做？

（3）请幼儿学一学图上小朋友的动作。

（4）教师根据幼儿说的内容出示字卡，带幼儿整体认读这些汉字。

（5）教师任意出示一张准备好的字卡，带领幼儿读上面的汉字，并引导幼儿用动作表现出来。

3. 和幼儿一起讨论带"扌"旁的汉字。

提问：

你还能用手干什么？请你做一做。（根据幼儿的回答或者动作，教师将带"扌"偏旁的汉字写下来，如扫、掏、摸、搬等）

这些字的什么地方是一样的？（都有偏旁"扌"，都是用"手"完成的）

4. 玩游戏"找带'扌'旁的汉字"，并进行身体书写。

（1）请幼儿在墙上或图书角的图书中，找出带"扌"旁的汉字。

（2）鼓励幼儿和同伴一起根据画面讨论，猜测每个带"扌"旁汉字的意思。

（3）让幼儿在书里找出带"扌"旁的汉字，并用手、头、脚等有趣部位进行模拟书写，强化识字。

活动延伸：

1. 在日常活动中有意识地和幼儿一起在环境中找带相同偏旁的汉字。
2. 可以将活动换为"水是我们的好朋友"，在认识"氵"旁的同时还可以加入环保教育内容。

3. 日常生活过渡环节，和幼儿一起玩"看图做动作"游戏，教师出示字卡，幼儿根据字卡上的字做出相应的动作。

案例分析

案例中教师善于利用幼儿熟悉的小手导入活动，而且通过游戏让幼儿加深对文字的具体意义的理解，并且让幼儿说出来，使幼儿把文字、口语与概念对应起来。如看到提手旁的字，就知道它与手有联系。让幼儿知道文字是一种符号，并且可以与其他符号系统进行转化。如认识各种交通图形标志，知道各种标志代表一定的意思，可以用语言文字表现出来。引导幼儿积累识字规律的经验，在前识字学习中让幼儿明白文字有一定的构成规律，掌握这些规律就可以更好地识字。如"木"字旁的字大多与木有关，如森林、树木等。把握这种内在规则，可以增加幼儿识字的兴趣，有利于幼儿自己探索认识一些常见的字。

其实前识字经验还表现在理解文字功能作用上，如知道想说的话可以写成文字，写成信，可以寄到别人的手中，再转化成口头语言，别人会明白写信人的具体意思。前识字经验还包括知晓文字来源的经验，初步了解文字是怎样产生的，又是如何演变成今天的样子的；知道文字和语言的多样性经验，知道世界上有各种各样的语言和文字，同样一句话，可以用不同的语言和文字表达，不同的语言和文字又可以互译。虽然具体的案例中没有把这些经验全部体现出来，但是通过大量的实践是可以得到证实的。

（三）前书写经验

尽管学前阶段不要求幼儿学习写字，也不希望幼儿教育在幼儿园小学化，但是通过游戏化的前书写活动，帮助幼儿获得一些有关汉字书写的信息，仍然是非常有必要的，因为这可以为幼儿进入小学以后正式学习书写做准备。

前书写经验作为早期阅读活动的学习内容，能够为幼儿提供了解、积累有关汉语文字构成和书写的学习机会和经验。比如认识汉字的独特书写风格；了解书写的最基本规则；知道汉字的基本间架结构，如汉字可以分为上下结构、左右结构、半包围结构等；知道书写汉字的工具，知道使用铅笔、钢笔、圆珠笔、毛笔的不同要求；学会用正确的姿势书写，包括坐姿、握笔的姿势等。而通常前书写经验的游戏如"走迷宫""笔画像什么""用身体部位写字"等，幼儿都非常喜欢。

案例：《农场里的叫声》（中班）

活动目标：

1. 在说出不同动物叫声的基础上，初步认识象声词：叽、呷、咩、噜。

2. 通过观察比较"叽、呷、咩、噜"四个汉字的相同之处，知道它们都是从嘴里发出的叫声，都与"口"有关，初步了解汉字构成的规律。

3. 通过游戏的方式，进一步提高对学习汉字的兴趣，特别是早期书写。

活动过程：

1. 出示教学挂图（见图7-2），提问："农场里有哪些小动物？它们是怎样叫的？"要求幼儿完整地回答问题。

图7-2　农场里的叫声

2. 教师和幼儿一起阅读。

（1）逐一出示汉字卡片，并放在相应的小动物嘴巴旁，让幼儿结合图片，想象并认读动物叫声的汉字。可采用集体练习和个别练习相结合的方法，让幼儿学习这些象声词。

（2）出示汉字卡片"叽、呷、咩、噜"，带领幼儿认读汉字。

3. 引导幼儿仔细观察"叽、呷、咩、噜"四个汉字的结构，启发幼儿找一找这四个汉字的结构有哪些相同的地方，说一说为什么它们都有"口"字旁。

4. 组织幼儿开展动物图片和汉字卡片配对的游戏活动。教师将小动物图片贴在黑板上，请幼儿帮它们找到表示各自叫声的汉字朋友（汉字卡片），并且贴在下面。

5. 采用提问的方式，启发幼儿想一想，说一说：农场里还有哪些动物的叫声也会有"口"字旁呢？教师快速地将动物的主要形象以及相应的汉字画和写在黑板上，并带领幼儿认读汉字，让幼儿进一步感知、理解"口"字旁的汉字，了解汉字的构成规律。

6. 采用对话的形式，帮助幼儿巩固对动物叫声的练习。如教师问："小鸡小鸡，在哪里？"幼儿边用手扮作鸡嘴边回答："叽叽叽叽，在这里。"教师问："小牛小牛，在哪里？"幼儿边用手扮作牛角边回答："哞哞哞哞，在这里。"

7. 带领幼儿采用接唱的形式，仿编歌曲《在农场》。建议教师唱前半句，幼儿唱后半句的叫声。如教师唱："猪儿在农场……"幼儿唱："噜噜。"教师唱："鸭子在农场……"幼儿唱："呷呷。"最后，在音乐声中结束活动。

8. 教师带领幼儿在图画书中找出这几个发音不同的字，小朋友采用动作进行书写，配上发音加强记忆。例如，用头部，或用手、脚等书写。

9. 教师把小鸡图片与相应的"口"字旁汉字"叽"放在一起，每人发一对卡片，

幼儿先用手指进行小鸡形状的描绘,再翻过背面,把小鸡卡片的"叽"字进行涂色,不同的动物选择不同的颜色,而且要沿着汉字的走向进行涂色。

活动拓展:

让幼儿回家和家长找出相同部首的几个汉字,制作前书写练习卡片。可以由易到难,先是田字格的几何图形,再到田字格的规律汉字描摹,最后到不规律汉字描摹。

{资料来源:周兢. 幼儿园语言教育活动指导[M]. 北京:人民教育出版社,2011.}

案例分析

案例中教师通过引导幼儿观察比较"叽、呷、咩、噜"四个汉字的相同之处,让幼儿知道它们都是从嘴里发出的叫声,都与"口"有关,使之初步了解汉字构成的规律。这是书写步骤在识字的基础上进行的设计。教师在组织活动时就充分利用了这一点,结合提问,将动物的主要形象和相应的汉字画和写在黑板上,带领幼儿进一步感知、理解"口"字旁的汉字,了解汉字的构成规律。乍一看,案例中貌似没有前书写经验的练习,其实幼儿已经获得一种经验。最后的环节和拓展活动体现出:前书写经验的获得并不只是一个规范的书写过程,而是在模拟书写的过程中慢慢积累。比如大班案例"文字的家"采用幼儿循环游戏的方式来帮助幼儿巩固有关田字格与汉字间架结构前书写的学习内容,这也是一种经验的练习。需要注意的是:方式可以多种多样,但不要一味为了巩固和掌握书写内容,就让幼儿机械地去做无谓的描红写字,不要强调幼儿反复练习,这样会让幼儿失去兴趣,无法达到态度目标,而且会使得幼儿教育小学化。

三、 早期阅读活动的形式

早期阅读活动的形式多种多样,教师在组织阅读活动时应根据幼儿的具体情况选择合适的内容和形式。场所、区域的不同就会产生不同的形式,现从三大主要区域进行分类,介绍常见的阅读活动形式。

(一) 幼儿园早期阅读活动

幼儿园早期阅读活动即发生在幼儿园或者与幼儿园早期阅读教育有关的活动,具体包括:班级图书角阅读活动,教师组织的专门的阅读活动,一日生活中渗透阅读教育的活动,年级(跨班级)的阅读活动,利用社会、自然环境的阅读活动,阅览中心的阅读活动,幼儿自发性的阅读活动。

(二) 家庭早期阅读活动

家园合作是现如今呼声最高的早期阅读方式,因此家庭早期阅读活动也是配合幼儿早期阅读发展能力培养的第二阵营。家庭早期阅读活动是指发生在家庭内或家庭之间的幼儿早期阅读活动,具体包括:亲子阅读活动,邻里间交往性阅读活动,家庭外出的郊游、参观阅读活动。

（三）利用社会教育资源的早期阅读活动

教师或者家长常常利用社会教育资源的阅读活动发展幼儿的早期阅读，具体包括：社区阅读活动、图书馆阅读活动、随机阅读活动（商标、广告、标志、新闻、报刊）、视听阅读活动等。

导入案例分析

从案例中教师对待幼儿归类识字的态度中可以看出教师非常尊重幼儿的创造力，让幼儿对待偏旁部首如同对待他探索而来的秘密一样，幼儿找出来之后得到赞赏非常自信，让幼儿选择自己喜欢的，又显得特别尊重幼儿。幼儿在早期识字的阅读活动中享受了极大的乐趣，足以看出早期阅读的意义之重大。

早期阅读活动最大的意义在于促进人一生发展的学习动机、态度，而非掌握读写算的基础知识和技能。幼儿通过接触书面语言获得与书面语言有关的态度、期望、情感和行为，培养其认识世界的基本能力，发展其终身学习的能力。有些教师正是因为过于强调幼儿的规范书写，而忽略了对幼儿态度及情感行为的正确引导，结果适得其反。由此可见，早期阅读活动的意义体现在对幼儿所产生的作用上。

实际上，早期阅读活动的意义、内容和形式是多样化的，教师要针对不同的幼儿情况进行活动设计，在以促进人一生发展的学习动机、态度的基础上重视幼儿认识世界的基本能力，让幼儿获得终身学习和阅读的习惯，而非知识和技能。

学习反馈

姓名：　　　　　班级：

幼儿早期阅读活动的目标、内容和形式包括哪些？请概括其主要方面

任务内容	任务描述	你的收获

小组评价：

教师点评：

项目二　早期阅读活动的设计与组织

导入案例

为了让幼儿欣赏图画书，感受故事，小班的李老师根据幼儿的特点，组织了一次早期阅读活动"找朋友"。活动第一步，李老师带领幼儿做"碰一碰"的游戏，找个好朋友，提高幼儿的兴趣。第二步，幼儿自己阅读幼儿用书，初步感知故事内容。李老师说："刚才我们小朋友都找到了自己的朋友，大家在一起玩了'碰一碰'的游戏，我知道有许多色彩娃娃它们也在找朋友。它们找了哪些朋友？它们在一起玩了什么游戏呢？下面我们一起来读一篇好玩的图画故事书《找朋友》。"教师提问："你们看见了哪些色彩娃娃？它们在做什么？你还看见了什么？"第三步：欣赏故事，进一步感知阅读内容。教师讲述故事，了解故事内容。提问"亲亲热热是什么意思"，帮助幼儿理解词语的含义。第四步：师生完整地阅读图画故事。教师带领幼儿阅读图画书，在讲到重复的语言处，放慢速度，等待幼儿和教师一起讲述。第五步，通过讨论，理解故事内容，并尝试根据色彩的变化仿编出部分故事情节。

整个阅读过程，幼儿们轻松而愉悦，参与度高，但是，幼儿在仿编故事情节部分出现了难度，而且容易中断阅读。

初步探究

（1）此早期阅读活动成功与否？为什么最后幼儿讨论部分和仿编部分比较困难？
（2）早期阅读活动设计的基本结构和步骤是什么？
（3）怎样组织和指导早期阅读活动才更合适？

导　读

早期阅读活动的设计和组织，始终是探讨的重点。而掌握设计与组织的要求，前提要先弄清楚设计的基本结构与步骤。

任务分解

我们可以将论题分解为以下三个方面。
（1）早期阅读活动的设计的基本结构与步骤包括哪些？

（2）如何根据具体情况设计早期阅读活动？

（3）教师在早期阅读活动的组织和指导中要注意哪些要点？

对这三个问题的回答，将使我们对早期阅读活动设计有一个较为清晰的认识并掌握实际操作方法。

任务一　掌握早期阅读活动设计与组织的基本结构

一、早期阅读活动设计与组织的基本结构

幼儿园早期阅读活动设计可以从以下几个方面进行（见图7-3）。

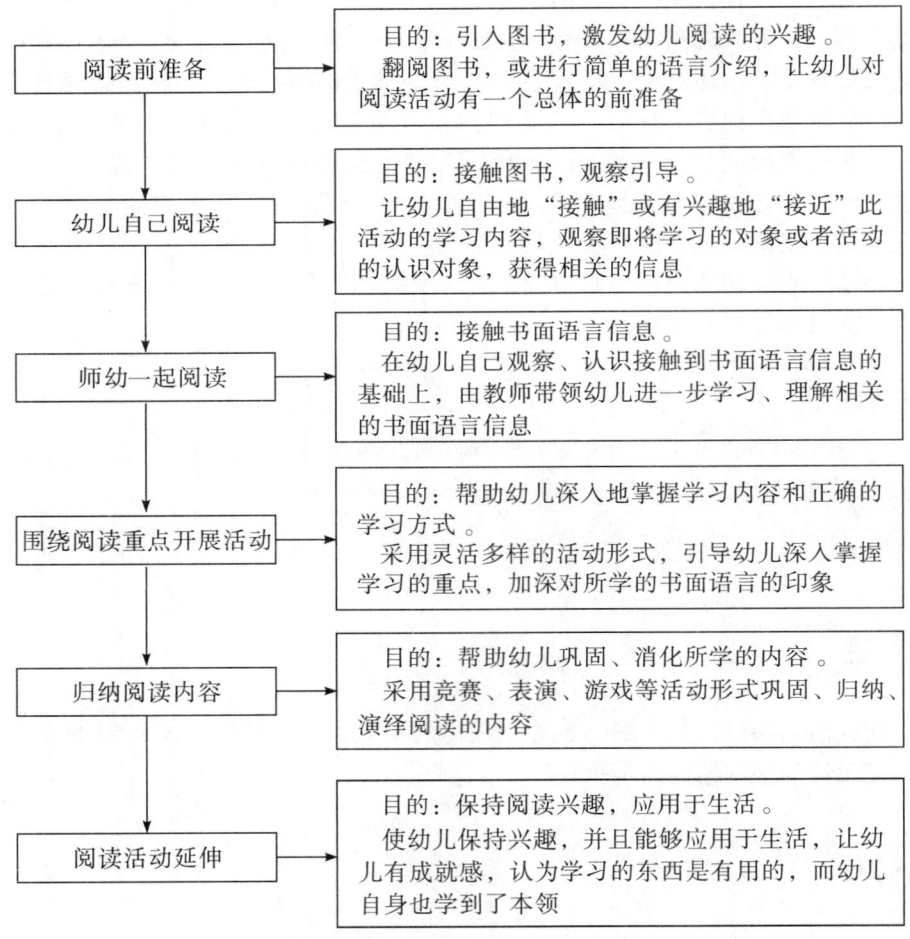

图7-3　幼儿园早期阅读活动设计的基本结构与步骤图

单元七 幼儿园语言教育中的早期阅读活动

（一）阅读前准备

在其他活动中，或许活动前都有一个导入环节，但是在早期阅读活动中，我们一般认为此步骤为阅读前准备，即引入图书，激发幼儿兴趣。这一环节可能并不用教师过多介绍，有时甚至只是翻阅图书，就已经足够让幼儿发现其中的乐趣。当然，教师也可以用适当的语言进行简单的介绍，让幼儿对阅读活动有一个总体的前准备。

（二）幼儿自己阅读

在阅读活动前准备结束之后，教师紧接着会创设让幼儿自己阅读的机会。这一环节是将在早期阅读活动中把要学习的书面语言展现在幼儿面前，让幼儿自由地"接触"或有兴趣地"接近"此活动的学习内容，观察即将学习的对象或者活动的认识对象，获得有关的信息。

也许你会觉得为幼儿提供自己阅读的机会，就意味着教师可以放手不闻不问，很轻松了呢？其实不然，在幼儿自己阅读的过程中，教师要巧妙而真切地起到引导作用。问题情境已经给我们呈现出教师提问的关键点，可以说，幼儿是在教师的具体指导和诱发思考下开始观察和认识活动的。有的时候，教师向幼儿提出观察的要求，然后教师操作、表演，让幼儿完整地、安静地阅读、观看。无论是哪种形式，我们都可以看出"幼儿自己阅读"是给幼儿自己"接近"本次阅读学习内容的机会，但也是在教师指导下观察、认识一定书面语言的开始。教师在这里是起到启发诱导的作用。有的时候，教师采用提问的方式，用问题引导幼儿的思路，给他们指示出观察、认识的途径。

（三）师幼一起阅读

教师与幼儿一起阅读，看似是共同的活动，实际上是幼儿在自己观察、认识接触到书面语言信息的基础上，由教师带领着进一步学习、理解相关的书面语言信息。

教师和幼儿一起阅读，体现了教师也是活动的参与者，创造了教师带领幼儿阅读、指导幼儿阅读的条件。在这一活动步骤中，它比第二阶段更深一步，教师可按照自己的理解和设想，将要求幼儿掌握的书面语言信息也就是活动中的重难点或者需要幼儿掌握的内容，贯穿到阅读的过程中去。在这里教师的作用是帮助幼儿明确此次早期阅读活动的内容，并正确地掌握书面语言的信息，这也是教师在第二阶段保护幼儿自信心的基础上将活动推进深入到教学内容的把握和梳理上。

但需要注意的是，在此环节中，教师需要遵循一点原则，即不要着重"告诉"幼儿学习什么，而是可以采用"平行"的方式，与幼儿平等起坐在一起共同阅读，无形中让幼儿自然掌握阅读内容，但又不生搬硬套，不引起幼儿排斥和反感。换句话说，教师可将自己的指导放在"共同阅读"之中，做到水到渠成地完成活动目标。教师不用告诉幼儿你们应该学习什么，而是与幼儿一起去学习那些"要学"的内容。这种方式将有助于幼儿从自由"接近"阅读信息，过渡到按照教师指导接受阅读信息。这是活动指导的关键一步，也是有效的教学方法之一。

（四）围绕阅读重点开展活动

此步骤是教师根据内容围绕阅读活动中的重点开展活动。幼儿的天性使其喜欢多种多样的游戏和活动，教师除了注意活动的多样化，更重要的是每一次阅读活动均要有一定的重点，活动前教师应当做到心中有数，不能因为突发情况或者在不熟悉的状况下被牵着走，要有计划地在活动中贯彻落实学习重点。经过上一步骤的"教师与幼儿一起阅读"活动后，教师可以组织幼儿围绕阅读重点开展活动，目的是帮助幼儿深入地掌握学习内容和正确的学习方式。

很多教师会采用组织讨论的活动方法，其实教师在指导幼儿围绕阅读重点开展活动时，还可以更加灵活地采用其他活动形式，比如表演、游戏、分享等。只要能够引导幼儿深入掌握学习的重点，加深对所学书面语言的印象，各种活动方式都可以在这一环节的活动组织过程中使用，活动方法的多样化是很多成功早期阅读活动案例所追求的。

（五）归纳阅读内容

作为早期阅读总结性的活动环节，归纳阅读内容的主要作用在于帮助幼儿巩固、消化所学的内容，是整个活动不可缺少的一个组成部分，也是检验一个活动有效性的因素。归纳阅读内容的组织形式有多种多样，教师结合幼儿的心理发展特点，可采用如下方式。

1. 采用竞赛活动的方式巩固所学内容

幼儿的注意力在幼儿阶段不太容易集中，教师应想方设法集中幼儿的注意力，采用竞赛的活动方式使幼儿注意力集中，不仅能够调动幼儿参与活动的积极性，而且还能激励他们主动投入到复习、巩固的阅读活动之中。这个方法比较适用于大班幼儿，对于小班幼儿可以采用一些有竞赛性质的活动，不要用太多规则约束，但是要强调竞赛气氛，调动幼儿积极性。

2. 采用表演活动的方式归纳阅读内容

幼儿天生有好奇心，对外界充满期待，教师可以在图书阅读活动最后给故事配上音乐进行表演，让幼儿跟随音乐做动作。这样既锻炼幼儿的身体又满足幼儿的探索欲望，使幼儿体会故事情节和人物角色心理，加深对故事的理解。

3. 采用游戏的形式归纳演绎阅读内容

我们都知道，游戏是有游戏规则的，往往很多教师会受游戏规则的束缚而苦恼于无法展开游戏。其实教师在交代完活动规则之后，就可以放手让幼儿去循环重复游戏，去享受游戏的快乐，教师只做巡回指导，必要时对有困难的幼儿进行个别辅导。

总而言之，归纳阅读内容的方式多种多样，教师可创造性地设计和组织这一环节的活动。只要有利于幼儿巩固、掌握阅读内容，有利于他们形成正确的书面语言观念和意识，各种活动形式都可以在尝试活动中运用，其他领域活动也可以尝试整合进来。

（六）阅读活动延伸

阅读活动的延伸是为了让幼儿更好地保持阅读的兴趣，这也是我们早期阅读活动的最终目标，让幼儿形成良好的阅读习惯和阅读兴趣，让幼儿终身受益。因此教师要保持幼儿的阅读兴趣，在组织活动的过程必须中能够设计阅读活动的延伸，使幼儿保持兴趣，并且能够应用于生活，让幼儿有成就感，认为学习的东西是有用的，而幼儿自身也学到了本领。比如结束一个阅读图画书的活动时，教师让幼儿回家找出相关的图书，找出相关的内容，进行故事创编活动或者到班级里分享，那么幼儿的兴趣将会继续保持下去，而且能够在班级里找到自己的地位。

二、早期阅读活动设计与组织的具体操作要点

关于早期阅读活动的设计步骤，我们将结合以下的活动案例（见表7-1）进行分析说明。

案例："年是怎么来的"（中班）

表7-1　早期阅读活动案例

活动案例：年是怎么来的	案例分析说明
活动目标： 1. 愿意和同伴分享"过年"的感受，对"年"的来历产生好奇。 2. 对这本关于"年"的图画书有阅读兴趣。 3. 能观察图画，了解关于"年"的民间传说，初步理解中国"年"的含义。 4. 通过欣赏故事，知道大家庆祝新年的原因	1. 早期阅读活动目标，应从三维目标考虑。 （1）早期阅读活动的目标在于与幼儿交流的同时保护幼儿对所阅读内容的好奇心。 （2）进而接触图书，激发幼儿对语言文字材料的兴趣。 （3）深入了解所要学习的书面信息材料，理解其中含义。 2. 活动目标建议从幼儿的角度进行表述
活动准备： 1. 教师与幼儿分享阅读的经验。 2. 大图书，和幼儿人数一样数量的图画书	活动准备包括知识经验的准备和学习材料的准备
活动过程： 1. 谈话式引入，激发幼儿的活动兴趣和引导幼儿充分交流过年的生活经验。 （1）教师导入，调动幼儿的生活经验，提出关于"人们是怎么准备过新年"的问题，让幼儿充分地表达自己的过年经验。 （2）教师小结幼儿的过年经验。 （3）通过提问"年"到底是什么，引发幼儿对"年"的来历产生好奇	早期阅读活动设计的六大步骤： 1. 阅读前准备。 早期阅读活动的第一个步骤是阅读前准备：在早期阅读活动中教师可以通过轻松的导入式谈话，引入将要阅读的相关图书的主题，激发幼儿兴趣，利用幼儿的已有经验，让幼儿产生好奇。 （此环节就是早期阅读活动的第一步骤，旨在引入图书，激发兴趣。案例中的教师善于调动经验教学）

续上表

活动案例：年是怎么来的	案例分析说明
2. 出示封面，引导幼儿阅读封面。 （1）出示封面，请幼儿认真看图："告诉老师你看到了什么？"（老爷爷，狮子） （2）教师小结：（肯定小朋友的发言，补充完整信息）它是我们刚刚讲到的过年的"年"，年的形象就是这样。出示书的名字"年"。激发幼儿的阅读兴趣和阅读欲望。 （3）简单翻阅图画书，让幼儿看一看书中出现了哪些有趣的场景和人物。 3. 将数量与幼儿人数一致的图书放入阅读区，让幼儿自由阅读。 （1）教师把书放到阅读区，幼儿可自由翻阅查看。 （2）教师引导幼儿阅读图画并指导幼儿从阅读封面开始	2. 幼儿自己阅读。 早期阅读活动的第二个步骤是让幼儿自己阅读图书：教师创设让幼儿自己阅读的机会。这一环节是将在早期阅读活动中要学习的书面语言展现在幼儿面前，让幼儿自由地"接触"或有兴趣地"接近"此活动的学习内容，观察即将学习的对象或者活动的认识对象，获得有关信息。 教师并没有放手不闻不问，而是在幼儿自己阅读的过程中，巧妙而真切地起到引导作用。案例呈现了教师提问的关键点，幼儿在教师的具体指导和诱发思考下开始观察，认识活动。 （案例中，教师把图书放入阅读区的目的是让幼儿能够自由地阅读，课后还想看的幼儿也可以在区角活动的时候看，引导幼儿从封面开始，养成良好的阅读习惯）
4. 教师总结幼儿在自由阅读中的表现，展示书中第2面"年"的形象引出故事，与幼儿一起阅读图书内容。 （1）教师通过提问，引发幼儿观察图画，理解故事人物和情节。 ①你们看看"年"长得像什么样子？"年"是一只什么动物？它怎样跑，怎样叫呢？ ②小朋友讲得真好，我们一起来听听书里面是怎么说的？（教师讲解第2至3面的内容） ③小朋友再看，这么大的深山里，还下着大雪，那么"年"会怎么样呢？（引导幼儿观看大图书第4至5面后回答问题） ④"年"为什么会憋不住了？（通过理解"没有朋友，没人说话"，了解和体会"孤独"） （2）引导幼儿阅读第6至7面，感受和掌握词语"空空荡荡"。 ①"年"跑进村子里了，村子变成了什么样子？ ②村子里变得空空荡荡，空空荡荡是什么意思？老师也想知道。（没有一个人在村子里了） ③真的没有一个人在村子里了吗？（不是，还有一位老爷爷）（观看图书第8至9面）	3. 教师与幼儿一起阅读。 早期阅读活动的第三个步骤是教师与幼儿一起阅读图书：教师与幼儿共同阅读，是指在幼儿自己观察、认识接触到书面语言信息的基础上，教师带领幼儿进一步学习、理解相关的书面语言信息。 教师按照目标和设想，将幼儿要掌握的书面语言信息也就是活动中的重难点或者需要幼儿掌握的内容，贯穿到阅读的过程中去。在这里教师的作用是帮助幼儿明确此次早期阅读活动的内容，并正确地掌握书面语言的信息。这也是教师在第二阶段保护幼儿自信心的基础上将活动深入推进到教学内容的把握和梳理上。 （案例中，教师充当活动的主导者，通过提问的方式，引导全体幼儿按故事发展的情节变化进行问答，能有效、准确、快捷地帮助幼儿接触阅读的书面信息，并清晰早期阅读活动的步骤，确保活动目标的实现，同时为下一步骤做好准备）

续上表

活动案例：年是怎么来的	案例分析说明
（3）引出故事第二部分，展示画面第10至11面。 留下一位老爷爷，是一位怎样的老爷爷？"年"看到了这样的老爷爷后会怎么样呢？（引导幼儿阅读第12至15面） （4）揭示故事的结局，引出故事的主题。（引导幼儿阅读第16至20面） "年"改变了自己的脾气后，决心变成一个讨人喜欢的"新年"。人们会原谅它吗？那人们又会怎样来迎接新的"年"呢？（幼儿阅读画面第21至23面）	教师没有着重"告诉"幼儿学习什么，而是采用"平行"的方式，与幼儿平等地坐在一起共同阅读，无形中让幼儿自然掌握阅读内容，但又不生搬硬套，不引起幼儿排斥和反感。换句话说，教师将自己的指导放在"共同阅读"之中，做到水到渠成地完成活动目标。教师没有告诉幼儿他们应该学习什么，而是与幼儿一起去学习那些"要学"的内容。这种方式将有助于幼儿从自由"接近"阅读信息，过渡到按照教师指导接受阅读信息。 （教师在活动过程中没有强制性的要求，而是与幼儿一起感受阅读的快乐，让幼儿在无形中培养并保持阅读的兴趣）
5. 结合大图书引导幼儿进一步理解故事内容，简单表述故事情节。引导幼儿用自己的方式来喜迎新年，感受故事中浓浓的中国情、中国味。 （1）故事第一部分（第2至7面）。 ①"年"起初是一只怎样的"年"？（引导幼儿来说） ②小结故事第一部分。 （2）故事第二部分（第8至15面）。 老爷爷留下来智斗"年"，"年"逃到深山里。 （3）故事第三部分（第16至23面）。 ①"年"逃到深山里，后来发现了自己的缺点后，改正了自己的缺点，不再吓唬人们了。人们是怎样欢乐地喜迎"新年"的？ ②着重小结人们迎"新年"的方式。（穿上红棉袄，挂上红灯笼，贴上红对联，放鞭炮等） （4）让幼儿大胆地说说自己打算怎样来欢乐地迎新年。（教师小结并补充迎新年的多种方式）	4. 围绕阅读重点开展活动。 早期阅读活动的第四个步骤是教师围绕阅读重点开展活动：教师引导幼儿进一步理解内容，试着表达发言。它与上一步骤不同的是此步骤的目的是帮助幼儿深入地掌握学习内容和正确的学习方式，加深幼儿的印象。 （案例中教师是采用分享的活动方式引导幼儿深入掌握学习的重点，加深对所学的书面语言"年"的印象） （案例中教师的提问在师幼共同阅读的基础上更进一步，不仅是梳理故事内容，更是挖掘故事主题，重点让幼儿明白做人的道理：发现自己的缺点后要及时改正。而且熟悉过年习俗之后，幼儿又很乐于表达自己的所见所闻，可见从书面语言到口语表达的相互贯通很自然。活动的最终也落实到幼儿的实际行动上：打算自己怎样来欢乐地迎新年）

续上表

活动案例：年是怎么来的	案例分析说明
6. 教师介绍为小朋友准备的材料，让幼儿选择自己喜欢的方式去表现喜迎新年。（分散到各个区域里活动） （1）教师观察并指导幼儿活动。 （2）让幼儿来说说自己是用什么方式来喜迎新年的，做了什么，是否感觉开心快乐。 （3）把幼儿制作的灯笼布置在教室里	5. 归纳阅读内容。 　归纳阅读内容，有助于巩固幼儿记忆，加深幼儿印象。归纳阅读内容的组织形式多种多样，教师结合幼儿的心理发展特点，有的采用竞赛活动的方式，有的采用表演活动的方式，有的采用游戏的形式。 　（案例中，教师首先采用制作游戏的方式，让幼儿能够将成果展示出来，并表达自己的感受，对于自己制作的作品幼儿会特别重视，这样可以加深其对"年"这个活动的理解）
活动延伸： 　让幼儿回家与家长一起发现年味，找出往年过年的照片并冲洗出来，带回幼儿园与同伴分享	6. 阅读活动延伸。 　阅读活动延伸是为了让幼儿更好地保持阅读的兴趣。 　（案例中教师让幼儿通过直观的照片活动进行发言，使幼儿保持对"年"的阅读兴趣）

（资料来源：http://www.jy135.com/html/zhongbanhuodong/zhongbanyuyanjiaoan/2013/0531/47368.html.）

任务二　掌握早期阅读活动设计与组织的指导要点

一、教师对早期阅读活动的指导

对于早期阅读教育的指导既要结合幼儿心理发展特点，遵循幼儿学习的基本规律，又不能用同一模式、同一种方法对待全体幼儿，活动不能单一。应该注重实践活动，在师生互动、亲子互动、生生互动的阅读教育活动指导的基础上进行早期阅读教育活动的指导，其具体要点有以下几个方面。

（一）尊重个别差异——提供适合幼儿阅读的环境

教师可以为每次的教育活动特意创设不一样环境，也可以利用班级环境的游戏活动区、幼儿园内的活动区域等创设环境。

根据不同幼儿的需要及阅读特点，教师可采用自然阅读、共同阅读等指导方法，让幼儿在丰富多彩的阅读情境中，充分调动多种感官参与阅读，让幼儿产生浓厚的阅读兴趣，主动地去阅读。例如，在班级图书角、各活动区、阅览中心，提供图片、卡片、拼图等，让幼儿可以按照自己的意愿和方法去阅读和探索。

(二) 激起兴趣——幼儿体会阅读的快乐，产生浓厚兴趣

阅读最重要的一点就是激发幼儿的兴趣和保持幼儿的阅读兴趣，在活动指导的过程中，教师应当常常利用不同的情境来激发幼儿的阅读兴趣，如问题、材料、故事、场地情境（书店、图书馆）等。教师可采用情境教学法，根据教育目标和内容，设置或选择一定的情境，通过情境渲染提出问题，让幼儿随着教师的引导慢慢对问题进行思考，激发阅读兴趣，达到教学目标。教师也可采用图文对照法，在活动中采用文字与图片对应，图片搭配相应的文字，有图就有字，图文并茂；也可以图片搭配词语，依图组句。这样设计的目的是遵循幼儿形象思维的特点，发展幼儿的观察力和想象力。采用竞赛、演示等方法可以提高幼儿的兴趣，教师在组织教学活动中，将幼儿分成小组，采用竞赛的方法，如分组竞赛找标志、幼儿抢答等，可以提高幼儿参与活动的积极性。教师也可以利用图片、图画、挂图、视听材料等让幼儿对事、人、物产生感性认识。

(三) 促进交流——让教师、家长和幼儿亲身投入阅读活动中

阅读能力的提高方式除了自己内化外，有时候也能够在分享阅读和讨论交流中得到提高。其中教师引导、师幼共读、幼儿自读、幼幼同读、亲子阅读等，都是很好的交流阅读方式。

在师幼共读、教师引导阅读活动中，教师可采用讨论法，让幼儿根据教师提出的问题，相互交流个人的看法，相互启发，相互学习。在幼幼同读中，可采用"班级交流"的形式，即在实施早期阅读教育的过程中，不仅本班幼儿可以相互交流，还可引导大班幼儿将自己制作的阅读材料（如结构图、自制图片等）带到中班、小班去，由大的幼儿带着小的幼儿阅读，或者让小的幼儿自己阅读这些材料。这种跨班级的阅读活动加强了幼儿之间的交流。

(四) 鼓励应用——让阅读与幼儿的生活紧密联系并得到运用

幼儿的阅读过程是生活经验的积累，运用阅读综合技能，发展终身学习的能力，保持终身阅读的习惯。因此，教师可在带幼儿去春游、野炊时，引导幼儿根据自己的观察理解，给农作物挂上自己设计、制作的爱护植物的提示和环保标志。这实际上也是一种阅读活动。让幼儿在活动中自己选择阅读的材料、阅读的方式、阅读的伙伴，如此幼儿便能主动思考和运用，充分发挥他们的主体性。

二、对家庭亲子阅读活动的指导

(一) 直接指导

教师利用家长座谈会、家长在学校的时间，使家长全面了解早期阅读教育的目标、

内容与方法，使家长明确幼儿早期阅读对其发展的重要性。必要时针对亲子阅读中普遍存在的问题对家长进行小组辅导，如果没有时间可以利用周末或者下班接送幼儿的短暂时间进行简短地沟通。也可以组织家长进行家庭阅读经验交流，丰富家长教育幼儿的方法。

幼儿园分阶段展示幼儿的阅读材料，让家长了解幼儿的在园阅读情况，拓宽家长对幼儿进行阅读教育的视野。

（二）间接指导

利用家园联系栏的建议填写、家长信箱或家长开放日的交流、给家长印发阅读资料等方法帮助家长了解和学习家庭教育经验。

（三）个别指导

由于幼儿的阅读兴趣、习惯、态度和能力各有差异，为了达到最佳的教育效果，使每个幼儿都能有所发展，可针对不同的家长做具体的个别辅导。如教给家长观察自己孩子的方法，以便其针对自己孩子的情况采取相应的措施；教师根据亲子阅读中不同的阅读情况填写留言或评语；教师和家长共同制作亲子活动材料等。

导入案例分析

案例中小班李老师组织幼儿进行早期阅读活动，我们可以看出在开始部分，李老师是能够根据小班幼儿的特点，用游戏吸引幼儿的注意力进入活动，但是活动后半部分难度过大，导致幼儿无法顺利进行。特别是仿编部分，对于小班幼儿来说要求过高，而且从语言教育的角度，仿编的教学目标并没有被列入小班的要求，中班和大班才要求幼儿仿编，因此，此活动环节的进行对于小班幼儿来说是相对困难的。但是从另一个角度来看，这也说明李老师在组织幼儿早期阅读活动的时候还是有遵循一些基本步骤和原则的。例如幼儿自主阅读部分，这个步骤是早期阅读活动的关键，在展开活动的时候李老师能够调动气氛，选取的词语理解也符合小班年龄段幼儿的心理。

通过学习我们知道了设计早期阅读活动的步骤，回顾导入案例，我们就可以评价这个活动的利弊。第一步：阅读前准备。李老师讲图画书之前让幼儿先欣赏图画书，感受故事，做游戏，幼儿兴趣盎然。第二步：幼儿自己阅读。李老师让幼儿自己接近图书，让幼儿做学习的主体，引导他们进行观察。第三步：师幼一起阅读。案例中李老师帮助幼儿理解词语的含义，是接触书面语言的关键，而第三步与幼儿一起阅读这个环节，突出幼儿在教师的指导下接触和认识书面语言，真正做到"阅"，并理解了书面语，从而了解到"阅读"的内涵。案例中活动设计的第四步和第五步基本没有，但第六步活动延伸的故事仿编又难度较大，因此，这次阅读活动设计的步骤是不太完美的。我们在设计的过程中要注意设计的步骤，尽量做到可行性和完整性完美结合。

单元七 幼儿园语言教育中的早期阅读活动

学习反馈

姓名：　　　　　班级：

早期阅读活动设计的基本结构与步骤是什么？如何根据具体情况设计早期阅读活动？请概括其主要内容并简要设计一个早期阅读活动

任务内容	任务描述	你的收获

小组评价：

教师点评：

单元小结

　　本单元主要介绍了幼儿园早期阅读活动的目标、内容及形式，早期阅读活动的基本结构，早期阅读活动的设计与组织三大主要内容，借助案例进行分析、归纳、释疑，帮助教师明确早期阅读活动的目标、内容及形式，掌握早期阅读活动设计及组织的基本方法，了解目前幼儿园早期阅读活动的具体内容和相应的指导要点，使教师们在进行早期阅读活动操作时更有针对性和指导性。

思考与练习

（1）请根据早期阅读活动的基础知识，对以下的观点进行判断，并说明原因。
①早期阅读活动就是发展幼儿智力的活动。
②早期阅读活动的内容最重要的是前书写经验，最关键的是规范书写。
（2）结合幼儿早期阅读活动的目标，根据早期阅读活动设计的基本结构，设计一个早期阅读活动教案，小班、中班、大班皆可，并以小组为单位模拟教学。

参 考 文 献

[1] 陈帼眉，冯晓霞，庞丽娟. 学前儿童发展心理学［M］. 北京：北京师范大学出版社，2013.

[2] 高月梅，张泓. 幼儿心理学［M］. 杭州：浙江教育出版社，1993.

[3] 周兢，余珍有. 幼儿园语言教育［M］. 北京：人民教育出版社，2004.

[4] 张明红. 学前儿童语言教育［M］. 修订版. 上海：华东师范大学出版社，2006.

[5] 朱海琳. 学前儿童语言教育［M］. 北京：科学出版社，2009.

[6] 欧阳新梅. 学前儿童语言教育［M］. 南京：东南大学出版社，2014.

[7] 周兢. 幼儿园语言教育活动设计与组织［M］. 北京：人民教育出版社，1996.

[8] 全国幼儿园教材编写组. 幼儿园教材：语言［M］. 北京：人民教育出版社，1983.

[9] 张加蓉，卢伟. 学前儿童语言教育活动指导［M］. 上海：复旦大学出版社，2005.

[10] 周兢. 幼儿园语言教育活动指导［M］. 北京：人民教育出版社，2011.

[11] 梁旭东. 学前儿童语言教育［M］. 北京：中央广播电视大学出版社，2007.

[12] 李季湄，冯晓霞.《3—6岁儿童学习与发展指南》解读［M］. 北京：人民教育出版社，2013.

[13] 中华人民共和国教育部. 幼儿园教育指导纲要：试行［M］. 北京：北京师范大学出版社，2001.

[14] 周兢. 论幼儿园整合课程中的语言教育［J］. 幼儿教育，2003（7）：46－47.